RUDOLPH-CHRISTOPH VON GERSDORFF

TUER HITLER

Confession d'un officier allemand antinazi

Traduit de l'allemand, préfacé et annoté
par Jean-Louis Thiériot

Postface de Lory Reinach

TALLANDIER

Titre original : *Soldat im Untergang*
1re édition : Ullstein, 1977

Ouvrage traduit avec le concours du Centre national du Livre

Éditions Tallandier – 2, rue Rotrou 75006 Paris
www.tallandier.com

SOMMAIRE

« Qui survit à une tragédie
n'en devient pas pour autant le héros. »

Stanislaw Jerzy Lec

En souvenir des hommes les plus actifs
de la Résistance allemande
Hans Oster
Henning von Tresckow
Claus Graf von Stauffenberg

PRÉFACE

21 mars 1943, *Heldenfest*, fête des héros. Dans le hall d'exposition de l'arsenal de Berlin sur Unter den Linden, le colonel Rudolph-Christoph von Gersdorff attend avec impatience l'arrivée d'Adolf Hitler. Il transpire, il a les mains moites, il sort d'une glaciale nuit blanche. Après un discours enflammé sur fond d'effets de lumière et de musique wagnérienne, le Führer va passer une demi-heure à visiter une exposition de matériel militaire capturé à l'Armée rouge. C'est Gersdorff, officier de renseignements sur le front est qui doit servir de *cicerone*. S'il tremble, ce n'est pas parce qu'il va rencontrer le maître absolu du Reich, c'est parce qu'à cet instant, il est l'homme du destin. Dans sa manche gauche, il cache une bombe et un détonateur chimique. Dès qu'Hitler arrivera, il suffira de l'amorcer. Quinze petites minutes. Et tout sera accompli. Pour libérer l'Allemagne et le monde de l'engeance hitlérienne, Gersdorff a accepté le sacrifice suprême. Il est prêt à se faire sauter avec le dictateur. Un kamikaze du bien en quelque sorte ! Mais la chance du diable veille. Le Führer visite l'exposition au pas de course – en moins de dix minutes. Gersdorff n'a que le temps de se précipiter dans les toilettes pour désarmorcer sa machine infernale. L'attentat-suicide a échoué.

À elle seule, cette incroyable aventure mériterait un livre ou un film. Mais les événements dont le colonel von Gersdorff a été le témoin, puis très vite l'acteur, ne se limitent pas à cet épisode fameux. Ils sont d'une richesse assez inouïe : fin de l'Empire allemand, naissance de la république de Weimar, création de la Reichswehr, réserves du corps des officiers à l'égard d'Adolf Hitler, campagne de Pologne, premiers massacres commis par la SS sur les arrières de la Wehrmacht, campagne de France, préparation de la campagne de Russie à l'état-major général, réactions de l'armée à « l'ordonnance des commissaires », opération Barbarossa, erreurs stratégiques d'Hitler chef de guerre, découverte de la réalité du génocide et de la « Shoah par balles », mise au jour accidentelle du charnier de Katyn, apparition d'une résistance militaire au sein de l'état-major du groupe d'armées centre en Russie, tentatives d'assassinat de mars 1943, rencontres avec les figures héroïques de Tresckow ou de Stauffenberg, enfin débâcle, captivité, et même citation comme témoin au procès de Nuremberg.

Pourtant les Mémoires de Gersdorff publiés en Allemagne en 1976, sous le titre *Soldat im Untergang* sont restés, à ce jour, inédits en France. Cette lacune en dit long sur le paysage intellectuel français. Pour la vulgate commune, le résistant est nécessairement un homme de gauche. Lorsqu'en 2009, nous avons publié la biographie de *Claus von Stauffenberg*, l'auteur de l'attentat du 20 juillet 1944, nous avons déjà noté cette curieuse amnésie éditoriale : une seule biographie publiée à la fin des années 1960. Sinon rien. Dans les rayons des librairies, la seule résistance à avoir failli mettre bas Hitler et son régime[1] est la plus mal servie. Militaire, conservatrice chrétienne, majoritairement aristocratique, souvent monarchiste, cette résistance ne vient pas des bords d'où soufflent les vents dominants. Par toutes les fibres de sa personnalité, Rudolph-Christoph von

1. Balayées dès la *Gleichschaltung* – la mise au pas – de 1933-1934, les forces de gauche SPD ou KPD n'ont pas eu le temps de constituer une résistance digne de ce nom, à quelques exceptions près. Elles n'ont en tout cas jamais pu inquiéter sérieusement le régime en dehors du mouvement *Rote Kapelle* d'Arvid Harnack et de Harro Schulze-Boysen. Mais *Orchestre rouge* était davantage un service de renseignements au service de l'URSS qu'un mouvement de résistance ayant la capacité de renverser le régime nazi.

Gersdorff appartenait à ce petit groupe d'hommes qui au nom de ses valeurs s'est dressé contre l'hydre hitlérienne. Sans surprise, son livre est resté au purgatoire des maîtres-ouvrages en attente de traduction.

Au-delà de l'hommage que l'on doit à un officier antinazi qui a joué sa tête pour ses convictions, rendre cette expérience accessible au public français répond à un véritable objectif scientifique. Les témoignages de première main des acteurs de la résistance allemande sont par définition très rares. La plupart ont payé de leur vie leur engagement antinazi. En dehors de journaux ou de lettres collectés après coup[2], ils se comptent sur les doigts d'une main : *Officiers contre Hitler* de Fabian von Schlabrendorff publié à Zürich en 1946, *Jusqu'à la lie* de Hans Bernd Gisevius publié aussi à Zürich en 1946-1947, *Nous voulions tuer Hitler* de Philipp von Boeselager publié à Paris en 2008 et un ou deux autres de moindre valeur. C'est dire toute l'importance du livre de Rudolph-Christoph von Gersdorff.

Les thèmes abordés sont très nombreux. Le lecteur fera son miel de ce qui l'intéresse le plus. Quelques points méritent malgré tout d'être soulignés pour ne pas manquer la richesse de ce témoignage et pour éviter les contresens.

Gersdorff peut en effet choquer un esprit du XXIe siècle. Il est imprégné d'esprit de caste. Il impute les vertus exceptionnelles de son cher 7e régiment de cavalerie à la composition quasi exclusivement aristocratique du corps des officiers. On pourrait presque croire qu'est sortie de sa plume la phrase apocryphe de Metternich selon laquelle « l'homme ne commence qu'au baron ». Mais les choses doivent être replacées dans leur

---

2. En particulier : *Die Hassell-Tagebücher 1938-1944. Aufzeichnungen vom Anderen Deutschland*, Hrsg. von Friedrich Freiherr Hiller von Gaertringen, Berlin, 1988. *Beck und Goerdeler. Gemeinschaftsdokumente für den Frieden 1941-1944,* Hrsg. von Wilhelm Ritter von Schramm, Munich, 1965.

contexte. Gersdorff est né en 1905. La Prusse n'existe comme royaume que depuis tout juste deux siècles, depuis 1701. Pour édifier un État moderne, ses souverains successifs se sont appuyés sur une noblesse de soldats et d'administrateurs totalement dévoués à la couronne. Frédéric II ne disait-il pas que l'un des premiers devoirs du roi est de « protéger la noblesse, le plus bel ornement de sa couronne et l'éclat de son armée » ? La Prusse n'a pas connu la cour de Versailles, les grands seigneurs englués dans les rigueurs de l'étiquette, les soupers fins de la Régence et du Parc-aux-Cerfs. Si est vraie la parole assassine de Chateaubriand selon laquelle « l'aristocratie a trois âges successifs : l'âge des supériorités, l'âge des privilèges, l'âge des vanités ; sortie du premier, elle dégénère dans le second et s'éteint dans le dernier », le royaume sur la Spree en est encore largement à l'âge des supériorités. Les officiers tombés sur les champs de bataille de la campagne de 1870-1871 où s'est forgé l'Empire allemand sont là pour en témoigner. Leur obituaire se lit comme un extrait de l'almanach de Gotha. L'impôt du sang n'est pas un vain mot. Aux yeux de Gersdorff, il légitime le rôle éminent de l'aristocratie.

Il s'accompagne surtout du « noblesse oblige » qui n'est pas pour lui une figure de style ou une justification *ad usum delphini.* C'est une ardente obligation de servir mieux que les autres, plus que les autres, à la place où la Providence vous a placé. En Silésie, en Prusse orientale, l'incantation prend une dimension particulière. C'est le pays de la Réforme et de l'impératif catégorique kantien, le pays où l'on lit la Bible en famille à l'ombre tutélaire du presbytère protestant. Tout le livre de Gersdorff en est traversé de part en part. On ne comprend rien aux termes qu'il emploie souvent, « impératif moral », « responsabilité politique », « sens sacré du devoir », si l'on n'a pas en tête la « Parabole des talents », paradigme essentiel de l'éthique protestante. Tout ce que fait, tout ce que doit faire cet homme, résulte des talents et des exemples qu'il a reçus à satiété. La Prusse tout entière était habitée de ces principes de devoir, de mesure, d'économie, pour tout dire de dignité dont l'écrivain Theodor Fontane fut le chantre incontesté. C'est si vrai que, lorsque fut proclamé l'Empire allemand en 1871, Guillaume Ier ne put retenir ses larmes. Il murmura : « c'est la fin du royaume de Prusse. » Il pressentait que l'Empire allait ouvrir la voie à l'ambition et à la démesure qui signifiaient l'arrêt de mort du vieux pays des Marches et de ses valeurs d'*aurea mediocritas.*

De tels propos peuvent prêter à sourire. Pourtant ils ont charpenté un type d'homme qui ne subsiste plus aujourd'hui qu'à l'état de vestige et qu'il faut comprendre pour éviter les anachronismes. Pour bien saisir le paysage intellectuel et moral de Gersdorff, on ne saurait trop recommander la lecture du petit ouvrage de la comtesse Marion Dönhoff, *Ces noms que plus personne ne prononce*[3]. Après-guerre, cette femme née au château de Friedrichstein en Prusse orientale, a créé le grand quotidien *Die Zeit* qui a joué un rôle majeur dans l'enracinement des valeurs démocratiques en RFA. Dans son livre, publié pour la première fois en Allemagne en 1962, avec une tendresse et un respect qui ne s'interdit pas l'ironie, elle brosse un tableau criant de vérité de la vie et des valeurs de l'aristocratie prussienne. Après l'avoir lu, on comprend mieux Gersdorff, notamment le rôle capital de l'équitation comme valeur morale.

Le lecteur de *Tuer Hitler* sera sans doute surpris par les innombrables mentions des montures et des courses qui ont marqué la vie du colonel von Gersdorff. Aux heures les plus graves, après l'accession d'Hitler au pouvoir, ou pendant la guerre alors qu'on complote et que le front se fissure sous les coups sanglants de l'Armée rouge, les hippodromes occupent encore une part importante de l'ouvrage. Certains pourraient y voir légèreté et coupable insouciance. Ce serait faire abstraction de l'esprit du temps. Au début du XXe siècle, le cheval n'est

3. Marion Comtesse Dönhoff, *Ces noms que plus personne ne prononce*, Paris, Éditions Quai Voltaire, 1994.

pas un loisir comme un autre. C'est certes le sport chic par excellence, porté au pinacle par une certaine anglomanie ambiante à laquelle succombe le père de Gersdorff. Mais le cheval, c'est bien plus que le cheval. L'époque n'aurait jamais admis le slogan publicitaire utilisé il y a quelques années par le PMU, « on monte comme on aime ». En Prusse, on monte comme on doit. Le cheval est une école de la vie, une école de la guerre, un art et une exigence, l'héritage indivis des vertus de la chevalerie. Dès les premières lignes de ses Mémoires, Gersdorff explique que, chez ses parents, on ne faisait guère attention aux chutes car elles étaient dans l'ordre des choses. Elles permettaient de s'améliorer. Elles préparaient aux épreuves de l'existence. Elles étaient une métaphore du destin pour les hommes droits qui, après chaque chute, devaient se relever. Le cheval, c'était une certaine manière d'être au monde, dans l'élégance et la règle. La perfection d'un piaffé, la qualité d'un appuyer ou l'allant d'un steeple-chase en disaient plus long que tous les discours sur la rigueur et le courage du cavalier. Une partie du propos de Gersdorff nous échappe si l'on ne tient pas compte du mot du maréchal de Saxe pour qui « la perfection d'une civilisation se mesure au degré de développement de son art équestre ».

Ce substrat idéologique n'en rend que plus admirable l'engagement de Gersdorff dans la résistance contre Hitler. Au premier rang des valeurs chevaleresques figure la loyauté au serment prêté, lointain héritage de la féodalité et de l'hommage du vassal au suzerain. C'est naturellement un mythe. L'histoire n'est faite que de traités brisés et de paroles reprises aussitôt que données. Mais comme tous les mythes, il a le pouvoir structurant de l'imaginaire. Le génie maléfique d'Hitler fut d'utiliser à son profit la force de cet imaginaire en imposant à ses officiers un serment personnel de fidélité aussitôt après la mort du président Hindenburg en 1934. Ce serment fut l'un des arguments principaux des officiers qui refusèrent de rejoindre les différentes conjurations après 1942. Sur ce sujet, le témoignage de Gersdorff est capital. Il révèle comment il s'en est libéré. D'abord, parce que le serment a été obtenu en fraude. Les officiers ne savaient pas sur quel texte ils allaient s'engager. Ils croyaient qu'ils allaient renouveler leur serment de fidélité à l'Allemagne et au peuple allemand. Ce n'est que pendant la cérémonie qu'ils ont découvert qu'ils se liaient à la personne d'Adolf Hitler. Donc le serment était juridiquement nul. Ensuite, le caractère monstrueux des crimes du IIIe Reich et la contradiction avec les valeurs humanistes et chrétiennes de l'Allemagne royale et impériale imposaient de suivre la voie de la conscience, c'est-à-dire celle de la résistance.

Gersdorff est l'un des rares survivants du petit groupe d'officiers de l'état-major du groupe d'armées centre, qui, emmenés par Henning von Tresckow vont tenter à trois reprises d'assassiner Hitler en 1942-1943. Ce livre rend un hommage émouvant à « l'autre Allemagne », à ces hommes qui empêchent de désespérer de l'homme. Au-delà de leur héroïsme personnel, ils témoignent qu'il existait dans le corps des officiers de tradition une frange non négligeable d'esprits immunisés contre le nationalisme, l'arbitraire et l'antisémitisme. Leur patriotisme était serein, plus soucieux de leur petite patrie, l'*Heimat* silésienne, que des rêves de puissance. Leur conservatisme était modéré, patiné par les siècles, attaché à la figure idéalisée du souverain[4]. À la différence d'autres résistants qui n'ont rejoint le mouvement qu'après l'échec de la guerre à l'Est, ceux du groupe d'armées centre s'y sont engagés avant-guerre pour certains ou alors que la victoire semblait encore à portée de main. Dès 1933, le frère de Rudolph-Christoph von Gersdorff, avocat

4. Certains, comme Stauffenberg qui n'appartenait pas à l'état-major du groupe d'armées centre mais qui entretenait des liens très étroits avec Tresckow, n'ont pas hésité à faire preuve de suffisamment d'ouverture d'esprit pour s'allier à des socialistes et à des syndicalistes afin que « l'Allemagne d'après » représentât toutes les sensibilités politiques.

de son état, s'engageait au service de la communauté juive de Breslau afin de sauver ce qui pouvait encore l'être. Dès 1934, Tresckow réfléchissait aux moyens de mettre à bas le national-socialisme. Combien étaient-ils ? Assez nombreux sans doute parmi les officiers issus de la Reichswehr. Très minoritaires parmi les officiers promus par les nazis et dont Gersdorff décrit l'ascension et le rôle délétère pour les « valeurs militaires ».

L'opposition précoce des Tresckow, des Gersdorff, des Schlabrendorff n'allait s'épanouir que dans le fracas des armes. Elle allait démontrer toutes les ambiguïtés de l'action. Idéaliste, elle caressait de grands desseins : assassiner Hitler et rétablir l'État de droit. Réaliste, elle participait à l'effort de guerre et s'efforçait de limiter les effets des ordres les plus criminels d'Hitler tels que « l'ordonnance des commissaires » ou les massacres des *Sonderkommandos* sur les arrières de la Wehrmacht. Pragmatique, elle s'alliait parfois à des hommes aussi peu recommandables qu'Arthur Nebe, l'un des dignitaires de la Gestapo. Malgré tout, l'intention était droite. L'échec final du groupe d'armées centre en 1943 ou de Stauffenberg en 1944 n'enlève rien à leur sacrifice. Tresckow qui, sur le front de l'Est, fut l'âme de la résistance au même titre que Stauffenberg à Berlin ne s'y était pas trompé. Il disait : « Même si nous échouons, de même que jadis Dieu a promis à Abraham qu'il ne ruinerait pas Sodome même s'il n'y avait là que dix justes, alors j'espère que pour l'amour de nous, Dieu n'anéantira pas l'Allemagne. » Le livre de Gersdorff est un hommage d'autant plus crédible à cet esprit de sacrifice qu'il avait fait le don de sa personne à la résistance en acceptant en 1943 de commettre un attentat-suicide.

Cet ouvrage est aussi en creux un implacable réquisitoire contre la *Generalität*, le corps des généraux qui, dans sa grande majorité, refusa de rejoindre les conjurés. Les maréchaux défilent sous la plume de Gersdorff : Manstein qui décline l'invitation à rejoindre la résistance car « un maréchal prussien ne se mutine pas » ou Kluge qui reconnaît piteusement que « le maréchal von Kluge n'est pas un grand homme ». La force du témoignage tient à ce que Gersdorff ne règle pas de comptes. Il ne croque pas ses portraits au vitriol. Il constate amèrement les désillusions que lui causent les grands chefs. Il déplore qu'ils préfèrent la lettre à l'esprit. Il regrette leur pusillanimité. Il ne les juge pas. Il sait trop la complexité des choses. Il s'offre même le luxe de leur reconnaître un mérite, celui de ne l'avoir pas dénoncé. De fait, en dehors des nazis convaincus, la plupart des maréchaux était au courant des complots en cours. La solidarité entre officiers, l'esprit de corps, l'hostilité partagée à l'égard du régime nazi, la solidarité vis-à-vis de l'audace de jeunes officiers peut-être secrètement enviés ont contribué à préserver le secret. Jusqu'au 20 juillet 1944, aucun conjuré n'a été dénoncé[5]. Nombre de généraux ont payé de leur vie cette complicité passive, Rommel ou Kluge pour ne citer que les principaux.

Là où Gersdorff se fait plus féroce, c'est lorsqu'il évoque la manière dont les résistants ont été traités dans la République fédérale naissante. S'il est tolérant à l'égard de ceux qui n'ont pas osé risquer leur tête, il l'est moins à l'égard de ceux qui ont voulu prendre une revanche posthume sur le courage des autres. C'est un des apports importants de ce livre. En France, on croit la cause entendue. Les résistants sont nécessairement des héros reconnus et fêtés comme tels. En Allemagne, ce fut plus compliqué. Nombreux étaient ceux qui les considéraient comme des traîtres. Alors que le pays était engagé dans une lutte à mort, ne s'étaient-ils pas mutinés contre leur chef ? L'ouvrage raconte avec moult détails les avanies subies après-guerre. De la part des vainqueurs d'abord. Visiblement, à

5. Du moins par des militaires. Julius Leber, socialiste et proche de Stauffenberg, l'a été semble-t-il par des agents communistes infiltrés qui souhaitaient empêcher la réussite d'un coup d'État conservateur.

quelques exceptions près – dont Churchill –, les alliés préféraient les généraux compromis qui ayant tout à se faire pardonner promettaient de se montrer dociles. De la part des Allemands surtout. Jamais Gersdorff n'est parvenu à rejoindre la Bundeswehr renaissante. À trois reprises, on lui fit des promesses. À trois reprises, on l'écarta[6]. Les forces conjuguées d'anciens officiers et de hauts fonctionnaires compromis avec le régime nazi le maintinrent à l'écart. Globke[7], inamovible secrétaire d'État à la chancellerie de Konrad Adenauer, joua un rôle capital dans cette conjuration des *Mitlaüfer*[8]. Après-guerre, il ne faisait pas bon d'avoir choisi le parti d'Antigone. Les résistants marquaient trop vigoureusement du signe de la mauvaise conscience le front de ceux qui avaient choisi de ne pas choisir. De nos jours, la cause est entendue. Les résistants du 20 juillet font partie des lieux de mémoire allemands. Leur exemple figure en bonne place dans les références de la Bundeswehr pour expliquer la notion de « citoyen sous l'uniforme ». À Sigmaringen, une caserne porte le nom de Stauffenberg. À Euskirchen, une caserne porte celui de Gersdorff. À Berlin, la rue qui longe le Bendlerblock où a été exécuté Stauffenberg porte le nom du martyr. Mais ce fut le fruit d'une longue évolution dont le présent livre révèle la douloureuse maturation qui ne commença à éclore que dans les années 1960. Aujourd'hui encore, il en reste des traces. L'auteur de cette traduction garde à l'esprit un dîner chez une de ses amies, issue d'une famille

6. Pour continuer à servir son pays, Gersdorff entreprit alors de mettre sur pied le service de secourisme et d'urgence de l'ordre de Saint-Jean, l'homologue protestant de l'ordre de Malte. Son œuvre demeure. Aujourd'hui le *Johanniter Hilfsdienst* est l'une des principales structures de secours allemand.

7. Globke avait notamment publié un commentaire officiel du statut de Nuremberg qui régissait le statut des juifs. Le rôle de ce personnage est aujourd'hui généralement considéré comme une lourde tache sur la pratique politique d'Adenauer.

8. Les compagnons de route du parti.

médiatisée du Saint Empire. Il évoquait la biographie de Stauffenberg qu'il était en train de rédiger. Une exclamation jaillit : « Tu écris sur ce *Hochverrater*, ce criminel de haute trahison ». La famille n'avait rien de nazi. Sous le IIIe Reich, elle avait même subi de considérables vexations. Mais elle considérait que se révolter en pleine guerre demeurait inacceptable.

C'est dire tout l'intérêt des Mémoires de Rudolph-Christoph von Gersdorff. Ils participent du travail de mémoire. Ils rendent compte d'un épisode peu connu de la Seconde Guerre mondiale. Ils rendent hommage à des hommes qui ont fait le choix de la conscience au risque de leur vie. Ils peuvent aussi être de passionnants exercices de travail sur le témoignage historique. En effet, la résistance du groupe d'armées centre est évoquée dans les Mémoires d'un autre conjuré, Philipp von Boeselager[9], récemment publiés. Les mêmes faits ; deux regards ; deux analyses ; deux manières de se souvenir. Aucune contradiction de fond entre les deux, mais des anecdotes qui diffèrent. Surtout, deux visages de la résistance allemande. Celui protestant, rigoureux, exigeant, un peu corseté de Gersdorff[10]. Celui catholique, enthousiaste, lumineux, de Boeselager. L'avers et le revers d'une même médaille, celle d'une résistance chrétienne à Hitler réunie dans le seul œcuménisme qui vaille, celui de la liberté et pour la plupart des conjurés, celui du martyre.

Jean-Louis Thiériot
Beauvoir, Chemillé, août 2012

9. *Op. cit.*

10. La postface de Lory Reinach, la fille unique de Rudolph-Christoph von Gersdorff, est très instructive. Elle donne de son père l'image souriante d'un homme aimant la vie, les chevaux et les femmes, qui ne transparaît guère dans le livre. Visiblement la rigueur prussienne lui fit retenir sa plume. Il appartenait à une génération qui ne se confiait pas volontiers. On témoigne pour l'histoire, pas pour parler de soi. Et l'on s'applique la vieille règle qui s'impose au gentleman : « *Never explain, never complain* ».

NOTE DU TRADUCTEUR

Cette traduction n'aurait jamais pu voir le jour sans Madame August von Kageneck qui me présenta à Lory Reinach, la fille unique de Rudolph-Christoph von Gersdorff.

Ma gratitude va donc d'abord à Madame von Kageneck. Elle a perpétué la tâche entreprise par son mari pour mieux faire comprendre aux Français les troubles de conscience et les difficultés auxquels ont été confrontés les Allemands durant ce tragique XXe siècle. Un ouvrage comme *Examen de conscience* est devenu un classique. Je n'ai que peu connu August von Kageneck. Je l'ai rencontré trop tard. Mais il m'a laissé un souvenir de dignité et d'élévation morale que je n'oublierai jamais. Je tiens à lui dédier cette traduction.

Naturellement, je tiens également à remercier Lori Reinach de m'avoir accordé sa confiance pour faire connaître l'œuvre de son père au public francophone. C'est un honneur auquel je suis très sensible.

Enfin, je souhaite rendre un hommage appuyé à toute l'équipe des éditions Tallandier sans qui ce projet n'aurait jamais pu être mené à bien : Anne-Laure Bonnet qui a subi sans regimber mes contraintes d'emploi du temps, Isabelle Bouche dont l'enthousiasme et le sourire font tant pour assurer le succès des livres qu'elle défend, Xavier de Bartillat surtout, éditeur formidable qui unit à une culture historique encyclopédique les vertus précieuses de l'amitié et de la fidélité.

Jean-Louis Thiériot

PROLOGUE

« Un peuple qui n'accepte pas d'avoir un passé n'aura pas non plus d'avenir. »

Wilhelm von Humboldt

« Un général prussien meurt, mais ne laisse pas de Mémoires derrière lui. » C'est avec cet argument que le général Constantin von Alvensleben[1], héros de la guerre franco-allemande de 1870 déclina toutes les offres qu'on lui fit d'écrire sa vie militaire et ses souvenirs personnels. Cette posture correspond à la réserve en vigueur dans le corps des officiers tout au long du XIXe siècle, un corps qui vivait sous la protection de la forme monarchique de l'État et qui se sentait responsable, seulement devant son roi. Comme en Autriche, comme en Russie, comme en France, comme en Angleterre des instructions disciplinaires veillaient à ce que les écrits publiés par les officiers fussent soumis à une censure préalable. L'acceptation de ces valeurs spirituelles traditionnelles, inadaptées aux exigences de l'heure, aussi bien dans la Reichswehr que sous la république de Weimar, contribua à la dépolitisation du soldat et à la création d'un type de soldats qui étaient seulement des soldats et ne voulaient rien être d'autre. Enchaînés par le serment de fidélité et le respect de la discipline, certains d'entre eux devinrent, consciemment ou inconsciemment, les complices des crimes nationaux-socialistes.

1. Constantin von Alvensleben (1809-1892).

Ce serait une faute de couvrir les erreurs commises du manteau de l'oubli. Après 1945, il apparaît nécessaire de vaincre les inhibitions qui dominaient les officiers de la vieille école. Nos expériences doivent servir pour le futur. Dans notre époque douloureuse, ce rôle est essentiel car le destin nous a placés, nous autres soldats, au cœur brûlant de l'histoire. Il nous a imposé de prendre des décisions extraordinaires.

Les changements que ma génération a connus sont une autre raison de témoigner d'expériences qui enrichiront les générations à venir. À la fin du premier quart du XXe siècle, la lance était encore la reine des armes de cavalerie. Vingt ans plus tard, la première bombe atomique explosait à Hiroshima et coutait la vie à 260 000 personnes. Une mutation si radicale des techniques militaires portait naturellement un bouleversement spirituel qui ne concernait pas seulement la stratégie ou la tactique de la guerre, mais aussi ses fondements éthiques. C'est pour cela que la situation des armées modernes change du tout au tout. En dépit de ces nouveautés, nombre de principes militaires et humains demeurent valables. Le souvenir des expériences vécues peut rendre leur sauvegarde plus facile.

Ce sont ces considérations qui m'ont poussé à coucher mes mémoires sur le papier. À quelques exceptions près, je me contente d'évoquer les événements auxquels j'ai personnellement pris part et dont je peux attester la véracité. Ce choix a des conséquences que le lecteur doit comprendre. D'une part, il me force à parler davantage de moi-même que je ne le souhaiterais. D'autre part, il crée des vides dans la chronologie des événements. Pour bien les comprendre, il faudrait examiner la situation d'ensemble. Mais je suis loin d'avoir participé à tout. Pour résoudre les contradictions qui pourraient apparaître avec mes propres souvenirs, je me suis appuyé sur les nombreuses publications d'après-guerre.

Réfugié en 1945, je n'ai pu sauver du désastre que peu de notes et de documents. Pour l'essentiel, je me suis reposé sur ma mémoire. À quelques exceptions près, je ne peux garantir textuellement les propos que je rapporte, mais je peux garantir que le sens des mots n'a en rien été altéré.

J'ai fait précéder le récit de ma vie de soldat d'un chapitre sur mes origines et mon éducation. Cela paraît nécessaire pour offrir au lecteur un aperçu complet de mon environnement spirituel. Ce n'est qu'ainsi que je peux rendre mes choix compréhensibles.

Ma cordiale reconnaissance va à tous ceux qui m'ont aidé à vérifier la fiabilité de mon témoignage.

Munich, 1976

1.

ORIGINE ET ÉDUCATION

« Noblesse oblige »

La lignée des comtes, barons et seigneurs von Gersdorff remonte vraisemblablement aux Geron qui, aux IXe et Xe siècles, appartenaient à la noblesse dynastique. Leur principal représentant fut Gero III (890-965), qui, sous l'empereur Othon Ier, conquit, christianisa et défendit la partie sud des Marches de l'Est, en tant que margrave de Haute Lusace[1]. Il entra dans l'histoire en tant que conseiller palatin de l'empereur Othon le Grand. Il résidait au sud-est de Quedlinburg au château de Gersdorf (le village de Gero) que son père, Gero II, avait construit et dont les ruines existent toujours. Mais le premier du nom est Rudolf Gersdorff dont il est fait mention en 965 comme châtelain de Gersdorff et héritier du margrave Gero. Dans les archives, il est explicitement mentionné comme agnat de Gero III. La famille resta en possession du château de Gersdorff jusqu'à la fin du XIIIe siècle, date à laquelle elle partit coloniser la Haute Lusace. Là-bas, les Gersdorff figurent pour la

1. La Lusace est une région d'Allemagne située au sud du Brandebourg et à l'est de la Saxe, aux confins de la Silésie (qui aujourd'hui appartient à la Pologne) et de la Bohême (Tchéquie). On distingue la Haute et la Basse Lusace. C'est une terre de forêts et de lacs, piquetée de gros bourgs, de châteaux et de manoirs. Les principales villes sont Bautzen, Görlitz et Löbau.

première fois dans un écrit du 25 avril 1301 qui évoque un « *dominus christianus, advocatus, provinciae Gorlicensis* (Görliz) *dictus de Gerhardisdorf* ».

Au XVIe siècle, la propriété foncière des Gersdorff comptait, dans la seule Haute Lusace, 196 domaines. Le 4 juin 1572, à l'occasion de la première réunion de famille, deux cents Gersdorff se rassemblèrent à Zittau. Beaucoup de membres de la famille décidèrent de rejoindre l'ordre des chevaliers teutoniques afin de combattre pour la chrétienté en terre sainte ou dans les Marches de l'Est. Porte-bannière de l'ordre teutonique, le chevalier Georg von Gersdorff tomba le 15 juillet 1410 à la bataille du Tannenberg[2]. Sa statue se trouve encore – ou se trouvait – sur le donjon du château fort de Marienburg[3] en Prusse orientale.

Au fil des siècles, les Gersdorff s'installèrent aussi en Silésie, en Livonie et au Danemark où ils acquirent des terres. C'est une particularité de la famille que ses membres ne se contentèrent pas d'être des propriétaires fonciers et des agriculteurs. Lignée de hauts fonctionnaires et d'officiers, elle compta aussi des savants, des chercheurs, des écrivains et des artistes. Au XVIe siècle, elle donna naissance à un chirurgien renommé, Hans von Gersdorff. À la fin du XIXe siècle, Karl von Gersdorff (1844-1904) fut étroitement lié à Frédéric Nietzsche. Leur correspondance est entrée dans l'histoire littéraire. Deux figures familiales méritent encore d'être relevées : Karl Friedrich Wilhelm von Gersdorff (1746-1829), général de division, chef

2. Pour les Allemands, c'est une bataille mythique et tragique qui a marqué le coup d'arrêt de la marche vers l'Est des chevaliers teutoniques, battus par les Polonais et les Lituaniens. Lorsqu'en septembre 1914, Hindenburg remporta une bataille décisive contre les Russes, à proximité de Tannenberg, on l'appela aussitôt la « seconde bataille de Tannenberg ». Elle fut considérée comme la revanche de la première.

3. Aujourd'hui Malbork, en Pologne. Le Grand Maître de l'Ordre teutonique y avait sa résidence dans un immense château de briques toujours debout aujourd'hui.

d'état-major de l'armée royale de Saxe et écrivain militaire, fut un ami de Napoléon Ier qui l'éleva à la dignité de Grand Officier de la Légion d'honneur. Une autre personnalité marquante fut Hermann Konstantin von Gersdorff (1809-1870) qui tomba en première ligne lors de la bataille de Sedan alors qu'il était général de division et commandant en second du 11e corps d'armée. Ce fait d'armes lui valut des honneurs posthumes : le 80e régiment de fusiliers stationnés à Wiesbaden et à Bad Homburg porte désormais le nom de régiment « von Gersdorff ». Pour défendre la patrie, 13 membres de la famille tombèrent lors de la Première Guerre mondiale et 20 lors de la seconde. Des Gersdorff de la branche balte tombèrent aussi entre 1914 et 1917 du côté russe.

Je suis né le 27 mars 1905 à Lubin en Silésie[4], deuxième fils de Ernst von Gersdorff, alors capitaine de cavalerie et commandant d'un escadron au 4e régiment de Dragons « von Bredow ». Il finit sa carrière comme général de brigade. Ma mère était née comtesse zu Dohna-Schlodien. Elle appartenait à l'une des plus vieilles familles de la noblesse allemande qui régnait sur le margraviat de Meissen avant l'arrivée des Wettin[5] et qui ensuite fit souche principalement en Prusse orientale et en Silésie.

4. Située entre la Vistule et l'Oder, aujourd'hui polonaise pour l'essentiel, la Silésie est un concentré des tragédies de l'Europe centrale. Conquise de haute lutte sur l'Autriche par Frédéric II de Prusse en 1742, elle était peuplée au début du XXe siècle d'environ 80 % d'Allemands et de 20 % de Polonais. Après la défaite de 1918, l'Allemagne a été contrainte d'en céder une partie, après référendum, à la Pologne. En 1945, c'est la Silésie toute entière qu'on arracha à l'Allemagne. Les Allemands, qui y avaient souvent fait souche depuis des siècles, prirent la fuite devant l'avancée de l'Armée rouge ou furent expulsés sans ménagement. C'est une terre de colline et de forêts. Wroclaw (Breslau) est la principale ville de la région. En raison de la richesse en minerai de son sous-sol, la Silésie était l'une des régions les plus industrialisées d'Europe centrale.

5. Dynastie saxonne qui régna sur la Saxe à partir de 1423 avec la dignité d'électeur du Saint Empire.

Pour mes frères et sœurs et moi-même, nos parents ont été et restent des modèles déterminants. Tous deux avaient une personnalité exceptionnelle, aristocrates au meilleur sens du mot, humains avec un sens éminent de la responsabilité politique et sociale. Ils nous ont ensemble et chacun pour sa part donné une grande leçon de vie. Aimés de tous et dans toutes les couches de la population, ils sont morts en haute estime en 1926 et en 1944. Ainsi n'ont-ils pas eu à vivre la perte de leur patrie de l'Est qu'ils aimaient tant. À ce jour, leur tombe est encore entretenue par une famille allemande restée à Lubin[6].

L'ouverture au monde et la tolérance étaient pour mes parents des valeurs aussi importantes que l'amour et la fidélité à l'égard de leur patrie et de leur maison souveraine. C'était des Prussiens au sens du concept philosophique de prussianité. La responsabilité devant Dieu et devant les hommes, la justice et l'amour du prochain s'unissaient en eux à une fierté naturelle à l'égard des traditions familiales, à une lucidité historique et à une inclination réelle pour l'art et la nature.

C'étaient des chrétiens luthériens d'une profonde humilité devant Dieu, tolérants à l'égard de ceux qui ne partageaient pas leur foi, pleins de respect pour la dignité de l'homme. Les faiblesses humaines ne devaient pas leur être étrangères, mais je ne suis pas en mesure d'en évoquer qui pourraient jeter une ombre sur le portrait que j'en trace.

Mon père était un remarquable soldat, mais il n'avait rien du militariste borné obsédé par la discipline. Mon grand-père eût voulu, en raison de ses capacités intellectuelles au-dessus de la moyenne, qu'il étudiât le droit et embrassât une carrière universitaire. Mais après quelques semestres à l'université de Leipzig, le 1er avril 1884, il s'engagea dans le 1er régiment de cuirassiers de la garde « Prince Électeur » à Breslau, en qualité

6. En 1976, lors de la parution de ce livre, Lubin était encore inaccessible à la plupart des Allemands en raison de la division de l'Europe par le rideau de fer.

d'aspirant. Le choix de cette carrière fut autant motivé par l'attrait du commandement et de la camaraderie militaire que par l'amour du cheval et sa passion pour l'équitation. Comment aurait-il pu sans cela, malgré la guerre et la révolution, éveiller en moi les mêmes passions et les maintenir vivantes ? Au cours de nos nombreuses conversations, j'ai appris à comprendre sa conception de l'éthique militaire et des lourdes responsabilités qui incombent à un officier.

Mon père était considéré par beaucoup de nos connaissances comme un anglophile convaincu. Dans sa jeunesse, il avait fait plusieurs longs séjours en Angleterre. Il en avait gardé une puissante inclination pour le « *British way of life* ».

En tenue civile – celle qu'il préférait –, il ressemblait davantage à un aristocrate anglais qu'à un officier prussien. C'était la posture morale qui chez lui disait le mieux le gentleman. Il savait en toute circonstance ce qu'il devait faire et ne pas faire. Ce n'était pas le moins du monde le désir de se donner un genre, mais bien l'expression de tout son style de vie. À cheval aussi, il préférait la monte anglaise, élégante et légère, à la monte réglementaire prussienne, ce qui lui valut quelques réprimandes dans le service. Dans sa jeunesse, il avait participé à des courses hippiques et resta toute sa vie un remarquable cavalier de cross.

Ma mère était extrêmement appréciée par tous ceux avec qui elle était en contact. Elle était réputée faire preuve d'une qualité singulière qui se fait de plus en plus rare. Elle disait à chacun sans détours exactement ce qu'elle pensait, sans se préoccuper le moins du monde de savoir si on prenait cela en mauvaise part. Elle était extraordinairement courageuse et comparait les maux de l'existence à ces douloureuses chutes de cheval qu'elle avait pu faire lors de chasses à courre en Prusse orientale ou en Silésie. Toujours en amazone, elle montait les chevaux les plus difficiles qui, sous sa main légère, devenaient généralement remarquablement obéissants. Certains lecteurs s'étonneront que j'évoque le caractère de ma mère au travers de l'équitation. Pourtant, sa façon de monter disait dans une très large mesure sa manière d'être. Et d'ailleurs, le premier souvenir que j'aie de ma mère remonte à mes quatre ans : je monte à côté d'elle un poney qu'elle conduit à la longe.

Tout au long de sa vie, ma mère fut toujours présente pour les autres. Rarement, j'ai vu aussi marqué que chez elle l'amour du prochain et la serviabilité. Sa vitalité et son indomptable courage étaient contagieux ; ils lui ont valu d'être constamment entourée d'un solide cercle d'amis. Toute la Silésie savait qui était « Tina » – c'était son surnom. Son souvenir restait encore vivace 30 ans après sa mort. Elle était aimée et appréciée aussi bien par les gens simples que par la bourgeoisie de Lubin. Quand en 1932 elle quitta Lubin pour Breslau[7], afin de se rapprocher de ses fils, elle fut fêtée dans la petite ville de Silésie comme si elle était citoyenne d'honneur. Bien que ma mère aimât passionnément la Silésie, elle n'oublia jamais sa patrie de Prusse orientale qui l'avait si fortement marquée. Elle transmit à ses enfants une manière d'être, typiquement prussienne, qui opposait une certaine dureté de caractère aux inévitables coups durs de l'existence. Ce me fut toujours une aide précieuse.

Si, pour reprendre une formulation à la mode, quelqu'un me demandait aujourd'hui si je reçus un éducation autoritaire ou non, je ne saurais lui répondre. Mes parents avaient une personnalité si forte que leur autorité était une évidence. Pourtant, je ne me rappelle pas avoir jamais reçu un coup de mon père ni même l'avoir entendu élever la voix. Mes parents rayonnaient avant tout par leur exemple et leur manière de vivre. Ils étaient constamment là pour nous, mais sans que leur présence nous écrasât jamais.

Grâce à sa vaste culture, mon père nous transmit ses connaissances dans de nombreux domaines, mais, à quelques exceptions près, il ne vint jamais à l'idée de nos parents de nous aider dans nos devoirs de classe. Dès notre plus jeune âge, ils nous firent

7. Aujourd'hui Wroclaw.

comprendre que nous avions à faire nos devoirs et cela suffit. Nous ne fûmes ni enfermés dans un moule, ni bridés par des objurgations trop constantes. Avec l'exemple de nos parents sous les yeux, nous développions une grande liberté intérieure. Nous pouvions choisir nous-mêmes, parmi les enfants du voisinage ou nos condisciples, nos camarades de jeu et nos amis. Dès que nous fûmes en âge de les suivre, nos parents nous emmenèrent avec eux pour participer à des réceptions mondaines ou manifestations sportives afin de nous montrer, par l'exemple, le style de vie qu'ils préféraient. Comme il était dans leurs habitudes de critiquer publiquement, nous fûmes aussi portés à la critique à condition qu'elle ne tombât pas dans l'arrogance ou dans le mépris des autres. Je ne peux oublier la manière dont mes parents nous enseignèrent à porter une attention toute particulière aux pauvres, aux malades et aux handicapés.

Notre éducation fut simple, pour tout dire spartiate, non seulement par choix, mais aussi par nécessité puisque nous devions tous vivre de la solde d'officier de mon père. Aussi n'avions-nous ni jouets dispendieux ni vêtements coûteux. Nous, les jeunes, nous portions la plupart du temps des vêtements qui avaient été retaillés dans ceux de mon père. D'argent, on ne parlait pas dans la maison familiale, même si parfois nous remarquions très clairement combien il faisait défaut. Mais comme la valeur de l'argent n'avait jamais été surévaluée et comme elle était toujours subordonnée à d'autres valeurs, il en résulta une liberté intérieure à l'égard de l'argent et du luxe qui m'accompagna toute ma vie. Modestie et haute tenue furent les maximes que nos parents nous donnèrent pour les chemins de l'existence.

Mon développement spirituel et physique fut bien plus marqué par la maison que par l'école. Sans difficultés particulières, j'ai fréquenté l'école primaire puis le lycée de Lubin jusqu'au bac. Aujourd'hui, je me félicite que l'idée de m'envoyer en internat ne se soit jamais concrétisée. Grâce à cela, mon éducation a été avant tout influencée par l'atmosphère spirituelle et humaine de notre foyer et de ses traditions. La conscience historique, l'amour de la patrie, de la musique et du sport y jouaient un rôle central et ont été déterminants pour le reste de ma vie.

Je ne peux pas me rappeler avoir lu dans ma jeunesse un livre de Karl May[8] ou d'autres romans d'aventures. Je dévorais les livres d'histoire pour les jeunes avec une prédilection particulière pour ceux qui concernaient l'histoire de la Prusse et de l'empire allemand. La culture universelle de mon père et l'ouverture au monde de mes parents m'empêchèrent de devenir un nationaliste borné. Du reste, depuis mon plus jeune âge, nous avions une nurse française à demeure. À la maison, on parlait beaucoup français si bien que, rapidement, je le maîtrisai presque couramment. Pendant la Première Guerre mondiale, nous avions aussi chez nous une jeune Belge que nous aimions beaucoup. Je fus très impressionné par son patriotisme qui, malgré l'occupation de la Belgique par les troupes allemandes, ne la laissa douter à aucun moment de la victoire finale de son roi.

Très tôt mûrit en moi la décision de consacrer, comme soldat, ma vie au service de la patrie. Mon grand-père Gersdorff avait dit un jour à mon père que ce n'était pas un droit mais un privilège de la noblesse de combattre et de mourir pour son pays. Ce « noblesse oblige », qui déjà pendant mon enfance m'apparaissait comme une évidence, a influencé d'une manière fondamentale ma conscience nationale et mon sens des responsabilités. Dans ma patrie la Silésie, j'étais constamment confronté à l'histoire prusso-allemande. L'histoire de ma famille, pleine de rebondissements, m'interdisait de développer des sentiments d'un nationalisme exclusif. Pendant la guerre de Silésie au XVIIIe siècle, les Gersdorff avaient combattu des deux côtés. Sous le drapeau de Frédéric le Grand, il y avait un régiment d'infanterie et un régiment de hussards « von Gers-

8. Karl May (1842-1912), romancier célèbre en Allemagne pour avoir popularisé les histoires d'Indiens et de cowboys. Écrivain à succès, il incarnait une littérature de divertissement assez éloignée de l'austérité prussienne.

dorff », tandis que du côté autrichien, un Gersdorff avait commandé un régiment de Pandour[9] qui avait pris et détruit ma ville natale de Lubin.

La Silésie était et reste pour moi le plus beau et le plus riche pays d'Allemagne. La population, la culture, les paysages, le mode de vie étaient purement allemands avec un agréable mélange de charme autrichien et de discipline prussienne. Les meilleurs Prussiens étaient ceux qu'on nommait « les Wasserpolacks » en Haute Silésie qui, dans la guerre comme dans la paix, se sont révélés d'excellents soldats. Comme dans toutes les régions frontalières, dans ce pays entouré par la Pologne, la Hongrie, l'Autriche et la Bohême, se tissaient naturellement des relations familiales et sociales avec les pays voisins. C'était tout particulièrement vrai avec les familles de la noblesse catholique de Haute Silésie. Mais ma famille protestante avait aussi des relations étroites avec la Pologne. Nous passions presque toutes nos vacances dans les propriétés de l'ancienne province de Poznan que possédaient mes grands-parents et mes oncles et tantes paternels. Je n'ai jamais ressenti une quelconque hostilité à l'égard des Allemands, que ce soit de la part de la noblesse polonaise ou de celle de la bourgeoisie ou des agriculteurs. À Parkso – district de Schmiegel –, sur la propriété de mon grand-père, il n'y avait en dehors de ma famille pas un seul Allemand. Enfants, nous jouions avec les enfants des employés polonais. Avec les propriétaires terriens polonais régnait une authentique et chaleureuse amitié. Ma grand-mère, née comtesse Strachwitz, était catholique. Les Polonais de milieux modestes la considéraient comme l'une des leurs. Ils disaient : « *Babuscha catholique, Babuscha polonaise* ». Cette identification de la religion et de la nationalité polonaise était fréquente et a conservé son importance aujourd'hui.

J'ai vécu dans la région appelée « Warthegau », sous administration allemande et, après la Première Guerre mondiale,

9. Hussards croates recrutés par les Autrichiens.

sous administration polonaise. Je n'ai jamais constaté de changements fondamentaux dans la coexistence entre les Allemands et les Polonais. Dans les années 1920 en Pologne, les agriculteurs allemands étaient bien plus prospères que dans leur patrie menacée par la crise économique. La vie de tous les Allemands dans les régions perdues après 1918 était normale ; ils n'étaient soumis à aucune menace ou à aucune discrimination particulière. L'aggravation décisive des relations germano-polonaise n'apparut qu'après la prise du pouvoir par les nationaux-socialistes.

Pas plus que je n'ai considéré l'ancienne province de Poznan comme une terre allemande, l'idée d'une revendication polonaise sur la Silésie ne m'est venue à l'esprit, si ce n'est sur quelques localités frontalières à l'est de la Haute Silésie. Depuis des centaines d'années, la Silésie doit toutes ses richesses économiques et culturelles à ses populations allemandes. Dans ce pays, il n'y a rien, pas une seule tradition, qui soit polonaise. La polonisation actuelle des noms allemands ne peut rien y changer. Au contraire, la Silésie a longtemps appartenu au royaume de Bohême. Depuis l'empereur Barberousse[10], les ducs de Piast étaient princes du Saint Empire romain germanique et c'est eux qui firent venir les colons allemands qui s'installèrent dans la campagne silésienne. Les paysans allemands s'implantèrent dans une région désertique, inhospitalière et sous-développée. Au prix d'un travail harassant, ils firent de cette région l'un des terroirs les mieux cultivés de l'Europe centrale. Cela rendait encore plus choquantes les informations diffusées à l'occasion par le *Journal de Silésie*, selon lesquelles chaque année des centaines de lettres de l'ouest du Reich arri-

10. Empereur du Saint Empire de 1155 à 1190 qui, pour les Allemands, a longtemps représenté le génie impérial, celui qui, pour la première fois, avait réussi à réunir, vaille que vaille, la « nation allemande ». Tout au long du XIXe siècle, ce fut une figure mythique, exploitée par la propagande nationaliste.

vaient à Breslau avec la mention « Breslau en Pologne ». Il y avait déjà une frontière imaginaire sur l'Elbe[11].

À la maison, la musique jouait un grand rôle. Tous mes grands-parents, mon père et ma mère étaient des passionnés ; il n'y a donc rien d'étonnant à ce que nous, les enfants, ayons écouté avec joie, déjà tout petits, de la bonne musique. Le salon de ma mère était dominé par le grand piano à queue Bechstein. Elle jouait au piano de manière charmante sans toutefois s'attaquer aux compositions difficiles. De sa prime jeunesse, mon père avait conservé un petit répertoire de pièces de Chopin. Mon frère aîné Ernst-Carl et moi-même reçûmes un enseignement de piano que nous ne poussâmes pas très loin. Nous pratiquâmes de moins en moins car, dès l'âge de quatre ans, mon jeune frère Hubertus[12] s'avéra être un enfant prodige. Il possédait l'oreille absolue et jouait toutes les mélodies qu'il entendait avec la sonorité et la technique la plus parfaite que lui permissent ses petites mains. Le tact et le sérieux avec lequel mon père guida et encouragea ce don naturel restent pour moi inoubliables. Mon frère progressa à pas de géant si bien que, dans ses jeunes années, il était déjà un concertiste

---

11. L'ensemble de ce passage est très révélateur du drame des *Flüchtlingen* et des *Vertriebenen*, ces 3 millions de réfugiés ou d'expulsés qui en 1945 durent quitter la Silésie attribuée à la Pologne. Spirituellement, Gersdorff est l'un des leurs. Il porte le deuil de la patrie perdue. Ce type de propos était très fréquent dans les premières décennies de la République fédérale. Il n'est pas étonnant de le trouver sous la plume de l'auteur en 1976. La blessure était encore saignante. Elle ne révèle pas un penchant nationaliste particulier, simplement une grande tristesse rendue encore plus amère en raison de la division de l'Europe par le rideau de fer. La terre perdue était devenue terre interdite. Du fait de leur poids électoral, les *Vertriebenen* jouèrent alors un rôle assez important dans la politique allemande. Ils s'opposaient très vivement aux nouvelles frontières de la Pologne. La reconnaissance de la ligne Oder-Neisse lors de la réunification a définitivement clos le débat.

12. Hubertus (1909-1964) mena de front une carrière d'avocat et de concertiste renommé.

renommé, dont le reste de la famille composait le plus fervent auditoire.

Tout cavalier expérimenté sait que les chevaux ont l'oreille musicale et qu'il existe des liens étroits entre l'équitation et la musique. C'est ainsi que j'ai développé conjointement la passion du cheval et celle de la musique. L'amour du cheval était chez moi congénital. Les écuries, derrière la maison, occupées par trois ou quatre pur-sang de mon père faisaient naturellement corps avec notre « chez nous ». Elles étaient mon refuge préféré. Juste derrière la maison et les écuries coulait un petit ruisseau surnommé « le froid ruisseau ». Les chevaux restaient de longues heures dans l'eau glaciale. J'étais fier de pouvoir les y conduire à la longe sous l'œil vigilant du palefrenier. Souvent, en effet, mon père achetait à bas coût des pur-sang blessés sur les champs de course. Il soignait les blessures au tendon par des massages à l'eau courante. Avec les rescapés, il gagna par la suite de nombreuses courses, après les avoir entraînés sur le champ de manœuvre tout proche.

Au début, ma préférée était la petite ponette Colombe sur laquelle j'ai commencé à monter à l'âge de quatre ans. Dans un costume marin, les pantalons remontés, des guêtres au mollet, un chapeau de paille sur la tête, sans étriers, je sautais sur la selle que je devais attraper à pleines mains. C'était absolument nécessaire. En effet Colombe ne faisait pas honneur à son nom. Lorsqu'elle sortait des stalles, elle était si déchaînée que mon frère et moi fîmes souvent la bascule. Mais, même quand nous nous étions fait mal, nous devions aussitôt remonter en selle.

Aujourd'hui, je sais combien cette éducation nous a aidés dans la vie à surmonter les coups du sort et à rebondir après les échecs. Très vite, je me sentis à l'aise sur le poney ; j'obtins l'autorisation d'accompagner ma mère dans ses sorties à cheval à travers la campagne. Elle me guidait à la longe, et je trottais à côté de son grand cheval. Lorsque ma mère voulait galoper ou sauter, elle me passait la longe. Parfois Colombe profitait de l'occasion pour rejoindre, après une longue cavalcade, ses écuries préférées.

À partir de 1914, mon frère aîné et moi suivîmes des leçons d'équitation sur des chevaux de taille normale. Nous eûmes très tôt pour instructeur le maréchal des logis de dragons Endorf qui, dans les premiers mois de la guerre, avait été gravement blessé par un coup de lance cosaque et n'était plus apte au service. Cette éducation fondamentale basée sur l'équitation était surveillée avec attention par ma mère. Vers la fin de l'année 1915, mon père renvoya ses trois pur-sang de France à Lubin. Ayant pris le commandement d'un régiment d'infanterie pendant les durs combats de la guerre de position, il n'avait plus assez de temps pour s'en occuper. Dès lors, nous dûmes les monter chaque jour. La jument « Stute » fut particulièrement chère à mon cœur. Avant la guerre, elle avait gagné six courses de steeple-chase.

Entré dans la carrière avec le cheval, je vécus dès lors constamment sur et avec les chevaux. Jusqu'au 16 août 1967, où un grave accident sur le champ de course de Munich me brisa la colonne vertébrale, il n'y eut pas un jour de ma vie, y compris dans les années de guerre, où je ne montai plusieurs chevaux. Ils m'apportèrent vraiment « le plus grand bonheur qui soit sur la terre ». Aujourd'hui encore, en chaise roulante, mon amour pour le cheval et l'équitation reste intact.

Ma jeunesse, comme fils de soldat dans une petite ville de garnison, le contact permanent avec les soldats et les chevaux, l'amour très tôt ressenti pour la nature et la patrie ont donné une impulsion décisive à ma vie. Les neuf premières années de ma vie furent marquées par certains événements qui me laissèrent une impression durable et déterminante. Deux d'entre eux, avant la Première Guerre mondiale, restent particulièrement mémorables.

À l'automne 1911, mon père, mon frère aîné et moi-même fîmes une excursion dans le Riesengebirge[13]. Partant de Krum-

13. Ou mont des Géants. Aujourd'hui à la frontière de la Pologne et de la Tchéquie.

mhübel, passant par la Riesenbaude, nous gravîmes la Schneekoppe où nous passâmes la nuit. Le lendemain, nous allâmes jusqu'à Spindelmühl de l'autre côté de la frontière de Bohême. De là-bas, nous escaladâmes l'Elbgrund jusqu'à la Schneegruppenbaude. Le troisième jour, nous longeâmes les montagnes pour rejoindre Krummhübel. Outre mon émotion devant une nature grandiose que mon père enrichissait de propos historiques et scientifiques, je me rappelle les ascensions difficiles sur des sentiers en épingle à cheveux couverts de glace, l'eau glaciale des auberges, un inoubliable *Kaiserschmarren* à Spindelmühl et l'impression d'angoisse qui émanait des champs de neige profonde. Je n'avais alors que six ans, mais je ne pourrai jamais oublier notre randonnée à travers cette région si riche en légendes, à travers ce domaine de « l'esprit de la montagne » où tant de contes ont pris naissance. L'expérience de ces trois jours passés en haute montagne, dans des paysages sublimes et sauvages encore, les menues aventures que nous traversâmes accrurent ma complicité avec mon père et mon frère. Tout cela influença fortement le développement de ma personnalité. Mon amour intact à ce jour pour ma patrie de Silésie, ma joie devant tout ce que la nature nous offre, mon inclination pour une vie libre et active sont le fruit de ces expériences de jeunesse. Jamais je n'aurais pu supporter une vie de bureau, sous le joug d'une discipline étriquée et d'un assujettissement intellectuel. Ce fut la raison de fond qui me poussa à choisir la vie aventureuse de soldat. Plus tard, la beauté des montagnes silésiennes ne cessa pas de me hanter. Jeune officier, j'entrepris avec des camarades de régiment une course en montagne au cours de laquelle nous gravîmes avec beaucoup de difficultés la Koppe, avant de longer la ligne de crête.

En 1913, nous passâmes les vacances de Pentecôte chez mes grands-parents Dohna à Postdam. Ce fut ma première soirée au théâtre. Nous allâmes au théâtre royal de Berlin assister à la représentation de *Kitzow* de Ernst von Wildenbruch. Du haut de mes huit ans, j'en fus profondément impressionné. Pour la première fois de ma vie, se manifestait sous mes yeux la nécessité de résister à une autorité injuste. J'éprouvai une sympathie profonde pour le rebelle Dietrich von Kitzow[14]. Nous avions pris place dans une loge de cour qu'avait mise à notre disposition ma marraine, Claire von Gersdorff, dame d'honneur de Sa Majesté l'impératrice Auguste Viktoria. Quelques jours plus tard, j'eus la permission d'aller lui présenter mes hommages dans le Nouveau Palais de Postdam. Quand j'entrai dans le château, je pris le premier laquais que nous croisâmes pour l'empereur. Les chocolats et les gâteaux du salon de ma tante me consolèrent rapidement de ma déconvenue. Le lundi de Pentecôte, nous vîmes le couple impérial de plus près. Sur la grande place de parade devant le Nouveau Palais avait lieu ce qui s'appelait alors la *Schrippenfest.* Suivant une vieille tradition, l'empereur invitait chaque année les membres du régiment d'instruction d'infanterie à un déjeuner. Le couple impérial, accompagné d'une suite nombreuse, prit place autour des tables et des bancs sur lesquels les *Schrippen* – une variété de pains berlinois – étaient servis. Nous étions assis dans une petite tribune d'honneur, réservée aux hôtes de marque, d'où nous pouvions contempler la scène. Je me rappelle combien Guillaume II paraissait joyeux et expansif, sans perdre une once de dignité, et avec quel plaisir il s'asseyait au milieu des soldats avec lesquels il engageait des conversations animées. Pendant ce temps, un concert était donné par l'escadron de trompettes des hussards de la garde, qui était le seul régiment prussien à avoir un « maure » – un musicien d'Afrique du Nord – comme timbalier. Le spectacle superbe, les uniformes multicolores brillant sous le soleil, les chevaux rutilants et l'harmonie si particulière des marches de cavalerie firent sur moi une impression indicible qui conforta à tout jamais mes convictions monarchistes.

14. La pièce, jouée pour la première fois en 1888 eut un grand succès. Située à la fin du Moyen Âge, elle évoque la résistance des frères von Quitzow contre l'arbitraire du pouvoir central exercé par le duc de Hohenzollern.

Nous passâmes les vacances de l'été 1914 en Poméranie, dans la propriété d'une sœur de mon père, et à Dantzig[15] sur la mer Baltique, où nous allions chaque jour nous baigner. À Zoppot, j'assistai à la dernière victoire de notre jument « Kwas » à un steeple-chase d'officiers. Au cours d'une excursion particulièrement agitée en bateau à vapeur dans la baie de Dantzig, je reçus la première et dernière gifle de ma vie, lorsque je dis à mon père que ce serait vraiment formidable si le bateau était emporté par le vent jusqu'à Bornholm. Après quoi, nous dûmes retourner à Lubin en toute hâte car la Première Guerre mondiale était à nos portes. Je me rappelle très bien l'enthousiasme populaire qui accompagna le départ vers le front du régiment de dragons de Lubin. Par contraste, le début de la Seconde Guerre mondiale fut accueilli avec beaucoup de sérieux et de réserve. Mon père, lieutenant-colonel à l'état-major, n'accompagnait pas le régiment d'active, il partit quelques jours plus tard avec le 3e régiment de dragons de réserve sur le front ouest. Lors de la déclaration de guerre de la Grande-Bretagne, il nous dit qu'il considérait que la guerre était perdue. Lui qui connaissait, mieux que beaucoup d'autres, la puissance de l'Empire britannique, ne pouvait partager l'euphorie ambiante.

À proximité immédiate de la maison, sur la grand-route de Lubin en direction de Polkwitz et Glogau, se tenaient des gardes armés avec des carabines et des sabres étincelants qui devaient contrôler les rares véhicules qui y circulaient. Si une voiture ne s'arrêtait pas, ils avaient reçu instruction de détruire les pneus avec leur sabre. Si cela ne suffisait pas, ils étaient autorisés à faire usage de leur arme à feu. Un cuirassier de la garde, bien connu de mon père, fut un jour arrêté car son uniforme blanc du temps de paix ressemblait à celui des Russes. Il vint à la maison demander l'aide de mon père. Le gouverneur, qui habitait à proximité fut aussitôt informé qu'un offi-

15. Aujourd'hui Gdansk.

cier russe avait pénétré dans notre maison. Quoique que ce fût un ami de la famille, il crut à cette fable ridicule et voulut faire arrêter mon père et le prétendu espion. Une courte explication suffit à rétablir la vérité, mais pendant plusieurs jours, le bruit courut à Lubin qu'il y avait chez nous un agent russe avec un trésor fabuleux. L'anecdote montre à quel point les gens avaient les nerfs à fleur de peau, dans un état de fébrilité qui en de nombreux endroits conduisit à des échanges de coups de feu lourds de conséquences.

Quand mon père obtint sa première permission en mai 1915, nous allâmes le chercher à la gare de Liegnica. Nous attendions au buffet de la gare le train pour Lubin quand mon père déclara tout à trac – je ne l'oublierai jamais – combien il était agréable de ne pas entendre exploser des grenades à côté de soi. Juste après le commencement de la guerre de position, il fut nommé commandant du 6e régiment d'infanterie de réserve qui, durant toute la guerre, serait engagé dans tous les points chauds du front ouest, d'abord sur le front de Verdun, ensuite en Champagne, à Hartmannweilerkopf, dans les Flandres et sur la Somme. Nous apprîmes avec quel sang-froid, quel sens de la décision et quel courage personnel mon père commanda toujours son régiment. Il reçut de hautes distinctions et passait pour un magnifique soldat du front.

Ma mère s'engagea, durant toute la guerre, à l'hôpital militaire de Lubin pour soigner les blessés. Nous devions fréquemment l'accompagner. Le face-à-face avec les horreurs de la guerre que nous découvrions au chevet des blessés graves, des aveugles et des amputés me laissa un souvenir indélébile.

Dans les dernières années du conflit, la guerre fit directement irruption dans nos vies d'enfants ; les difficultés d'approvisionnement devenaient plus dures. Nous, les jeunes, étions envoyés en mission de ravitaillement à la campagne. Nous revenions souvent bredouilles. Le matin, quand nous allions à l'école, nous voyions régulièrement des corbeaux qui pendaient à la poignée des portes, tués par les officiers blessés qui assuraient le service de la garnison. À l'époque, nous en mangeâmes aussi accommodés de toutes les manières possibles.

La fin de la guerre en 1918 fut un choc terrible, quoique nous y fussions préparés par notre père, qui était resté constamment pessimiste dans les revers comme dans les victoires. La chute de la monarchie sapait du jour au lendemain les fondements sur lesquels les familles de la noblesse et de la haute bourgeoisie avaient bâti leur existence. Non seulement la carrière, mais aussi les moyens de subsistance de mon père apparurent menacés par la révolution. De plus, la perte de la province de Poznan nous privait d'un accès facile aux biens de notre famille. Du haut de mes 13 ans, je ne compris pas tout ce qui se passait. Aujourd'hui, il est clair pour moi que novembre 1918 fut pour la génération de mes parents une rupture plus profonde encore que celle de mai 1945. Outre le bouleversement que nous connaissions dans nos conditions de vie personnelles, la fin de la Première Guerre mondiale déchaînait dans le monde entier un processus général de révolution qui annonçait une nouvelle époque. Parmi les changements les plus importants, je citerais :

La fin de grandes dynasties en Russie, en Autriche-Hongrie et en Allemagne ; la naissance du premier régime communiste en Union soviétique ; le renforcement de l'influence des États-Unis d'Amérique sur l'Europe ; le début de la désintégration des grands empires coloniaux et l'apparition du tiers-monde ; l'accroissement du rôle décisif de la technique encouragée par la guerre et les progrès qu'elle a générés dans de nombreux domaines, en particulier dans le transport aérien.

L'abdication de l'empereur et roi me fit une impression plus forte que la perte de la guerre ou de ma deuxième patrie, la province de Poznan, au profit de la Pologne. Lorsqu'un élève de mon lycée, un peu plus âgé que moi, créa une ligue des jeunes fidèles à l'empereur, je rejoignis avec enthousiasme l'association. La ligue ne compta jamais un grand nombre de membres et n'exerça jamais une influence digne de ce nom, mais elle marqua mes idées politiques. Convictions monarchistes et amour pour la patrie allemande furent les facteurs déterminants de ma vie. Dans la petite ville de Lubin où, en dehors d'une petite usine de piano, il n'y avait pas d'industries, les choses se passèrent à peu près calmement. Il y eut davantage de manifestations et d'émeutes quand des travailleurs révolutionnaires venus de localités voisines envahirent la ville qui était aussi le chef-lieu du district. Les meetings organisés par les sociaux-démocrates eurent peu de résonances dans la bourgeoisie de Lubin. Ma mère, qui se rendit plusieurs fois à ces manifestations, eut souvent le dernier mot grâce à ses réparties cinglantes, avec lesquelles elle mettait les rieurs de son côté.

C'est le cœur battant que nous suivîmes la défense de la frontière silésienne. Longtemps, mon père fit partie du *Grenzschutz*[16], un corps de volontaires chargé de la défendre. Beaucoup de proches parents et d'amis de notre famille s'engagèrent pour sauver la Haute Silésie, menacée par les insurgés polonais. La plupart du temps, ils combattaient autant avec leurs domestiques et leurs ouvriers agricoles qu'avec les paysans de leur village, dans des unités qu'ils avaient eux-mêmes créées. Ils étaient poussés par l'idée de l'unité de la nation allemande qui, après la perte de la guerre, poussait chacun, et particulièrement les jeunes, à risquer sa vie. À la différence de l'après-Seconde Guerre mondiale, la satisfaction des besoins matériels était alors entièrement subordonnée à l'amour de la patrie.

Un incident singulier se produisit pendant le putsch de Kapp[17]. Le militaire le plus gradé engagé dans cette entreprise

16. Voir note 1 p. 81.

17. Putsch mené en mars 1920 à Berlin par le publiciste monarchiste Wolgang Kapp, pour renverser le gouvernement socialiste d'Ebert. La principale force militaire de la sédition était la fameuse « brigade Erhardt », un corps franc de 6 000 hommes qui s'était mis sous les ordres de Walther von Lüttwitz. En quatre jours, la grève générale lancée par les communistes et les socialistes fit échouer l'entreprise.

malheureuse, le général Walther von Lüttwitz, était un cousin de mon père. Ce dernier avait été nommé en 1920 commandant du 29e régiment de cavalerie de la Reichswehr, formé des restes du 4e régiment de dragons et d'autres régiments de cavalerie. Après l'échec du putsch, un de nos proches parents, Richard John von Freyend, arriva chez nous et, constatant la ressemblance frappante entre les deux cousins, demanda à mon père son passeport. Mon père le lui donna de bonne grâce et mon oncle Lüttwitz put ainsi passer sans encombre en Slovaquie avec le passeport usurpé. Cette affaire poussa mon père à prendre sa retraite, d'autant qu'il venait d'être nommé au grade de général de brigade.

Lorsqu'aujourd'hui je jette un regard sur mes années de prime jeunesse, je vois qu'elles furent infiniment heureuses malgré la guerre, la révolution et un style de vie relativement austère. L'exemple de mes parents et l'éducation que je reçus d'eux me marquèrent de telle manière que je pus me lancer dans la vie professionnelle avec des valeurs bien enracinées et des principes solides. Jamais je n'eus à dévier tant soit peu de ces principes.

2.

SOLDAT DANS LA REICHSWEHR

« Ne blâmez pas les soldats pour leurs rires,
laissez-les embrasser et séduire,
qui sait quand il leur faudra mourir. »

Vieux proverbe militaire

Après avoir réussi brillamment mon baccalauréat, j'entrai le 1er avril 1923 au 7e régiment de cavalerie (Prusse). L'état-major, la section de renseignements, une section de mitrailleuses, le premier et le deuxième escadron tenaient garnison dans la caserne de cuirassiers de Breslau-Kleinburg, le troisième et le quatrième escadron ainsi qu'une autre section de mitrailleuses dans celle de Lubin, le cinquième escadron (formation) dans celle de Breslau-Karlowitz. Le premier escadron avait repris les traditions du premier régiment de la garde « Grand Électeur » dans lequel mon père avait fait ses années de lieutenant et qu'il a toujours considéré comme sa patrie militaire. Le troisième escadron avait hérité des traditions du régiment de dragons « von Bredow » dans lequel en 1900 mon père avait été nommé chef d'escadron et qui fut son dernier commandement juste après la fin de la Première Guerre mondiale.

Je n'aurais pas dû devenir soldat. Lors de ma visite d'engagement, j'avais en effet été déclaré inapte en raison de mon poids plume. À seulement 18 ans, je mesurais déjà 1 m 90 – exactement comme mon père qui me dépassait encore d'1 ou

2 cm – pour seulement 56 kg. Heureusement, le chef du troisième escadron, le major von Reinersdorff, me prit sous sa protection parce qu'il avait connu les mêmes problèmes lors de son entrée dans l'armée. Brillant cavalier, il avait gagné de nombreuses courses avant la Première Guerre mondiale sur les chevaux de mon père. C'est le maître d'équitation avec lequel j'ai le plus appris.

En 1923, lors de son entrée au service, un bachelier n'était pas traité comme un élève-officier – *Offizieranwärter.* Il ne pouvait accéder à ce statut que 12 mois plus tard. Il avait donc dans un premier temps le même grade que les autres engagés et ne jouissait d'aucun privilège. Sa formation était seulement plus dure et plus riche. Ce n'est qu'après sa nomination au grade de caporal que l'élève-officier rejoignait ses homologues pour suivre un entraînement spécial. Dans la troisième année de service, il devenait sous-officier aspirant – *Fahnenjunker* – et était envoyé dans une école d'infanterie. Quand il recevait ses épaulettes d'aspirant, il rejoignait l'école de cavalerie. Au cours de ces deux années, il devait réussir les examens de *Fahnenjunker* et de *Fähnrich*, sans parler de nombreux autres tests. Ensuite, il retournait en garnison avec le grade d'aspirant, où, en fonction de son rang de sortie au concours, il attendait plus ou moins longtemps son brevet d'officier. Il devenait alors sous-lieutenant avec un galon plein – *Unterleutnant.*

Quatre années de formation pour devenir officier, c'était long. Il serait idéal qu'une formation aussi poussée fût possible dans les armées contemporaines. Cela n'est malheureusement pas le cas, tant est grand le besoin en officiers, dans la Bundeswehr par exemple. Après quatre ans de formation, personne ne pouvait plus rien nous apprendre. Nous avons découvert la vie militaire au bas de l'échellon, nous étions ainsi capables de nous mettre dans la peau d'un simple soldat. Nous avions connu toutes les vexations, toutes les humiliations stupides imposées par les gradés. C'est comme instructeur et surtout comme chef d'escadron que je constatai par la suite la valeur de ce long apprentissage.

En 1925, le chef de l'armée, le général von Seeckt[1], promulgua une ordonnance dans laquelle il demandait que la formation d'élève-officier fût adoucie. Cela pouvait se justifier, mais moi qui n'ai pas bénéficié de cet avantage, je pense que la connaissance de la vie du soldat à la dure ne m'a pas nui ; elle m'a au contraire beaucoup servi. Dans les années 1920, il y avait dans toutes les unités de la Reichswehr de vieux sergents qui avaient connu les dernières années de guerre. Il en allait de même pour presque tous les sous-officiers et les officiers. C'étaient de remarquables vétérans qui n'avaient jamais eu de formation en temps de paix. C'était particulièrement sensible chez les sergents. Ils se faisaient servir par les jeunes recrues comme des pachas et saisissaient la moindre occasion pour signer des punitions. Mais ils pouvaient aussi faire preuve d'une grande camaraderie et d'une grande disponibilité, comme ils l'avaient appris au front.

Durant le premier semestre de mon engagement, je fus envoyé avec toutes les autres recrues du régiment au 5e escadron (formation) à Breslau Carlowitz. Notre officier instructeur était le capitaine de cavalerie – *Rittmeister* – Seel, un ancien sous officier du régiment de cuirassiers de la garde qui,

1. Après une brillante carrière d'officier d'état-major durant la Première Guerre mondiale, le général Hans von Seeckt (1866-1936) fut le vrai créateur de la Reichswehr qui succéda à l'armée impériale. Malgré les contraintes imposées par le traité de Versailles qui la limitaient à 100 000 hommes, il en fit une armée d'élite composée de cadres de grande qualité, capables le cas échéant de servir à la reconstitution d'une armée de taille normale. À la tête du *Truppenabteilung* de 1920 à 1926, il développa l'idée d'une armée apolitique, fonctionnant en vase clos, appuyée sur ses valeurs et ses compétences techniques. Il initia des contacts avec l'URSS qui permirent aux officiers allemands de s'initier aux nouvelles armes de combat interdites par le traité de Versailles (chars, aviation). La Reichswehr fournit à la Wehrmacht d'Hitler les cadres dont elle avait besoin. Les succès ultérieurs des armes allemandes lui doivent beaucoup.

en raison de son courage devant l'ennemi, avait été promu officier. C'était une belle âme – hommage à son nom[2] – même s'il ne nous le montra guère. Mon chef de chambrée était le caporal Artur Wanke, qui devint plus tard officier et sortit de la Seconde Guerre mondiale comme lieutenant-colonel et commandant de régiment. Sa prévenance et ses bons conseils furent d'une grande utilité aux jeunes soldats que nous étions.

Un événement m'a particulièrement marqué durant mon passage à Breslau Carlowitz. En 1923, il y avait en Silésie, comme partout ailleurs en Allemagne, des troubles et des soulèvements d'origine communiste. Au printemps déjà, Breslau avait connu ce qu'on a appelé « le putsch du beurre » qui avait nécessité l'intervention des deux escadrons de Kleinburg. Ces émeutes tournèrent pour l'essentiel au pillage de magasins alimentaires ou de produits de consommation courante. Quelques semaines après mon entrée en service, des troubles se produisirent à nouveau. On craignit que le chef communiste Max Hölz incarcéré dans la prison de Kletschkau ne fût libéré par la populace. L'escadron de Carlowitz reçut la mission de sécuriser militairement la prison. Nous, les jeunes soldats, étions précisément engagés dans l'opération. Avec équipements de combat et grenades à main au ceinturon (nous n'en avions encore jamais utilisées), l'escadron marcha sur Kletschkau sous la direction du lieutenant Bertram. La prison fut occupée et tout le bâtiment protégé par des mitrailleuses. Cette intervention était naturellement très excitante. Nous croyions que nous allions connaître notre baptême du feu. Par chance, il ne se passa absolument rien si bien que, deux jours plus tard, nous pûmes rentrer à la caserne. Mais je ne peux pas oublier le moment où un gardien de la prison me montra Max Hölz en train de faire sa promenade quotidienne dans la cour. Dans son uniforme de prisonnier, il donnait l'impression d'être un bon bougre inoffensif et pitoyable.

2. *Seele* signifie âme en allemand.

Deux autres souvenirs restent gravés dans ma mémoire, celui de ma première nuit de soldat sous ma couverture militaire bleu et blanc. L'excitation me tenait éveillé quand aux portes de la caserne, un trompette sonna « la retraite de cavalerie ». Cette fanfare magnifique que l'on joue lors des *Grossen Zapfenstreichen*[3] m'a accompagné toute ma vie. J'espère qu'on la sonnera devant mon cercueil. Mon second souvenir est tout différent : en 1923, lors du pic de l'inflation, on passa des millions de marks aux milliards et aux milliards de milliards. Au début, nous recevions notre solde chaque semaine, puis tous les deux jours, puis finalement chaque jour. Et c'était au premier qui parviendrait à acheter quelque broutille contre ses énormes liasses de papier-monnaie.

À partir du 1er septembre 1923, je rejoignis mon escadron permanent, le troisième. Nous étions environ 10 recrues. J'étais le seul à avoir le baccalauréat et à pouvoir espérer faire une carrière d'officier. Les six mois qui suivirent furent les plus éprouvants de ma vie de soldat. En plus du service ordinaire, les jeunes soldats comme nous étaient constamment soumis au bon vouloir des vieux sous-officiers. Instinctivement, nous nous sommes retrouvés unis par une solide camaraderie. Notre amitié étroite et fidèle allait durer toute la vie. Aujourd'hui, la plupart sont morts, mais ceux qui ont survécu restent liés par cette vieille camaraderie, qu'ils aient fini leur carrière militaire comme simple sous-officier ou, comme moi, comme général. Nous nous tutoyons toujours, nous nous appelons par nos prénoms. Et lorsque nous nous revoyons, nous nous tombons dans les bras.

Le service extérieur était dur, le service intérieur plus dur encore ; en dehors du service, nous devions nettoyer les bottes

3. Cérémonie militaire typique de l'armée allemande depuis le XVIIIe siècle. Il s'agit d'une marche aux flambeaux effectuée de nuit selon une chorégraphie très codifiée au son des tambours et des fifres. Elle est encore en usage dans la Bundeswehr lors des grandes cérémonies.

et l'équipement des sergents et des sous-officiers. Nous récurions les douches et les toilettes, encore heureux si on nous laissait dormir après cela. En engloutissant une considérable quantité de nourriture, je compensais les efforts physiques que j'avais à fournir et auxquels j'étais encore moins habitué que mes camarades. Je dévorais le pain de troupe, la margarine, le miel artificiel et tous les aliments que les soldats plus âgés daignaient me laisser, si bien que je perdis très vite le gabarit de jockey de mes 18 ans. Plus tard, je l'ai souvent regretté.

Toutes ces contrariétés étaient effacées par la joie de monter et de soigner les chevaux. Mon chef d'escadron, le major von Reinersdorff, qui connaissait mon expérience équestre, me laissa très vite monter dans le peloton de la « jeune remonte » – où se trouvaient les plus jeunes chevaux. C'était une sensation formidable. Là ne montaient que les meilleurs cavaliers de l'escadron. Il m'invita à monter son propre cheval et fit avec moi des sorties dans la campagne. Son style de monte ressemblait à celui de mon père. Nous avons conforté mutuellement nos convictions équestres. Nous étions sur la même ligne, partageant l'idée que le dressage n'était pas une fin en soi mais le moyen d'atteindre un but, celui d'avoir un cheval délié et obéissant en extérieur. Le travail en carrière, les voltes, les ramassés, les allongés, l'assiette de dressage ne sont pour moi rien d'autre qu'une préparation à la course ou à l'obstacle.

Cette faculté de monter plus que les autres et de recevoir une meilleure formation fut le seul privilège dont j'aie bénéficié. Le fait que mon père fût général en retraite, qu'il eût commandé le régiment et qu'il n'habitât qu'à quelques centaines de mètres de la caserne ne me valut aucun traitement de faveur. Lui-même ne l'aurait jamais permis. Je ne l'aurais de toute façon jamais accepté.

Outre l'équitation sportive, je me passionnai pour les exercices en escadron sur le champ de manœuvres. Jusqu'en 1927, ils étaient dirigés de la même manière qu'avant la Première Guerre mondiale, c'est-à-dire en formation rigide et compacte.

Très vite, je compris que cette préparation au combat à cheval n'avait plus aucun sens face au développement de la puissance de feu, mais aujourd'hui encore, je suis heureux d'avoir connu les dernières années de la cavalerie traditionnelle. Même si la Seconde Guerre mondiale connut les dernières charges de cavalerie (surtout pendant la campagne de Pologne), le cheval n'était plus envisagé, dès 1927, que comme un moyen de transport pour des soldats qui combattaient à pied.

Les exercices, « pelotons et escadrons en colonne » et surtout « pelotons et escadrons en ligne », m'ont procuré un bonheur indescriptible, en particulier lorsqu'ils avaient lieu au galop. J'ai rarement vécu un tel sentiment de plénitude. Pourtant, on pouvait se trouver dans des situations fort inconfortables. Les sous-officiers serre-files avaient pour mission de pousser les cavaliers vers l'intérieur, de telle sorte que la formation reste absolument soudée. On chevauchait donc botte à botte, les jambes douloureusement battues par les armes des voisins. Parfois, on était projetés au-dessus de sa selle lorsque les montures se heurtaient. On avait alors l'impression de planer, mais il fallait retrouver au plus vite son assiette, parce que la moindre chute en formation serrée pouvait être mortelle. Chaque cavalier portait une carabine dans un étui de cuir et chaque groupe était équipé d'une mitrailleuse légère. Mais la reine des armes était encore la lance. Qu'il était difficile de bien tenir en main cette longue et lourde hampe qui sous son fer acéré portait en penon les couleurs blanc et noir de la Prusse. Il fallait beaucoup d'entraînement pour maîtriser cette arme depuis longtemps démodée. Pourtant, les sous-officiers serre-files étaient d'une habileté surprenante. Ils savaient frapper de leur lance le casque d'acier ou la poitrine de tout cavalier qu'il surprenait en faute.

Nous obéissions aux commandements rituels. Le signal de l'attaque était saisissant : « Au trot, au galop, galop de charge ! » Quand retentissait cet ordre ou le commandement : « À l'attaque, lances baissées, hourra la cavalerie ! », c'était des expériences extraordinaires. Cela n'avait rien à voir avec une passion morbide ou des sentiments guerriers. C'était le même sentiment de bonheur que celui que peut ressentir un jockey lorsqu'il participe à une course en peloton compact, au coude à coude.

Tandis que nous galopions sur la lande de Lubin, nous ne pouvions pas deviner que nous chevauchions sur les plus riches mines de cuivre de toute l'Europe de l'Est. Elles ont été découvertes pendant la Seconde Guerre mondiale et sont aujourd'hui exploitées à grande échelle par la Pologne. Le long du chemin que nous empruntions alors pour aller au champ de manœuvres se trouve de nos jours le nouveau cimetière de Lubin où reposent mes parents[4].

Après ma nomination comme caporal, le 1er juillet 1924, je fus envoyé à Breslau Kleinburg où je retrouvai les quatre autres élèves-officiers du régiment. Dans le second puis dans le premier escadron, je connus les mêmes joies, les mêmes angoisses et les mêmes peines qu'à Lubin. Mais notre formation était plus spécialisée. On nous apprit à utiliser les mitrailleuses lourdes et les appareils de transmission. Nous fûmes également initiés à l'art de la forge afin de pouvoir ferrer nous-mêmes les chevaux.

À cette époque, je remportai mes premiers succès équestres. Au cours d'un concours du régiment, je gagnai la coupe de la « jeune remonte » avec Cramon, un trakhener de Prusse orientale. Plus tard, ce cheval devait jouer un rôle particulier dans ma vie. À l'occasion du Grand Prix de Breslau, je l'emportai à l'obstacle devant le commandant de la deuxième division de cavalerie, le général Hasse, qui montait le cheval Général, alors fameux pour ses performances en concours. L'un et l'autre n'avions fait aucune faute. Hasse fit remarquer que c'était le plus jeune et le plus vieux cavaliers qui avaient fait les meilleurs parcours.

---

4. C'était une des revendications constantes des *Vertriebenen* durant la guerre froide : pouvoir se rendre sur les tombes familiales et les entretenir.

Lorsque je fus élevé au rang de *Fahnenjunker* le 1er novembre 1924, j'eus le droit de prendre mes repas au mess des officiers, installé dans une aile de la vieille caserne des cuirassiers. Le décor en était particulièrement soigné, grâce aux cadeaux des différents monarques prussiens aux officiers de leur garde à cheval. Les peintures étaient remarquables, certaines signées de grands maîtres comme Pesne[5]. Au mur étaient suspendus en guirlande les trophées glanés au cours de la longue histoire de nos vieux régiments. On y trouvait les timbales et les trompettes en argent abandonnées par les cuirassiers français lors des batailles d'Oudenarde[6] et de Malpaquet[7]. Dans la grande salle, il n'y avait que deux tableaux, le portrait du Grand Électeur[8] qui avait donné son nom au régiment, et celui de l'empereur Guillaume II jeune. Quant aux murs de la salle néogothique et de la grande antichambre, ils étaient couverts par les armoiries des officiers qui avaient servi dans le régiment. Toutes les vieilles familles aristocratiques de Silésie s'y trouvaient représentées. La famille Gersdorff et la famille Dohna y figuraient en plusieurs endroits.

Dans cet environnement chargé de traditions et presque luxueux, nous vivions simplement et modestement. À l'époque, au déjeuner comme au dîner, dans des assiettes en grès, le corps des officiers partageait la même nourriture que celle des

5. Peintre français (1683-1757), Antoine Pesne est devenu à partir de 1710 l'un des peintres les plus importants de la cour de Prusse. Son style rococo, très prisé à Berlin, témoigne du rayonnement de l'art français au XVIIIe siècle. Nombre de ses œuvres sont aujourd'hui exposées à Charlottenburg.

6. Défaite française subie en 1708 durant la guerre de Succession d'Espagne dans les Flandres. Le général commandant les Impériaux étaient le fameux prince Eugène.

7. Défaite française de 1709. Les troupes françaises commandées par le maréchal de Villars furent défaites par le même prince Eugène.

8. Frédéric Ier de Prusse (1657-1713), dit le Grand Électeur. En 1701, il transforma le duché de Prusse en royaume. Il fut très largement à l'origine de l'ascension foudroyante des Hohenzollern en Europe.

hommes du rang. C'était bon et copieux, mais nullement délicat. On buvait beaucoup moins que dans les petites garnisons de province, car la vie culturelle à Breslau était si riche qu'il était rare de passer de longues soirées au mess. Exceptionnellement, lorsque cela se produisait, – naturellement, nous les *Fahnenjunkers* devions rester jusqu'à ce que les derniers officiers fussent partis –, nos camarades vérifiaient le lendemain matin que le soin des chevaux ou les autres obligations du service fussent parfaitement exécutées. Sans grands mots, sans grands discours, l'exemple de nos officiers suffisait à nous apprendre à penser et à agir selon le code d'honneur des officiers. On s'occupait constamment de nous, mais nous ne nous sentions pas écrasés ou contrariés dans notre liberté personnelle.

Le 1er mars 1925 commença ma formation de *Fähnrich* à l'école d'infanterie. Celle-ci avait été déplacée, après le putsch d'Hitler à Munich[9], au camp de manœuvres d'Ohrdurf en Thuringe. Dans notre cours étaient rassemblés tous les aspirants d'infanterie qui pour la plupart avait pris part au putsch de la Brasserie de Munich. Peu de temps après notre arrivée à Ohrdurf, on annonça une inspection du général von Seeckt à l'école d'infanterie, qui fut gagnée par une excitation comme elle n'en avait plus connue depuis 1918 à l'annonce d'une visite de l'empereur. Les revues de détails, les inspections des baraquements, les entraînements se succédaient à un rythme effréné. Nous fûmes saisis par le charisme de Seeckt. Dans son discours, il adressa aux aspirants des mots devenus célèbres : « Pour la première fois de ma vie, je suis devant des mutins. » Je n'étais pas concerné, mais le discours me fit néanmoins une forte impression. Aujourd'hui encore, je crois l'entendre. Après Seeckt, il n'y eut pas un seul général allemand qui engendrât

9. Putsch lancé par Hitler le 9 novembre 1923 depuis la *Hofbrauhaus* de Munich. Ce fut un échec sanglant qui se solda par son incarcération, durant laquelle il écrivit *Mein Kampf*

un tel respect et dont la personnalité eût tant d'influence sur son entourage.

Le temps que je passai à l'école d'infanterie fut moins utile à ma formation militaire qu'à la création d'un cercle d'amis excédant largement mon régiment. Ici s'annonçait ce qui caractérisait en grande partie la Reichswehr jusqu'en 1934 : chacun connaissait tout le monde et, à quelques exceptions près, nous étions tous unis par un grand esprit de camaraderie. Durant nos courtes périodes de temps libre, nous profitions de la beauté des paysages de Thuringe, particulièrement à Oberhof, Friedrichroda, Gotha et Eisenach.

L'esprit de camaraderie devint encore plus étroit lorsque, après avoir réussi l'examen d'aspirant, je rejoignis l'école de cavalerie d'Hanovre. Beaucoup avaient échoué aux examens intermédiaires et à l'examen de *Fänhrich* à l'école d'infanterie. Un des quatre aspirants du 7e régiment de cavalerie avait été contraint de remiser prématurément sa vareuse de soldat.

Au sein de l'école de cavalerie, héritière des traditions de l'ancien institut de cavalerie militaire, nous fûmes saisis par l'esprit chevaleresque et la fraternité d'armes qui caractérisent la cavalerie depuis des siècles. Plus que toute autre arme, la cavalerie perpétue les codes des chevaliers médiévaux. Cela n'empêchait pas notre formation d'être moderne, adaptée aux exigences de son temps. Le directeur de notre promotion et notre professeur de tactique était le futur feld-maréchal von Kleist[10] qui, encore simple lieutenant-colonel à l'état-major général, montrait déjà des capacités exceptionnelles. Je lui dois la base de mes compétences pour le travail d'état-major. Il nous enseigna les innovations les plus récentes en matière de stra-

10. Le feld-maréchal Paul Ewald von Kleist (1881-1954) connut de grands succès durant la Seconde Guerre mondiale. C'est notamment sous sa direction que les panzers de Guderian percèrent les défenses françaises à Sedan en 1940. Il contribua aussi à l'occupation du Caucase. Capturé à la fin de la guerre, il finit ses jours en captivité, en Union soviétique.

tégie et de tactique. Aussi fut-il particulièrement choqué quand, après un exercice sur le terrain effectué par le 13e régiment de cavalerie stationné à Hanovre, un officier d'état-major blanchi sous le harnois se permit de critiquer l'organisation de la manœuvre et recommanda une charge de lanciers « pour culbuter les tirailleurs cachés dans les arbres ». Aussitôt, Kleist nous pria d'oublier ce que nous venions d'entendre. Cet incident amusant montre à quel point les conceptions tactiques de la fin du XIXe siècle pesaient encore au milieu des années 1920.

La formation équestre à Hanovre me déçut. Passionné comme je l'étais d'équitation, j'avais espéré apprendre beaucoup dans cette Mecque du cheval d'où venaient les meilleurs animaux de dressage d'Allemagne et les meilleures montures de chasse à courre de Leinweisen. Mais l'effort principal portait sur la tactique et la conduite des hommes. Quoiqu'assez bons, les cours d'équitation étaient de deuxième ordre. Nous ne montâmes qu'une fois des chevaux de dressage dans le grand manège pour découvrir quelques notions de haute école comme le piaffé ou le passage.

En dehors du service, les aspirants étaient des cavaliers recherchés dans la bonne société. À cette occasion, je découvris l'antagonisme qui existait encore sous la république de Weimar entre les Welfes[11] – les anciens sujets du royaume de Hanovre – et les Prussiens. Ce n'est qu'avec beaucoup de difficultés que nous parvenions à nous faire inviter aux soirées welfes. Avant de sortir, on nous recommandait de ne pas faire trop étalage de notre prussianité. Néanmoins, la ville de Hanovre était tellement attachée à son école de cavalerie que nous étions finalement reçus à bras ouverts.

---

11. Au cours de la guerre austro-prussienne de 1866, le royaume de Hanovre avait soutenu l'Autriche-Hongrie contre la Prusse qui aspirait à dominer la Confédération germanique. Suite à la défaite de l'Autriche et des ses alliés à Sadowa, le Hanovre fut annexé à la Prusse. La bonne société hanovrienne en garda longtemps rancune à Berlin.

L'examen d'officier, auquel je fus classé parmi les premiers, marquait la fin de notre formation à l'école de cavalerie. Le 1er octobre 1926, nous reprîmes notre service au 7e régiment de cavalerie comme aspirants. Je fus affecté au premier escadron « cuirassiers de la garde ». Cela me remplit d'une grande joie parce que la vie militaire de mon père avait commencé dans cette même caserne des cuirassiers de Breslau. Rien n'avait changé depuis 1884. Au milieu de la cour d'honneur de la caserne, il y avait toujours l'incomparable statue du Grand Électeur, sculpté par Christian Daniel Rauch. Au mess, ma chaise portait gravées sur son dossier les armes de la famille et je dînais avec les couverts en argent que mon père avait fait graver à notre chiffre. Pour entretenir et faire le ménage de ma modeste chambre d'officier à la caserne, j'avais engagé la fille de la « vieille Feuerstein » qui avait servi mon père. Cette fille, devenue Madame Kruber à l'âge de 16 ans, était une grande originale. On pourrait remplir un livre entier avec ses histoires et ses anecdotes.

Le commandant de mon régiment était le lieutenant-colonel von Felbert, un ancien des hussards de Krefeld. Il était incroyablement vif, énergique et volontaire. Bref, c'était un soldat magnifique, aimé autant que craint par ses subordonnés. Un jour, au mess, il me demanda si j'avais choisi mon cheval d'armes. Je lui répondis que je le cherchais encore. Alors Felbert me lança : « Allons aux écuries, votre cheval s'y trouve sûrement. » Là-bas, je retrouvai le pur-sang Cramon avec lequel, élève-officier, j'avais gagné le concours de la « jeune remonte ». Le commandant s'était personnellement réservé ce cheval, car il le considérait comme l'un des meilleurs du régiment ; il le mit aussitôt à ma disposition.

Le jour où je fus nommé lieutenant, le 20 décembre 1926, mon père mourut subitement d'une pneumonie foudroyante. Lors de son enterrement militaire à Lubin, vêtu pour la première fois de mon uniforme d'officier, je portais derrière le cercueil le coussin avec les décorations. Dans l'immense deuil qui me frappait, je n'avais qu'une pensée : mettre mes pas dans ceux de mon père et essayer de devenir ce qu'il avait été, un cavalier et un gentleman.

Dans les années qui suivirent, le service m'absorba totalement. Mon chef d'escadron, le capitaine von Obernitz, était un remarquable soldat qui demandait beaucoup à ses officiers. En hiver, mon service du matin commençait au plus tard à 6 heures. Il durait sans interruption jusqu'à la fin de l'heure d'équitation des officiers, à 13 heures. J'enchaînais aussitôt sur mon service de l'après-midi qui ne s'achevait qu'à 17 ou 18 heures. Quand le premier lieutenant de l'escadron, Karl Wilhelm von Schlieben[12] – qui mesurait plus de deux mètres –, s'aperçut qu'après l'heure d'équitation des officiers je n'avais que le temps d'avaler un sandwich, il demanda à Obernitz de me laisser au moins une demi-heure pour déjeuner. Obernitz lui répondit que, lorsqu'il était lieutenant au 10e Uhlan, il n'avait jamais eu le temps de déjeuner. Schlieben, qui incarnait à la perfection le type du premier lieutenant à l'ancienne, franc et courageux, répliqua du tac au tac : « À cette heure-ci, le 10e Uhlan était probablement déjà ivre. » Obernitz rit de bon cœur et me donna ma demi-heure.

À ce stade de mon récit, il est temps de faire quelques remarques générales sur la Reichswehr.

Une fois passées les difficultés d'organisation interne inhérentes à la défaite, la Reichswehr se mua en une troupe remarquable grâce à la poigne de Seeckt. Malgré les limitations en personnel et en matériel qui résultaient du traité de Versailles, elle devint à mon avis, dans sa structure et dans son esprit de corps, l'armée la plus moderne, la plus déterminée et la plus fiable de l'histoire militaire mondiale. J'ose cette affirmation audacieuse pour quatre raisons :

---

12. Après une brillante carrière, il finit général. Il fut le dernier commandant de la place de Cherbourg en 1944 où il fut fait prisonnier par les Américains.

Dès le départ, le président Friedrich Ebert[13] et son ministre de la Guerre Gustav Noske[14] avaient clairement compris qu'ils ne pouvaient gagner contre la révolution spartakiste qu'avec la Reichswehr et son corps d'officiers. Constatant qu'ils dépendaient des officiers et des sous-officiers des armées royales de Prusse, de Bavière, de Saxe et du Wurtemberg, et dédaignant les logiques partisanes, ils optèrent, dans l'intérêt de l'État, pour l'attribution des pleins pouvoirs au général von Seeckt.

Seeckt faisait preuve tout à la fois d'une remarquable capacité d'organisation et d'un sens aigu du commandement. Conscient du rôle politique de l'Armée, il considérait que son devoir était de préserver les valeurs militaires prusso-allemandes dans les temps nouveaux. Il a si bien réussi que ces valeurs ont été sauvées et continuent à produire certains effets de nos jours, même si aucun successeur n'a égalé son envergure. Seeckt avait si bien affermi sa position et son prestige qu'il pouvait presque régner en monarque absolu. Mais il tempérait cette puissance par un sens éminent des responsabilités politiques. Puisque l'essentiel pour lui était la rénovation de la Reichswehr, il ne manifesta aucune résistance à la dépolitisation de l'armée qui figurait dans la loi militaire. Grâce à cette concession, il évita les influences étrangères qui auraient pu nuire au développement d'une Reichswehr déterminée et fiable.

---

13. Friedrich Ebert (1871-1921), fils de bourrelier, syndicaliste et député SPD, fit tomber le pouvoir impérial en 1918. Il fut l'artisan de la constitution de la république de Weimar et son premier président. Pour sauver la république des assauts répétés des communistes et des corps francs, il fit le choix de s'allier à l'armée conservatrice dirigée par Seeckt.

14. Gustav Noske (1868-1946), SPD comme Ebert, fut ministre des Forces armées. Pour préserver l'ordre et éviter la prise du pouvoir par les communistes, en 1919, il fit réprimer dans le sang l'insurrection spartakiste au cours de laquelle Rosa Luxemburg et Karl Liebknecht trouvèrent la mort. Il s'appuya sans état d'âme sur la Reichswehr. En 1932, lors de l'élection présidentielle, il finit par se rallier au maréchal Hindenburg.

Contrairement à une opinion largement répandue, je crois que les armées royales de l'Empire allemand, dans leur formation et dans leur esprit de corps, étaient en avance sur les forces armées des autres États. Les insuffisances du commandement que j'ai constatées pendant la Seconde Guerre mondiale dans l'armée américaine, avaient été depuis longtemps dépassées et résolues dans l'armée allemande. Grâce à une sélection impitoyable, la Reichswehr avait pu puiser, dans l'immense réservoir des vieilles armées royales, des esprits modernes et imaginatifs. La Reichswehr était devenue une véritable armée d'élite. Son organisation pionnière devançait la plupart des armées étrangères.

Aujourd'hui, les États qui en ont les moyens préfèrent se doter d'une armée professionnelle. La Reichswehr a montré qu'une armée de métier surpasse par ses capacités physiques et psychologiques toutes les armées basées sur le service militaire universel. Une unité composée de volontaires qui vivent ensemble des années durant au même endroit, obtient de bien meilleurs résultats qu'une troupe d'appelés, constamment désorganisée par les changements de personnel et qui ne forme jamais vraiment un corps homogène.

Naturellement, l'armée de métier a ses inconvénients. Le principal tient à son isolement institutionnel ; la Reichswehr est progressivement devenue un État dans l'État. À l'époque, l'idée ne nous troublait nullement, voire ne nous effleurait pas. Nous nous sentions si bien dans notre cercle de camarades ou dans nos activités civiles, qu'aujourd'hui encore je considère mon expérience de soldat de 1923 à 1933 comme l'époque la plus heureuse de ma vie. Je reconnais que l'homogénéité de mon régiment et ses origines silésiennes contribuèrent largement à l'extraordinaire état d'esprit qui y régnait. Nos principales traditions régimentaires, celle des « cuirassiers de la garde » et celle des dragons « de Bredow » en faisaient une unité hors normes. Chez nous, presque tous les officiers appartenaient à l'aristocratie. Le 7e régiment de cavalerie comptait essentiellement des officiers issus de la noblesse silésienne. La plupart étaient parents ; j'eus à mes côtés jusqu'à cinq cousins Strachwitz et deux cousins Lüttwitz. Cette « société des cousins » était parfois critiquée de l'extérieur, mais je soutiens que le sentiment d'appartenir à une même communauté avait des effets positifs sur le service. Les sous-officiers comme les hommes du rang partageaient aussi le sentiment que le régiment formait une grande famille.

Le bon état d'esprit et le haut niveau d'entraînement du régiment tiennent essentiellement au fait que les chefs de corps étaient tous meilleurs les uns que les autres. Aux colonels von Thaer[15] et von Roeder qui, au début des années 1920, avaient reconstruit le régiment et réuni son corps d'officiers, succéda le colonel von Felbert qui venait de l'ouest de l'Allemagne et qui, avec un enthousiasme communicatif, éleva le niveau de la formation à un degré proche de la perfection. Après lui, les colonels Kress von Kressentin et von Gossler poussèrent la maîtrise de la tactique et de l'art équestre à un niveau jamais atteint. Enfin, les colonels von Seherr-Thoss et von Prittwitz surent maintenir et améliorer les performances du régiment. Je voue une infinie reconnaissance à chacun de ces commandants.

Dans mon régiment, j'ai eu le grand bonheur de rencontrer mon meilleur ami. La corporation étudiante des Borusses de Bonn[16] – les Prussiens – nous envoyaient régulièrement

---

15. Albrecht von Thaer (1868-1957), cavalier de la vieille école, s'était fait remarquer en 1892 comme lieutenant en faisant à cheval le trajet de Berlin à Vienne en 78 heures et 45 minutes.

16. Institution allemande typique, les corporations d'étudiants, les *Burschenschaften*, réunissent leurs membres autour de cérémonies fortement inspirées des traditions militaires : uniformes, rituel militaire, salut au sabre, duels dans certains cas – dans les corporations protestantes. La corporation *Borussia*, qui existe encore de nos jours, était l'une des plus huppées au début du XXe siècle. Guillaume II en avait été membre. Un certain nombre de ses adhérents jouèrent un rôle important dans le putsch du 20 juillet contre Hitler, notamment Yorck von Wartenburg.

quelques-uns de ses membres pour suivre chez nous, durant quelques semaines, une formation militaire. À l'automne 1926 arriva Adrian von Pückler. Quoi qu'il eût l'intention d'embrasser une carrière de négociant en chevaux, il fut si enthousiasmé par son expérience militaire qu'il décida de devenir officier d'active. Déjà à l'époque où je le formais nous nouâmes de liens amicaux. Quand en 1930, il revint comme officier de l'école de cavalerie, nous sommes devînmes inséparables. En Silésie, on nous appelait Castor et Pollux et il ne serait venu à l'idée de personne de nous inviter l'un sans l'autre. Nous habitions ensemble dans un logement d'officiers au-dessus du mess, nous avions les mêmes centres d'intérêt, et nous faisions tout ensemble. Adrian Pückler était à tous points de vue une personnalité hors du commun. Il était marqué par la maison paternelle de Branitz, près de Cottbus où son célèbre ancêtre le prince Hermann von Pückler avait dessiné le parc exceptionnel où il avait passé le soir de sa vie. L'héritage spirituel de cet homme toujours en mouvement et infiniment vif d'esprit avait laissé des traces évidentes chez mon ami. Jamais je n'ai rencontré chez un homme un courage et une force vitale unissant tant d'esprit et de charme. Partout où il arrivait, l'atmosphère devenait électrique. L'attrait qu'il suscitait dans toutes les couches de la société, chez les jeunes comme chez les personnes âgées, chez les femmes comme chez les hommes, était unique. Dans les concours de saut d'obstacles, les organisateurs n'oubliaient jamais de mentionner sa participation sur les programmes. Il savait qu'un grand nombre de spectateurs viendraient simplement pour admirer leur favori, même s'il échouait sur le deuxième ou le troisième obstacle. Ses hommes se seraient laissé tailler en pièces pour lui car ils avaient une confiance absolue en leur chef. Malgré tant de talent et tant de succès professionnels ou familiaux, Adrian Pückler resta modeste et sérieux, parfois même introverti. Il haïssait la superficialité et la banalité ; il était capable de surmonter toutes les difficultés grâce à sa formidable joie de vivre. C'est une grande et heureuse vie qui s'acheva lorsque, quelques mois avant la catastrophe de 1945, il tomba sur le front de l'Est à la tête de ses panzers.

À la mi-octobre 1926, l'artisan de la renaissance de la Reichswehr, le général von Seeckt, fut remplacé par le général Heye[17]. Il vint inspecter régiment le 14 janvier 1927 dans la caserne des cuirassiers de Breslau. Du temps de Seeckt, une telle visite se serait déroulée comme une parade impériale. Là, nous pûmes mesurer la différence éclatante qu'il y avait entre Seeckt et Heye.

Conformément aux usages, le régiment était aligné en formation de parade devant le monument du Grand Électeur dans la cour de la caserne. Au son de la *Marche de présentation*, le commandant, le colonel von Felbert, présenta le régiment au nouveau chef de l'armée. Au lieu de passer les troupes en revue, de faire un discours de grand style et d'assister au défilé des troupes, Heye fit aussitôt interrompre la musique et ordonna : « Reposer armes ». Nous étions désorientés ; nous nous demandions ce qui allait arriver. Ce qui fut sans précédent : Heye demanda à ceux dont c'était l'anniversaire ce jour-là de sortir des rangs. Après une longue hésitation, deux caporaux s'avancèrent des rangs. Le chef de l'armée se fit apporter trois verres de schnaps et trinqua à leur santé. Il fit ensuite appeler toutes sortes de groupes de soldats : les anciens combattants, ceux qui étaient mariés, ceux qui ne savaient pas nager, ceux qui portaient des lunettes et ainsi de suite. Ensuite, il se fit présenter les élèves-officiers et, à cette occasion, lança

17. Wilhelm Heye (1869-1947), successeur de Seeckt à la tête de la Reichswehr de 1926 à 1930, avait la réputation d'avoir assez peu l'esprit militaire et d'être un grand noceur. Son passage à la tête de l'armée n'a pas laissé de très bons souvenirs. En 1930, il fut remplacé par Kurt Hammerstein-Equord, une personnalité de la stature de Seeckt qui sera un opposant au nazisme de la première heure.

à Pückler : « Vous êtes peut-être comte, mais vous êtes comme les autres. »

1927 fut pour mon régiment une année de grands succès. Au cours des inspections, des manœuvres et des exercices durant lesquels « le régiment des officiers nobles » était scruté avec une attention toute particulière, nous récoltâmes de brillants lauriers grâce à la qualité de la formation des années précédentes et au talent de meneur d'hommes de notre chef de corps, le colonel von Felbert. Lors de l'inspection du régiment au camp d'entraînement de Jüterborg, nous reçûmes les félicitations du général von Tschischwitz, surnommé le « bouffeur de cavaliers », car il ne s'intéressait qu'à la formation de l'infanterie. Le soir, tous les escadrons firent la fête. Felbert, auquel ses soldats avaient depuis longtemps donné le surnom de « Fritzchen », fit un discours extraordinaire. Quand il eut terminé, le sergent Müller, du premier escadron, sauta sur la table où se trouvait Felbert, le serra dans ses bras et l'embrassa en s'écriant : « Pardon, mon colonel, je ne peux pas faire autrement ! » Ce fut le signal. Tous les officiers furent portés en triomphe sur les épaules de leurs hommes. Les escadrons se formèrent et à pied, au pas de charge, ils défilèrent devant leur commandant préféré. Cet épisode illustre parfaitement l'esprit qui régnait dans la Reichswehr, et tout particulièrement dans la cavalerie.

Mais 1927 sonna aussi le glas des lances. Aussi justifié que cela fut, l'ancienne cavalerie disparaissait sous nos yeux. À cette époque, la question de l'usage de la lance faisait l'objet d'interminables controverses. Quand, à l'occasion d'un débriefing, le général Heye interrogea les officiers du régiment, il récolta les opinions les plus variées. En ma qualité de plus jeune lieutenant, je donnai le dernier mon avis. Après mon vibrant plaidoyer en faveur de notre arme vénérable, Heye me répondit d'un ton suffisant : « Vos expériences avec les lances, vous les avez faites sur les bancs de l'école ? » Crânement, je lui répondis : « Non, mon général, pendant trois ans, je suis monté avec une lance. » Aujourd'hui, je réalise combien ma réaction du haut de mes 22 ans, a été stupide alors ; je n'imaginais pas que, 50 ans plus tard, j'aurais à participer au débat sur le retrait des armes nucléaires.

Deux cours, sur la protection contre les gaz (1927) et sur le camouflage par les fumigènes (1928), m'ouvrirent aux progrès incessants de la technique. Durant l'été, je passai quelques semaines avec un peloton motorisé de camouflage fumigène, dont les appareils étaient encore assez primitifs. Malgré le respect des consignes de sécurité, durant les exercices sur le champ de manœuvres de Neuhammer, nous sommes passés à un cheveu de mettre le feu à une forêt entière.

À cette époque, lors de nos exercices ou sur les champs de manœuvres, nous reçûmes plusieurs visites de délégations d'officiers soviétiques. Nous comptâmes au nombre de ces visiteurs le maréchal Toukatchewski[18], qui fut plus tard exécuté sur ordre de Staline. À l'occasion d'un exercice de franchissement rapide de l'Oder, je demandai par le truchement de notre interprète à notre visiteur russe si l'exercice lui avait plu. Il me répondit : « Très bien, mais beaucoup trop lent. » Je lui demandai avec étonnement comment aller plus vite. « Chez nous, nos divisions traversent la Volga à cheval. Il n'y a pas de bateaux de sauvetage, pas de véhicules, pas d'autres matériels. » Lorsque je l'interrogeai sur le nombre de chevaux et de cavaliers qui restaient au fond du fleuve, la réponse tomba, laconique : « Parfois plus d'une centaine. » Ce fut mon premier contact avec l'absence totale de scrupules du commandement soviétique, dont je découvris l'ampleur durant la Seconde Guerre mondiale.

Un soir, nous invitâmes les officiers soviétiques au mess. Le corps des trompettes nous donnait une aubade et, juste après

18. Officier de la garde tsariste passé aux bolcheviques, le maréchal Toukatchewski (1893-1937) fut l'un des plus brillants officiers de l'Armée rouge. Il fut victime des grandes purges et des procès de Moscou.

le repas, je me rendis auprès des musiciens pour leur indiquer quelles marches jouer. L'une de mes préférées était la Marche tcherkesse de Tchaïkovsky, dans lequel le trio joue le magnifique morceau de l'hymne impérial « Dieu sauve le tsar ». Sans penser à nos invités soviétiques, plein d'enthousiasme musical, j'ordonnai aux trompettistes d'attaquer cette belle pièce. Lorsque je regagnai ma chaise, sans un mot, les officiers soviétiques avaient quitté leur place. Après quelques brèves salutations, ils sortirent de la pièce ; ils ne réapparurent pas. Je m'attendais une sérieuse réprimande de notre chef de corps. Mais « Fritzchen » Felbert trinqua avec moi et lança : « Vous avez bien fait. Maintenant nous sommes enfin entre nous. » Quoique, sur le moment, je fusse content de m'en tirer à si bon compte, je restai interdit de mon incroyable manque de tact.

Durant les années d'insouciance de ma vie de lieutenant, en dehors du service, le sport équestre était mon passe-temps préféré. Au début, en raison de ma taille et de mon poids, je me suis surtout adonné à l'obstacle. Dans les concours en Silésie, je finis par remporter quelques steeple-chase. Les courses devinrent alors ma grande passion. Felbert avait trouvé des fonds pour acheter à Berlin-Hoppegarten des pur-sang pour le régiment. Ils étaient entraînés par M. Piela, l'entraîneur bien connu de Breslau. En 1927, j'acquis mon premier pur-sang, l'étalon Sarazen. Je pouvais le faire travailler chaque matin avant le service, et courir mes premières courses avec mon propre cheval. Comme nous avions fait l'erreur d'acheter huit pur-sang bon marché au lieu de deux ou trois bons chevaux, nous ne le faisions participer qu'à de modestes courses de province. Sarazen lui-même ne faisait pas exception à la règle, et nous nous contentions de prix d'honneur dans des courses mineures. Notre grand exemple à tous était mon ami et camarade de régiment Gero von Götz. En 1926, avec un demi-sang du régiment, la jument Amsel, il avait gagné à la surprise générale deux courses d'officiers à Mannheim, remportant un pur-sang. Gero, avec lequel j'avais souvent rêvé de courses à Lubin, devint rapidement un des meilleurs et des plus talentueux gentlemen-riders. Durant l'entre-deux-guerres, il fit de nombreuses courses. En 1928, avec 41 courses gagnées, il fut sacré meilleur champion d'Allemagne. Servi par son faible poids, mon camarade de régiment Friedrich Wilhem von Mellenthin gagna aussi nombre de compétitions. En ce qui me concerne, j'étais handicapé par mon poids ; je parvins malgré tout à gagner quelques belles coupes, principalement à Breslau, mais aussi à Francfort, Hanovre et Berlin.

Les chasses à courre, qui malheureusement n'avaient lieu qu'en automne, nous procuraient aussi de grandes joies. À la vérité, nous n'avions pas vraiment de meute, mais les chasses dans les terrains escarpés de la campagne de Breslau nous offraient de grandes satisfactions. J'ai appris du capitaine von Obernitz, maître des chasses du régiment, comment les organiser. Devenu son successeur, je galopais en tête de l'équipage sur Cramon. Il faut avoir beaucoup chassé, monté des chevaux valeureux, franchi au galop fossés et haies pour connaître le bonheur que procure la chasse à courre.

Il n'y avait pas que le sport pour nous faire passer de bons moments. Je me rappelle encore des déjeuners de lieutenants et des repas présidés dans notre mess. Les agapes étaient particulièrement joyeuses le 2 décembre, jour de la cérémonie organisée par l'association des anciens officiers de cuirassiers de la garde pour commémorer l'attaque de Loigny-Pourpry[19]. Au cours de sa longue histoire, le régiment avait chargé de nombreuses fois. Mais cette charge de 1870 est demeurée sans exemple dans l'histoire ; elle devint aussitôt le jour de fête du régiment. J'y participais en tant que membre de plein droit de l'association, parce que mon père était un ancien cuirassier de

19. Victoire allemande où, à l'issue d'une charge furieuse mais assez peu meurtrière en raison de l'allant des cavaliers allemands, l'armée du duc de Mecklembourg bouscula l'armée de la Loire du général d'Aurelles de Paladines.

la garde. Au son de la marche du Grand Électeur, composée par le comte Kuno von Moltke, lui-même ancien cuirassier de la garde, nous pénétrions dans la salle à manger. Devant la porte, en tenue blanc et noir du régiment dissous, deux sous-officiers rendaient les honneurs. Le vétéran, le vieux M. von Ruffer, âgé de plus de 90 ans, portait le premier toast en l'honneur du chef de corps. Puis il levait son verre et lançait : « Au roi. » Avant que le président, le comte von Schmettow, ne prononçât son discours, le verre à la main, Ruffer se tournait légèrement, et saluait d'une inclinaison du buste le tableau du dernier empereur. Aujourd'hui, ces cérémonies théâtrales et réactionnaires passeraient pour des mises en scène, mais elles faisaient alors sur moi une très forte impression. Le respect que nous témoignions aux vieilles traditions de notre régiment me semble tout à fait justifié au regard des valeurs de chevalerie et d'honneur qu'il a portées haut durant plus de 300 ans.

Les bals des officiers comptaient parmi les temps forts de la vie mondaine en Silésie. Le prince héritier et son épouse, qui habitaient à Öls, la grande duchesse de Saxe-Weimar, la princesse Friedrich-Sigismond de Prusse y prenaient part régulièrement. Même si, comme il y a cent ans, nous dansions encore la polonaise, le quadrille ou le cotillon, les soirées n'étaient ni ennuyeuses ni guindées. Le corps des trompettes constituait un remarquable orchestre qui pouvait aussi jouer toutes les danses modernes. Adrian Pückler et moi étions premiers danseurs. Responsables de la bonne organisation du bal, nous devions veiller à ce qu'aucune jeune fille ne « fît tapisserie ». Même si nous dansions frénétiquement le tango ou le charleston, les valses de Vienne, dans la plus pure tradition autrichienne, étaient nos danses préférées. Lors du cotillon, deux poneys russes entraient dans la salle avec des corbeilles de fleurs et des cocardes blanches et noires piquées dans la chabraque. Nous nous faisions un plaisir de les offrir aux plus jolies jeunes filles. L'époque touchait à sa fin, mais ces fêtes d'officiers avaient de la classe et du style.

Autre signe des temps, au début des années 1930, nous dûmes accepter dans notre mess, comme hôtes réguliers, de nombreux étudiants. Le nombre insuffisant d'officiers et la mauvaise gestion nous y avaient contraints : les comptes étaient dans le rouge. Les hôtes permanents avaient toujours été acceptés dans notre cercle, mais ils étaient restés rares ; cet élargissement important était une entorse à l'intimité du mess où nous pouvions tout dire, sans craindre une indiscrétion. Nous fîmes cependant le choix de n'accueillir que des étudiants qui avaient des liens étroits avec le corps des officiers.

Dès que nous remarquions que l'un d'entre eux ne voulait pas s'adapter à notre style de vie ou ne partageait pas nos valeurs fondamentales, nous lui demandions de partir. Ces principes posés, les relations et les échanges entre soldats et civils se développèrent beaucoup. Les étudiants suivaient des études variées, droit, économie, médecine ou agriculture, et enrichirent les sujets de conversation. Nous ne bavardions plus seulement de questions militaires ou de sport équestre, mais aussi de sujets contemporains. Le niveau intellectuel du cercle s'en trouva nettement amélioré. Grâce à nos hôtes civils, nous nous intéressions davantage à la politique.

L'article 36 de la loi militaire du 23 mars 1921 réglait dans les termes suivants la difficile question des rapports entre « Reichswehr et politique » : « Les soldats ne doivent pas s'occuper de politique. L'appartenance à un parti politique ou la participation à une réunion politique sont interdites aux soldats. Le droit de vote et le droit de candidature à des fonctions dans le Reich, les Länder ou les communes sont suspendus pour les soldats. »

Cette dépolitisation de la Reichswehr avait pour conséquence que nous nous préoccupions peu de la politique intérieure de l'Allemagne. La place de la Reichswehr dans l'État et notre place propre étaient sans ambiguïté. Après que le concours de la Reichswehr fut requis pour remédier aux troubles d'après-guerre et nous permit de rétablir l'ordre, la formation de soldats fidèles, décidés et aptes au combat fut la seule motivation des officiers. Nous veillions particulièrement à ce que, sur notre ordre, ils fussent capables de rétablir la sécurité intérieure. La présidence du feld-maréchal Hindenburg qui était en même temps notre commandant en chef, nous parut garantir la préservation de nos principes militaires. Nous suivions naturellement dans la presse les évolutions de la politique intérieure et extérieure, mais nous n'en discutions que rarement. Après le putsch de 1923, notre attention ne fut attirée sur l'expansion du national-socialisme qu'à l'occasion du procès Lundin-Scheringer[20]. Notre passivité vis-à-vis de la politique ne changea qu'au début des années 1930, lorsque le parti national-socialiste devint beaucoup plus visible dans l'espace public, les SA et les SS battant constamment le pavé au pas cadencé. Ce mouvement pseudorévolutionnaire prenait de plus en plus de place en Silésie, sous la direction du SA-Führer Edmund Heines[21]. Il suscita chez nous des sentiments profondément hostiles, d'autant plus que des bagarres ou des incidents opposaient régulièrement les soldats du régiment aux SA ou aux SS. Un jour, au mess, un jeune officier exprima des

20. Lieutenants au 5ᵉ régiment d'artillerie d'Ulm, Hans Lundin et Richard Scheringer s'étaient livrés à de l'agitation nationale-socialiste. Chassés de l'armée, poursuivis pour tentative de haute trahison en septembre 1930 – ils avaient essayé de convaincre leurs camarades de ne pas s'opposer par la force à une éventuelle prise du pouvoir par les nazis –, ils furent condamnés à six mois de prison. Leur destin est assez curieux. Si Ludin devint un SS de haut rang, condamné à mort pour crime de guerre en Tchécoslovaquie, Scheringer se convertit au communisme en prison. Jusqu'à sa mort en 1986, il fut un des dirigeants du microscopique parti communiste de RFA.

21. Heines (1887-1934) fut l'un des chefs de la SA en Silésie. Poursuivi pour plusieurs meurtres en 1929 dans le cadre des meurtres de la Saint-Vehme, il ne fut finalement condamné que légèrement. Entouré d'hommes de main, souvent des repris de justice, il sema la terreur en Silésie. Après la prise du pouvoir par Hitler, il fut nommé chef de la police de Breslau. Proche de Roehm, homosexuel comme lui, il fut assassiné lors de la Nuit des longs couteaux, le 30 juin 1934.

opinions favorables au national-socialisme ; il fut aussitôt énergiquement rappelé à l'ordre. Cette hostilité était commune à tout le corps des officiers et partagée par tout le régiment. Je n'ai pas souvenir d'avoir vu se former le moindre groupe favorable aux nazis parmi les sous-officiers ou les hommes du rang. Un ordre d'attaque contre le mouvement nazi aurait été suivi sans aucune hésitation par nos hommes. La troupe était parfaitement tenue en main et nous étions convaincus qu'elle serait capable de prendre rapidement les mesures que la situation et le devoir militaire exigeraient. Il est clair que nous ne prenions pas assez au sérieux Hitler et son mouvement. Pour nous, l'agitateur de Braunau était avant tout un personnage ridicule.

Dans ces années-là, j'étais sous l'influence de mon frère aîné Ernst-Carl[22] qui, dès le début, avait pris conscience de la nature criminelle du national-socialisme. Il faisait partie de ce tout petit nombre de gens qui n'avaient jamais eu le moindre doute à l'égard d'Hitler et de son mouvement. Il surprenait souvent mes amis quand, même au temps de ses plus grands succès, il prédisait qu'Hitler finirait par conduire le Reich à sa perte. Il appelait de ses vœux la chute du dictateur. Depuis les années 1929-1930, il s'était engagé corps et âme au *Konservative Volkspartei*[23] où officiaient des hommes politiques comme l'ancien ministre Treviranus[24], l'ambassadeur

22. Ernst-Carl (1902-1977) fut avocat à Breslau puis à Wiesbaden.

23. Le Parti populaire conservateur fut créé par une branche dissidente du DNVP d'Hugenberg qui avait lancé le Front de Hartzburg avec le parti nazi. Les fondateurs du DNVP faisaient grief à Hugenberg d'entretenir des liens trop étroits avec Hitler. Le *Volkspartei* souhaitait mettre en place une grande coalition de centre droit qui finalement ne vit jamais le jour. Son analyse a été justifiée par la suite des événements. Après avoir servi d'alibi à Hitler, Hugenberg fut contraint de quitter le gouvernement. Par la suite, il ne joua plus de rôle politique sérieux.

24. Hans Treviranus (1891-1971), officier dans la marine impériale, fut un des dirigeants du *Volkspartei*. De 1930 à 1932, il participa au cabinet du chancelier Brüning. Adversaire résolu du nazisme, il émigra en Angleterre avant de rejoindre l'Allemagne en 1948.

Hans Schlange-Schöningen[25] ou le comte Westarp[26]. Tous voulaient agir contre l'expansion du national-socialisme. Mais cette tentative précoce de résistance se brisa sur le manque de moyens et une appréciation erronée de la situation politique. Après la prise du pouvoir par Hitler, mon frère, avocat et notaire, prit énergiquement parti pour ses confrères juifs de Breslau. Pendant les années de guerre, dans la mesure du possible, il assura la défense des intérêts de nos concitoyens juifs. Son engagement était naturellement connu de la Gestapo. Depuis le milieu des années 1930, il semble qu'il ait été constamment sous surveillance. Mais, malgré trois arrestations par la Gestapo, il réussit à survivre au IIIe Reich, sans aucun doute en raison de la protection constante de la Wehrmacht.

Le 1er avril 1930, je fus nommé officier d'ordonnance à l'état-major du régiment, aide de camp en 1933. Rivé à mon bureau, je parvins tout de même à garder un lien étroit avec le service grâce à l'équitation et à la direction du cours des sous-officiers, qui m'avait été confiée.

---

25. Hans Schlange-Schöningen (1886-1960), propriétaire terrien et chrétien-social convaincu, se retira de la vie politique en 1933. Après-guerre, il participa à la fondation de la CDU et fut ambassadeur à Londres de 1953 à 1955.

26. Issu de la vieille noblesse silésienne, Kuno von Westarp (1866-1945) fut très actif dans la défense du christianisme social dans les années 1920. Sensible aux questions sociales, il fut l'un des inspirateurs du cercle de Kreisau qui, dans l'ombre de Stauffenberg, préparait un programme pour l'après-nazisme.

3.

SOLDAT DANS L'OPPOSITION

« L'obéissance est le principe, mais l'homme doit toujours l'emporter sur le principe. »

Helmut von Moltke

Le 31 janvier 1933, en ma qualité de vice-aide de camp du régiment, je proposai à mon chef de corps, le colonel Théobald von Seherr-Thoss, de prendre devant le corps des officiers une position claire sur les événements politiques de Berlin. Je connaissais sa ferme opposition au national-socialisme. Je voulais qu'il engageât son autorité pour prévenir un éventuel changement d'état d'esprit chez les jeunes officiers qui auraient pu succomber à l'euphorie générale. Le comte Seherr était d'accord. Mais il refusa l'aide-mémoire que j'avais préparé pour son discours. J'ai conservé un souvenir précis de ses propos. Les deux dernières phrases que je cite correspondent mot pour mot à ce qu'il nous dit ce jour-là : « Messieurs ! Je n'ai pas besoin de vous donner davantage d'explications sur ce qui s'est passé hier à Berlin. Vous avez tous pu le suivre. Je souhaite simplement vous faire part de mon opinion personnelle sur le changement de gouvernement qui est en train de s'opérer. Les nationaux-socialistes qui prennent aujourd'hui une place décisive dans les responsabilités gouvernementales prétendent que leur idéologie est inspirée de l'esprit des soldats du front. Si cela devait être vrai, comme soldats, nous ne pourrions que nous en réjouir. Mais je ne peux pas vous cacher mon scepticisme. Et je vais vous dire pourquoi : à mon avis, cet Hitler n'est pas un gentleman, mais un gredin. Et pour cela, son mouvement ira tôt ou tard à sa perte. »

Quand le chef de corps fut parti, je priai le corps des officiers de ne pas piper mot de ce discours à l'extérieur de la caserne si nous ne voulions pas perdre bientôt notre commandant. Il va de soi qu'il n'y eut pas la moindre fuite. Sur le coup, je ne trouvai pas très percutante la formule finale du colonel Seherr. Elle me paraissait même assez simpliste. Ce n'est que beaucoup plus tard qu'il m'apparut clairement que, d'instinct, il avait discerné l'essentiel. Quelle que soit l'immensité de son génie criminel, Hitler était et resterait un petit bourgeois souffrant d'un complexe d'infériorité à l'égard des gentlemen qu'incarnaient les chefs du corps des officiers. Il l'exprima par une cruauté et une arrogance de la pire espèce. Son surhomme n'avait rien à voir avec le gentleman que le commandant avait évoqué et qu'il incarnait véritablement. Le Comte Seherr était un remarquable soldat et un esprit brillant qui, sans se gargariser de politique, avait perçu d'avance sur quel chemin nous engageraient les événements du 30 janvier 1933.

Dans notre ghetto militaire, rien ne changea pour nous, la cavalerie n'étant pas directement touchée par les premières réformes militaires initiées par les nazis. Mais en dehors du service, nous fûmes confrontés de plus en plus violemment aux comportements des SA et des SS qui, en Silésie, prenait une forme particulièrement haïssable avec le SA-Führer Heines et sa camarilla.

Nommé aide de camp du régiment dans la foulée, en plein accord avec mon commandant et mon adjoint Adrian Pückler, je considérai de mon devoir de protéger les officiers, les sous-officiers et les soldats de l'esprit du temps. J'encourageai donc l'esprit et la camaraderie militaires. Nous nous débarrassâmes de deux jeunes officiers qui manifestaient une certaine sympathie pour le national-socialisme en les envoyant servir dans les unités motorisées nouvellement créées. Un lieutenant qui nous avait été envoyé par le neuvième régiment d'infanterie fut rapidement retourné : lors d'une soirée au mess où il se trouvait en civil, il avait arboré à la boutonnière une épingle en forme de croix gammée, le colonel Seherr la lui avait arrachée et jetée par la fenêtre en lançant : « On ne porte pas ça chez nous. » Quand le lieutenant voulut porter plainte contre le commandant, je lui fit bien comprendre que cela ne se faisait pas au 7e régiment de cavalerie ; qu'il se plie au style du régiment ou qu'il demande sa mutation. Il choisit la première solution et devint un excellent camarade.

Deux événements survenus en 1933 me firent comprendre que nous entrions dans une nouvelle époque. La *Grenzschutz*, l'organisation paramilitaire des gardes-frontières, jouait un rôle très important dans notre patrie silésienne. La Reichswehr en avait toujours assuré la formation et l'encadrement. Soudain, une horde de SA de différents grades déferla sur le commandement général à Breslau. Au nom des liens que les SA auraient entretenus avec la *Grenzschutz*[1], ils formulèrent des exigences inconcevables. Un certain nombre d'officiers subalternes de l'état-major du commandement général avait tendance à s'incliner. Pour ma part, je renvoyai ces gredins sans ménagement et imposai la prééminence de l'armée face aux SA.

Une autre fois, nous reçûmes la visite d'un haut fonctionnaire du département des Finances du ministère de l'Armée, qui vint s'enquérir de nos désirs pour la rénovation et l'aménagement de notre vieille caserne de cuirassiers datant des

1. Corps de volontaires créé à l'issue de la Première Guerre mondiale pour assurer la défense des frontières de l'Est. Très active durant les affrontements armés en Silésie en 1919, liée aux corps francs, la *Grenzschutz* prolongea son action sous la république de Weimar. Elle constituait une force de supplétifs, proche de la Reichswehr pour laquelle elle formait un réservoir d'hommes permettant de contourner le traité de Versailles. Ses effectifs faisaient partie de ce qu'on a appelé la « Reichswehr noire », c'est-à-dire occulte. Nombre de ses membres étaient aussi membres des SA.

années 1870-1871. Depuis longtemps, nous nous battions pour obtenir l'installation du chauffage central ainsi que de douches et de toilettes dans les casernements. Il donna aussitôt son aval à nos demandes. Lorsqu'il nous proposa d'autres travaux d'amélioration, j'hésitai, marqué que j'étais par les vieux principes prussiens d'économie et de frugalité. Le haut fonctionnaire me répondit : « Je dois vous dire quelque chose d'essentiel. Aujourd'hui, l'argent ne joue plus aucun rôle. Je suis autorisé à vous donner mon accord pour la destruction de l'ancienne caserne et pour une reconstruction complète. » J'en restai coi. En quelques minutes, la construction d'un nouveau manège et d'une vaste carrière fut décidée. À la fin de l'entretien, il me proposa également de construire des courts de tennis dans le petit jardin de notre mess, chose que personne n'avait jamais demandée. Lorsque le fonctionnaire berlinois eut quitté mon bureau d'aide de camp, je réalisai qu'étaient mortes les valeurs de la fonction publique prussienne que les siècles avaient patinées. 1933-1934 marqua dans la manière d'agir et dans la manière de penser une inversion des valeurs qui se poursuivit durant les 12 années suivantes.

Je dois cependant reconnaître que, malgré notre rejet du national-socialisme, certains changements nous réjouissaient. Le plus important fut la réintroduction du drapeau noir, blanc et rouge. Nous ne nous retrouvions en rien dans les couleurs noires, rouges et jaunes de la république de Weimar[2]. Le jour de l'annonce du changement des couleurs officielles se tenait dans la salle de notre mess une réunion à laquelle participait plus d'une centaine d'officiers et de fonctionnaires du district militaire. Leur casquette pendait naturellement au vestiaire, avec l'ancienne cocarde noire, rouge et jaune. Nous, les jeunes lieutenants, prîmes un malin plaisir à les arracher, si bien que leurs propriétaires furent obligés de rentrer à la maison avec

2. Les mauvaises langues l'appelaient d'ailleurs le drapeau « noir, rouge et moutarde ».

des casquettes sans cocarde, comme celle des soldats de deuxième classe… Notre plaisanterie ne choqua personne. Naturellement, nous saluâmes aussi avec satisfaction les plans de réorganisation de la Reichswehr qui visaient à la transformer en une armée moderne.

Mais la confrontation toujours plus âpre entre la Reichswehr et les SA anéantit très vite l'effet positif des mesures prises par le nouveau régime en faveur des forces armées. Edmund Heines, le SA-Führer de Silésie, un dégénéré aux mœurs douteuses, et son aide de camp que l'on appelait habituellement « Mlle Schmidt[3] » se comportaient en satrapes asiatiques. Rien d'étonnant à ce que leurs subordonnés suivissent leur exemple. Orgies, bagarres, échanges de coups de feu étaient devenus la règle. Un soir, dans un bar de Breslau, nous eûmes mon ami Adrian Pückler et moi une vive explication avec « Mlle Schmidt ». Après avoir réussi à l'isoler de ses gardes du corps, nous lui infligeâmes une solide correction. En lieu et place de la plainte que nous nous attendions à recevoir de la direction de la SA, nous reçûmes des excuses officielles. À cette époque, lorsqu'ils se heurtaient à une forte résistance, les nazis reculaient encore. Un jour où Heines avait exigé du général von Kleist – mon ancien professeur de tactique et futur maréchal – qu'il lui livrât le nom d'un homme soupçonné d'avoir espionné l'état-major de la SA, Kleist lui répondit : « Le nom, vous l'aurez quand vous m'aurez communiqué celui du membre de votre entourage qui, lors de sa dernière visite, a volé deux documents confidentiels sur mon bureau. » Heines resta bouche bée.

En juin 1934, l'opposition entre la SA et la Reichswehr attint son paroxysme. Par les étudiants, les hôtes civils du mess qui avaient des liens réguliers avec les SA, nous étions informés des plans de la direction SA de Silésie. Les tensions culminèrent le

3. Hans Walter Schmidt (1912-1934), dirigeant de la jeunesse SA en Silésie, fut l'amant d'Heines et comme lui exécuté lors de la Nuit des longs couteaux.

30 juin 1934, lorsque Hitler lança la purge des SA, la fameuse Nuit des longs couteaux au cours de laquelle Heines et Schmidt furent assassinés. Durant ces journées, le régiment avait été consigné à la caserne avec interdiction de sortir. L'état d'alerte avait été proclamé. J'entendis par hasard un violent échange de propos entre les factionnaires qui montaient la garde à l'entrée et plusieurs SS. Le SS-Führer Udo von Woyrsch[4] se plaignait bruyamment que la garde ne le laissât pas passer, lui et plusieurs camions SS. Je lui interdis d'employer ce ton et lui rappelai que les sentinelles ne faisaient que leur devoir. Woyrsch exigea alors plusieurs centaines de pistolets avec leurs munitions. Puisque nous avions reçu de l'état-major général l'ordre de livrer aux SS les armes demandées, je fis venir un sous-officier de l'armurerie pour savoir combien d'armes nous pouvions livrer. Tout cela durait naturellement trop longtemps pour Woyrsch. Quand, finalement, nous ne pûmes lui remettre que 75 pistolets, il s'emporta et voulut partir sans plus de cérémonie. Je bloquai sa voiture et exigeai qu'il signât un reçu. Ivre de colère, il griffonna le morceau de papier que je lui tendis avec une telle rage qu'il le déchira en plusieurs endroits. Il partit en faisant crisser les pneus. À l'époque, je ne pouvais pas deviner que, ce jour-là et les jours suivants, les SS allaient procéder à de nombreuses exécutions dont celles de mes bons amis, le baron von Wechmar et M. von Grolmann. Le nombre exact des victimes du 30 juin en Silésie n'a jamais été connu.

Si je ne mesurai pas alors l'ampleur de la prétendue politique d'épuration menée par le mouvement national-socialiste, nous autres soldats prenions conscience pour la première fois que les nouveaux maîtres du pouvoir ne reculeraient devant rien

---

4. Udo von Woyrsch (1895-1983), après un passage dans les corps francs, fit partie du petit nombre d'aristocrates qui s'engagèrent dans le parti nazi. Proche d'Himmler et d'Heydrich, il commanda les *Einsatzgruppen* qui opérèrent en Pologne. Il fut condamné, après-guerre, à de nombreuses années de réclusion pour crime contre l'humanité.

pour imposer leurs vues. Nous comprenions à quel point l'État de droit était menacé en Allemagne. L'assassinat des généraux von Schleicher[5] et von Bredow[6] était un signal clair des périls qui planaient sur l'armée. L'hostilité à l'égard du régime alla dès lors croissant, du moins dans le corps des officiers de mon régiment. Cependant, nous ne pouvions pas apprécier la gravité de la situation à sa juste mesure en raison de l'insuffisance des moyens de communication. Nous étions aussi trop habitués à obéir aux ordres. À vrai dire, seules les plus hautes autorités militaires – Blomberg[7] et Fritsch[8] – auraient pu prendre des contre-mesures efficaces.

Un mois seulement plus tard, nous fûmes secoués par un nouvel événement. Le 2 août 1934 mourut le président du

5. Kurt von Schleicher (1882-1934), officier de carrière, général en 1929, ambitieux et sans scrupules, très introduit dans les milieux politiques, joua un rôle déterminant dans les dernières années de la république de Weimar, dont il fut le dernier chancelier avant l'arrivée d'Hitler au pouvoir. Ses conceptions politiques conservatrices mais à géométrie variable l'ont éloigné d'Hindenburg et ne lui ont pas permis de s'opposer à la nomination d'Hitler.

6. Ferdinand von Bredow (1884-1934), proche de Schleicher, rêva d'un régime militaire d'unité nationale dans lequel les nazis n'auraient pas leur place.

7. Werner von Blomberg (1878-1946), officier de tradition, séduit par Hitler, accepta de devenir ministre de la Reichswehr en 1933, à condition que la primauté de l'armée sur la SA fût définitivement reconnue. Il applaudit à la Nuit des longs couteaux. Il prit finalement ses distances avec Hitler en 1938, parce qu'il était opposé aux projets de campagne contre la Tchécoslovaquie. Himmler et Goering prirent alors prétexte de son mariage avec une femme de mœurs légères pour le contraindre à la démission. Il ne joua ensuite plus aucun rôle.

8. Werner von Fritsch (1880-1939), général sous l'empire, était réservé à l'égard du nazisme mais salua la mise au pas des SA et le redressement militaire. En 1935, il fut nommé commandant en chef de l'Armée de terre (OKH) avant de s'opposer comme Blomberg aux projets belliqueux d'Hitler. Victime d'une machination le faisant passer pour homosexuel, il fut révoqué en 1938. Durant la campagne de Pologne, Fristch choisit de mourir volontairement à la tête du régiment dont il était colonel d'honneur.

Reich Paul von Hindenburg. Deux ou trois jours plus tard, sur la grande place qui se trouve à côté de la Jahrhunderthalle de Breslau, se déroulait une prise d'armes de la garnison. Sur un des côtés du carré, tout mon régiment était en position de parade à cheval. Le futur feld-maréchal von Rundstedt prit le commandement ; il fit un bref discours plein de dignité en hommage au président disparu. Alors que s'envolaient les dernières notes du chant « *Ich hatte einen Kameraden* », Rundstedt[9] lança soudain le commandement : « Régiment, pour le serment de fidélité, levez la main droite. » Aucun de nous n'avait entendu parler d'un nouveau serment ; nous n'avions pas connaissance du texte prévu. Nous ne pouvions qu'accepter un nouveau serment à l'Allemagne et au peuple allemand. Ingénument, nous levâmes la main droite, après avoir mis le sabre au fourreau. Alors Rundstedt articula lentement les termes de notre engagement qui furent repris en chœur par toute la garnison. Jusqu'à ce jour les membres de la Reichswehr avait prêté le serment suivant : « *Devant Dieu, je prête ce serment sacré de servir toujours mon peuple et ma patrie avec honneur et fidélité et je m'engage à être prêt en soldat valeureux à sacrifier ma vie pour rester fidèle à ce serment.* » La nouvelle formule était : « *Devant Dieu, je prête ce serment sacré de servir le Führer du Reich et du peuple allemand, d'obéir aveuglément à Adolf Hitler, le commandant en chef de la Wehrmacht, et je m'engage à être prêt comme soldat courageux à sacrifier ma vie pour rester fidèle à ce serment.* » La différence

9. Gerd von Rundstedt (1875-1953), officier de la vieille école, fit une belle carrière dans la Reichswehr. Apolitique, militaire avant tout, il mit néanmoins ses talents militaires au service d'Hitler même s'il tenta de démissionner en 1938. Il participa ensuite à toutes les grandes batailles de la guerre. Maréchal, fréquemment démis de ses fonctions avant d'être rappelé, il fut l'une des chevilles ouvrières du front de l'Est et de l'Ouest. Lors du putsch Stauffenberg, il accepta de faire partie du tribunal d'honneur de la Wehrmacht qui chassa les conjurés de l'armée au motif qu'un officier ne se mutinait pas. Emprisonné par les Britanniques, il fut libéré en 1949.

était éclatante. Mais même si nous avions aussitôt compris de quoi il s'agissait, pratiquement, nous n'aurions pas été en mesure de refuser de prêter serment. Je dois reconnaître que, pour ma part, ce n'est qu'après la prestation de serment que je réalisai ce qui venait de se passer. Lors de notre retour à la caserne, je discutai avec plusieurs officiers de la nouvelle formule. Lorsque je leur demandai s'ils étaient conscients d'avoir prêté un serment personnel à Hitler, il leur fallut reprendre mot à mot le texte pour comprendre ma question. Nous nous sentions tous très mal à l'aise, parce que, suivant la bonne vieille tradition militaire prussienne, nous avions désormais des obligations à l'égard d'un homme qui nous était étranger et détestable. Mais qui pouvait alors deviner qu'Hitler utiliserait ce serment pour nous enfermer dans des ordres criminels ? Le raffinement diabolique avec lequel Hitler avait attaché les soldats de l'armée allemande à sa personne ne nous apparaissait pas encore dans toutes ses tragiques conséquences. Cette façon de nous arracher un serment en fraude fut quelques années plus tard, pour les soldats décidés à entrer en résistance, la principale justification qui les poussa à se délier de leur parole d'honneur.

Dans les deux premières années du national-socialisme, l'évolution de la situation politique m'inquiétait beaucoup, mais je n'imaginais nullement ce qui allait vraiment se passer ensuite. Nous, soldats qui n'avions aucune sympathie pour le nouveau régime, avions encore une confiance totale dans nos supérieurs, et en particulier dans le corps des officiers généraux. Nous les tenions, sans exception, non seulement pour de bons soldats, mais aussi pour de parfaits gentlemen qui n'accepteraient jamais que les forces armées fussent engagées dans le tourbillon de crimes qui s'abattait sur l'Allemagne – les premières rumeurs commençaient à courir sur les camps de concentration d'Oranienburg et de Dachau. Nous avions la certitude que le commandement militaire prendrait au bon moment les bonnes décisions. Dès lors, nous considérions que notre devoir était de tout faire pour disposer d'unités loyales et déterminées sur lesquelles nous pussions nous appuyer sans crainte pour toute mission qui pourrait nous être confiée, y compris pour une attaque contre le régime. Aujourd'hui, je crois pouvoir dire que cette mission aurait été menée à bien par le 7e régiment de cavalerie. Même après la prise de pouvoir par Hitler, lorsque nous donnâmes des ordres contre les forces nazies – ou SS – nous ne rencontrâmes jamais de vraies difficultés chez les officiers, les sous-officiers ou les hommes de troupe. Je ne suis pas certain que cela se serait vérifié dans les autres unités de la Reichswehr.

Mis à part ma préoccupation face à la situation politique, les années 1933-1934 furent pour moi particulièrement heureuses. Dans le service, comme aide de camp du régiment, je remportai des succès visibles. Je passai en dilettante le concours qui aurait pu m'ouvrir les portes la *Kriegsakademie*[10] – l'école de guerre. J'échouai, et me consolai en restant au milieu de mes hommes. Je ne désirais rien d'autre. De plus, en raison de ma passion pour l'équitation, je souhaitais commander le plus longtemps possible un escadron dans mon cher régiment.

En février 1934, je me fiançai avec Renata Kracker von Schwarzenfeldt. Son père avait été cuirassier de la garde à Breslau. Elle était orpheline. Le mariage eut lieu le 25 août 1934 à Matzdorf[11] dans le Kreis de Löwenberg, où sa grand-mère pos-

---

10. Mecque des écoles militaires allemandes, elle avait été créée en 1810 pour remédier aux faiblesses du haut commandement militaire lors de la campagne contre Napoléon. Elle se caractérisait par une grande liberté d'initiative laissée aux subordonnés – l'*Auftragtaktik* – sous réserve qu'ils respectassent l'esprit général de la manœuvre. On a souvent dit que la victoire de 1870 était « l'œuvre de Moltke et de la *Kriegsakademie* » ; après 1870, l'école devint mythique. Y être admis, après un redoutable concours, et obtenir ensuite le brevet d'officier d'état-major était le sésame indispensable pour rejoindre les plus hautes fonctions, et en particulier l'état-major général. La tradition se maintint sous le IIIe Reich.

11. Aujourd'hui Maciejowiec en Pologne.

sédait une propriété. J'invitai presque tous mes camarades de régiment avec leurs épouses et nous fêtames joyeusement l'événement, en grande pompe, dans le château grandiose édifié sur les plans de Schinkel[12].

Ces années-là, j'obtins aussi mes plus beaux succès équestres. Avec mon meilleur pur-sang Cäesarion, je remportai de nombreux steeple-chase. Avec la jument hanovrienne Nosoza de mon ami Leclerc, il m'arriva de remporter plusieurs prix dans un même tournoi. En 1934, alors que je venais de remporter deux courses au Grand Prix de septembre de Breslau avec Cäesarion et que je rentrais joyeux au paddock, le haut-parleur annonça ma nomination au rang de *Rittmeister* – capitaine de cavalerie. Le commandant de la deuxième division de cavalerie qui se trouvait sur place s'était arrangé pour faire connaître la nouvelle avant sa publication officielle. Au cours d'une fête organisée le soir même à la maison, mon ami Konrad von Wangenheim écrivit dans le livre d'or : « Un jour, j'aimerais avoir autant de chance. » Deux années plus tard, il gagnerait la médaille d'or aux jeux olympiques de Berlin[13] avec l'équipe militaire allemande.

Entre-temps, mon souhait de commander un escadron s'était concrétisé. Dans notre régiment, il était de coutume que l'aide de camp fût célibataire afin de rendre plus étroites les relations avec les jeunes officiers. Le 1er novembre 1934, je transmis donc les fonctions d'aide de camp à mon ami Adrian Pückler

---

12. Karl-Friedrich Schinkel (1781-1841), célèbre peintre et architecte du néoclassicisme allemand, est notamment le concepteur de la *Neue Wache* et du *Neues Museum* de Berlin, dont les imposantes colonnes néo-classiques sont bien connues.

13. Lors des fameux jeux de 1936, qu'Hitler avait mis en scène pour en faire un chef-d'œuvre de propagande. Wangenheim devint à cette occasion un héros national. Le lendemain d'une chute où il s'était cassé la clavicule, il remonta en selle le bras immobilisé, et termina son parcours malgré la douleur, offrant à l'équipe allemande une médaille d'or. Leni Riefenstahl a immortalisé son exploit au cinéma.

et prit le commandement du deuxième escadron. La charge de chef d'escadron est pour la plupart des officiers la plus belle de leur vie militaire. Ce sont environ 150 hommes et autant de chevaux qui lui sont confiés. Seul, il a la pleine responsabilité de chaque homme et de chaque cheval de l'escadron. Au milieu de toutes les difficultés de l'instruction, je considérais que mon principal devoir était de gagner la confiance de mes subordonnés et de bâtir dans l'escadron un tel esprit de corps qu'il me permît d'accomplir au mieux ma mission. J'essayais de m'informer des conditions de vie et de la situation familiale de chacun, afin de pouvoir les conseiller ou les soutenir dans toutes les circonstances difficiles. J'étais heureux des preuves de confiance qu'ils me témoignaient constamment.

Lorsque fin novembre, en ma qualité de maître des chasses du régiment, j'organisai une chasse à courre dans la campagne de Breslau, sur un territoire traversé de diguettes et de fossés, je ne savais pas encore que cela serait la dernière chasse du 7e régiment de cavalerie. En janvier 1935 coururent les premiers bruits selon lesquels notre régiment devait être transformé en régiment de panzers. Je n'ai jamais pu savoir si l'état-major avait choisi le régiment de Postdam et le septième de Breslau pour leur excellent niveau de formation ou pour mettre au pas et rabaisser les deux régiments de cavalerie qui avaient le plus fort pourcentage d'officiers issus de l'aristocratie. À l'époque, nous penchions pour la seconde hypothèse. Mon chef de corps, le colonel Seherr-Toss, se battit avec la plus grande énergie et par tous les moyens contre cette réforme. Il reçut le soutien du quartier général de Breslau. Très vite, il fut évident que la décision du ministère de la Guerre à Berlin n'était pas révisable. En cavaliers passionnés, nous étions profondément remués. Malgré tout, nous en prîmes notre parti, décidés à protéger en toutes circonstances l'unité du corps des officiers. À l'exception d'un officier qui, avec des hommes triés sur le volet parmi tous les escadrons du régiment et les meilleurs chevaux, fut versé au 18e régiment de cavalerie « Cannstadt », nous nous fîmes un devoir d'accompagner de notre présence ce tournant amer qui nous faisait abandonner les chevaux pour les panzers. En réalité, le changement du matériel aboutit à une remise en cause totale du fonctionnement du corps des officiers.

Le destin devait me fixer une autre voie. J'avais pris part, fin mars 1935, à un concours d'officier à Berlin-Straussberg afin d'entraîner au mieux Cäesarion, avec lequel j'espérais gagner le steeple-chase du grand concours d'Hanovre. Alors que pensais, en fin de parcours, avoir de bonnes chances de gagner, je sautai sans doute trop court le dernier obstacle. Cäesarion, qui n'était jamais tombé, trébucha sur l'obstacle et s'écrasa, les quatre fers en l'air, comme un malheureux canard qu'on vient de tirer. Il s'était brisé une jambe ; il fallut l'abattre sur place. J'étais bouleversé. Après avoir flatté une dernière fois l'encolure de mon cheval qui venait d'être arraché à ses souffrances, j'honorai sa dépouille d'un salut militaire et rentrai au vestiaire. Ce n'est qu'après une douche froide que je sortis de mon état second. Malgré le choc, je m'inscrivis à une course qui devait avoir lieu trois jours plus tard sur la même piste. En dépit d'une commotion cérébrale, de plusieurs côtes brisées et de dents cassées, je tenais à courir cette course en hommage à Cäesarion.

Durant mon séjour à Berlin, j'eus plusieurs conversations avec le chef de l'élevage, de la remonte militaire et des courses, le comte Wolff-Metternich. Je lui avais fait part de mon sentiment que la motorisation de mon régiment était inéluctable. Il souhaitait que tous les chevaux de course du régiment fussent transférés à l'autre régiment de cavalerie silésien, le huitième, afin de ne pas faire perdre à Breslau son rôle dans les sports équestres. Il fallait maintenir à proximité suffisamment de chevaux de haute qualité. Metternich me demanda si je ne voulais pas solliciter mon transfert au 8e régiment de cavalerie. Je refusai cette aimable proposition et le priai énergiquement de ne pas se mêler de mes affaires. Lorsque je rentrai à Breslau, l'ordre de mon transfert au 8e régiment de cavalerie de

Brieg[14] était déjà arrivé, avec mission de prendre le commandement d'un escadron qui se trouvait vacant et d'assurer l'entraînement du nouveau régiment pour les courses. Cette inflexion dans ma carrière militaire détermina le cours de ma vie. Sans cela, je n'aurais vraisemblablement jamais été en poste à l'état-major général de l'arme blindée ; en tant que chef d'une unité de panzers, il est peu probable que j'aurais survécu à la guerre.

Début mai 1935, le régiment rendit son dernier cheval. C'était un adieu poignant. Les officiers, les sous-officiers et les soldats se séparaient de leurs meilleurs camarades. Le 14 mai, vers minuit, les cuirassiers entamèrent la marche de sortie de la caserne jusqu'à la gare de Fribourg, d'où les unités du régiment devaient être transportées au champ de manœuvres de Neuhammer. Pour des raisons de secret militaire, le jour et l'heure du départ n'avaient pas été rendus publics, mais il y avait eu des fuites. Quand les escadrons franchirent les portes de la caserne, malgré l'heure avancée, toutes les rues jusqu'à la gare étaient noires de monde. La population de Breslau fit à son régiment, à ses cuirassiers, un adieu bouleversant. Auparavant, le plus ancien des officiers du régiment, notre camarade Christoph von Kospoth, avait fait un discours poignant devant le monument du Grand Électeur. Il évoquait avec force l'esprit de notre vieux régiment : « Cet esprit, nous l'emportons avec nous, et cet esprit brillera partout, quel que soit l'endroit où nous devrons aller. » Pour le régiment, dont la nouvelle garnison était Eisenach en Thuringe, c'était l'adieu à la patrie silésienne. Nul ne pouvait pressentir que cet adieu et les mots prononcés à cette occasion ne prendraient leur signification définitive que 10 ans plus tard.

La célèbre statue du Grand Électeur fut transportée à Eisenach par un wagon spécial de la Reichsbahn. Là-bas, elle fut solennellement et fastueusement remise en place. Peu de temps

14. Maintenant Brzeg en Pologne.

avant la guerre, elle revint encore une fois en Silésie, à Sagan[15], parce que les traditions des cuirassiers de la garde avaient été transférées au 15e régiment de panzers qui y avait ses quartiers. Qui aurait pu penser que ce monument offert par l'empereur Guillaume aux officiers de sa garde ferait de tels voyages avant de disparaître définitivement dans l'enfer de la déroute de 1945 ?

L'adieu à mon cher régiment fut particulièrement douloureux. Il était resté ma patrie militaire. Je me séparai de mes meilleurs amis, et l'accueil dans mon nouveau régiment fut tout sauf amical. Le chef de corps, le colonel Faber du Faur, d'origine wurtembergeoise, détestait tout ce qui était silésien ; il était furieux que la direction du personnel de Berlin eût imposé ma mutation comme responsable de l'écurie de course. Lors de ma prise de fonctions, il m'expliqua qu'il ne me confierait ni un escadron ni l'entraînement des chevaux de course. Il se ravisa finalement et céda, comprenant que ces vexations ne mèneraient nulle part. Je pris le commandement du premier escadron qui, grâce à mon camarade « Ede » Barth, avait un excellent esprit, une très bonne formation et de belles qualités équestres. Dans l'écurie de course, j'assurai l'entraînement des pur-sang du huitième régiment de cavalerie, des chevaux qui venaient de mon ancien régiment et de ceux des officiers passionnés par l'équitation qui en avaient achetés sur mes recommandations. Je devins ainsi progressivement l'entraîneur d'une véritable écurie, qui compta jusqu'à 25 chevaux. Pendant la saison, le champ de course de Breslau était notre terrain de jeu naturel. Tous les jours, dimanche compris, nous partions au petit matin avec deux ou trois lieutenants pour nous entraîner à Breslau distant d'environ 50 km. Nous devions être à Brieg pour le début du service de garnison. C'est dire que le réveil sonnait au plus tard à 3 heures et demie du matin...

Le corps des officiers du huitième régiment de cavalerie n'était pas aussi homogène que celui de mon ancien régiment. Par

15. Maintenant Zagan en Pologne.

exemple, au 7e régiment, à l'exception du colonel qui était fortuné, tous les officiers vivaient dans une austérité relative ; au huitième régiment au contraire, les différences d'état de fortune étaient considérables. Pourtant, je liai à Brieg comme à Breslau de bons liens de camaraderie. Et à Brieg à Breslau, l'hostilité aux nazis et à leurs méthodes était générale. En particulier, le major von Lüttwitz, commandant de la remonte, ne se laissait pas impressionner par les fonctionnaires du parti. Il se battait pied à pied, sans aucune crainte, contre les exigences croissantes des organes du parti. Plus tard, durant la guerre, il prouva ses opinions anti-nationales-socialistes. Après le 20 juillet 1944, il envoya ainsi une protestation officielle à Robert Ley[16] contre les injures proférées à l'égard « des cochons à sang bleu ». La plupart des jeunes officiers du régiment étaient critiques à l'égard du régime. Leur position se conforta tant et si bien que, peu de temps avant le déclenchement de la guerre, plusieurs lieutenants tirèrent au pistolet sur le portrait du Führer qui se trouvait dans le mess et enterrèrent dans le jardin le tableau complètement lacéré. L'événement, qui fut rendu public, coûta son poste au chef de corps. La guerre approchant, les lieutenants s'en tirèrent avec des punitions légères.

Les années 1935 à 1937 furent pour moi les dernières années d'insouciance, tant dans le service que dans le sport. Je profitais encore et toujours de ma Silésie, de la qualité de ses rapports humains, de ses richesses culturelles ; je goûtais en toute liberté la vie merveilleuse de cavalier et de soldat menée à grandes guides. Nous ne voyions pas et nous ne voulions sans doute pas comprendre que la fin de cette vie idyllique était annoncée depuis longtemps.

1937 marqua une seconde rupture dans ma vie, dont les conséquences allaient être décisives. Lors d'un dîner chez mon

16. Robert Ley (1890-1945), nazi fanatique, fut nommé en 1935 président du Front allemand du travail qui succèda à tous les syndicats. Il se suicida dans sa cellule avant le procès de Nuremberg.

oncle Walther von Lüttwitz (le commandant militaire du putsch de Kapp), mon épouse se trouva placée à côté du chef d'état-major du huitième corps d'armée, le colonel Éric Marcks. Il lui demanda si elle ne préférerait pas vivre à Berlin plutôt qu'à Brieg. Comme elle approuvait ingénuement, il lui déclara qu'il avait été choqué de la nonchalance avec laquelle j'avais passé le concours de l'école de guerre, mais qu'il allait néanmoins veiller à ce que je revinsse à Berlin pour suivre la formation d'état-major général à la *Kriegsakademie*.

Peu de temps après, je fus invité à un voyage de l'état-major général[17] auquel participaient tous les officiers d'état-major de la division, les chefs de corps et d'autres hautes autorités du huitième corps. Le cas pratique qui nous avait été envoyé avant le voyage me causa une certaine inquiétude. En effet, il s'élevait à des hauteurs qui relevaient naturellement de la stratégie, alors que je n'avais eu à faire jusqu'à maintenant que des exposés tactiques portant sur la manœuvre d'un régiment. L'analyse de la situation que j'avais rendue était succinte et scolaire, esquivant les grandes théories stratégiques et les questions de fond. Avant le début du voyage, à Bunzlau, plusieurs officiers de l'état-major général – parmi lesquels se trouvait le général Rudolf Schmundt, futur aide de camp personnel d'Hitler[18] – m'exposèrent qu'avec le colonel Marcks il fallait éviter les solutions scolaires. Je fus particulièrement mal à l'aise lorsqu'on me demanda d'exposer le premier mon analyse de la situation. Je

17. Sorties sur le terrain de plusieurs jours, offrant aux officiers d'état-major la possibilité de faire des exercices sans troupes, mais néanmoins nettement plus réalistes que sur cartes.

18. Rudolf Schmundt (1896-1944), officier brillant et mondain, finit sa carrière comme général exerçant à la fois les fonctions de premier aide de camp d'Hitler et de chef du personnel de la Wehrmacht. Ancien du 9e régiment d'infanterie de Postdam, où il fut le camarade de Henning von Tresckow, il garda de bonnes relations avec ce dernier qui les utilisa dans son combat contre Hitler. Schmundt mourut des suites des blessures reçues dans l'attentat contre Hitler le 20 juillet 1944.

m'attendais à une honte publique ; pourtant, à la fin de mon exposé, Marcks déclara que l'état-major général et lui-même considéraient les solutions tactiques que j'avais proposées comme les seules applicables.

À cette époque, mon régiment était en manœuvre au camp de Neuhammer. Mon escadron devait y être inspecté par l'inspecteur général de la cavalerie, le général von Pogrell, le dernier jour du voyage de l'état-major général. Mon chef de corps, le colonel Rudolf von Schmettow, demanda donc que je puisse partir plus tôt afin de rejoindre à temps mon escadron. L'état-major du corps refusa. Alors Schmettow eut l'idée d'organiser l'inspection de nuit et d'envoyer une voiture rapide pour me récupérer à Hirschberg, dernière étape de notre voyage état-major. Ensuite, on me ramènerait dès potron-minet, aussitôt l'inspection terminée. Je n'arrivai à Neuhammer qu'une demi-heure avant le début de l'inspection, sautai de la voiture et enfourchai mon cheval d'armes qui m'attendait sellé, bridé, afin de rejoindre au galop mon escadron. L'exercice était difficile. Il s'agissait d'une reconnaissance et d'une charge de nuit que, par chance, j'exécutai convenablement. Puis, au soleil levant, mon escadron réussit parfaitement les exercices formels qui constituaient encore à l'époque l'alpha et l'oméga des inspections de cavalerie. L'escadron s'en tira si bien que Pogrell, lors du débriefing, déclara qu'il regrettait que tous les chefs d'escadron de sa cavalerie n'eussent pas profité du spectacle, le meilleur qu'il eût jamais vu. Après ce triomphe, je repartis en trombe à Hirschberg, muni d'un solide petit-déjeuner préparé par mes hommes. J'arrivai à l'hôtel « des trois montagnes » au moment où Marcks et les officiers d'état-major montaient en voiture pour la dernière réunion de campagne. Schmundt proposa à Marcks de me laisser le temps de prendre mon petit-déjeuner. Marcks refusa. Je passai donc d'une voiture à l'autre. Durant le trajet, Schmundt me rapporta les péripéties de la manœuvre qui s'était déroulée pendant mon absence et me donna son avis en quelques mots. Comme lui et moi nous y attendions, Marcks me demanda en premier mon avis sur l'évolution de la situation. Je répondis à peu près ce que Schmundt venait de me rapporter. Le soir, lors de la clôture de l'exercice d'état-major, en présence du commandant en chef, le général von Kleist, Marcks déclara que j'avais prouvé qu'après toute une nuit en selle j'étais encore capable de raisonner à peu près sainement. C'est pourquoi le corps allait soutenir ma nomination à la *Kriegsakademie*. Il était rarissime qu'un officier de troupes rejoigne de cette manière l'état-major général.

En attendant, à partir de décembre 1937 je fus nommé à Berlin aide de camp du général assurant le commandement organique des unités montées qui n'étaient pas directement rattachées à la cavalerie dans les districts militaires de Königsberg, Stettin et Breslau[19]. En accompagnant mon nouveau chef, le général Stumme[20], j'eus l'occasion de visiter presque toutes les garnisons de l'Est de l'Allemagne. J'acquis de la sorte une connaissance assez complète de l'état d'esprit et du niveau de formation de la Wehrmacht réorganisée. On remarquait des évolutions très négatives dans l'armée depuis le temps de la Reichswehr. La cavalerie avait été amoindrie et n'avait bénéficié d'aucune faveur du nouveau régime. Les effectifs des unités des autres armes avaient été multipliées par trois ou par quatre. L'esprit de corps qui régnait dans la Reichswehr n'était plus qu'un souvenir. La plupart des officiers étaient soit des réservistes réactivés, soit d'anciens membres de la police d'État. La plus grande partie était des nationaux-socialistes convaincus. Dans les casernes et les mess nouvellement reconstruits, je tombais constamment sur des bustes ou des peintures du Führer du plus mauvais goût – dans mon vieux mess de Breslau, nous avions pu l'éviter jusqu'en 1935. Le style et le comportement des officiers ne correspondaient plus à l'image de

19. Aujourd'hui Kaliningrad, Sczezin, Wroclaw.

20. Georg Stumme (1886-1942) perdit la vie à El-Alamein, à la tête de ses troupes.

l'officier prussien que nous avions su sauvegarder dans la Reichswehr. Le niveau moyen de formation avait également considérablement baissé en raison de la réorganisation menée à marche forcée.

Ces impressions négatives furent encore renforcées lorsqu'à l'automne 1938 je rejoignis la *Kriegsakademie*. J'étais le plus âgé dans un amphithéâtre de vingt-cinq capitaines et *Rittmeister*, dont seulement un tiers provenait de la Reichswehr. Tous les autres provenaient de la police d'État ou étaient des réservistes réactivés. La forte concurrence qui régnait entre nous apaisa dans un premier temps les tensions politiques. Mais elles reprirent avec une force inaccoutumée avec la Nuit de cristal[21], le 9 novembre 1938. Le lendemain, j'arrivai en retard dans l'amphithéâtre, venant tout droit de l'hippodrome de Berlin-Karlshort. Je tombai au milieu d'une discussion très animée sur les actions ouvertement antisémites menées par le gouvernement national-socialiste. En tant que doyen, je pris l'initiative de donner quelques explications. « Ce qui s'est passé la nuit dernière est de mon point de vue une honte pour le peuple allemand. J'ai honte que de tels actes aient pu être commis dans notre patrie. Nous autres soldats devons nous tenir à distance de crimes aussi incroyables. Je ne peux qu'espérer que justice soit rendue aux victimes. » Avant que le torrent de ceux qui ne partageaient pas mon avis eût pu se déchaîner, le directeur des cours, également professeur de tactique, le major von Reuss, déclara : « Messieurs, j'ai entendu les derniers mots de

21. Vaste pogrom organisé dans tout le Reich le 9 novembre 1938 à la suite de l'assassinat du conseiller d'ambassade von Rath à Paris, le 8 novembre, par le juif polonais Herschel Grynszpan. Des centaines de synagogues furent brûlées, plus de 30 000 juifs arrêtés. Le nom de Nuit de cristal vient des vitrines brisées dans toutes les villes d'Allemagne. Ce fut le point de départ d'un nouvelle série de persécutions et notamment de l'aryanisation des biens des juifs obligés de vendre tous leurs biens avant le 1er janvier 1939. En souvenir de la Nuit de cristal, la RFA a renoncé à prendre comme fête nationale le 9 novembre, date de la chute du mur en 1989.

votre doyen. Je suis totalement de son avis. » La discussion était close, mais à partir de ce jour, une fracture insurmontable divisa notre promotion. Il n'y avait que huit auditeurs sur vingt-cinq à partager mon point de vue. Lors d'une visite de la cathédrale Saint-Étienne de Vienne, un des nazis les plus fanatiques s'emporta haut et fort contre les croyants qui s'agenouillaient devant le Saint-Sacrement. J'exigeai qu'il quittât l'église.

Je vécus un des événements les plus marquants de cette année-là quelques jours avant l'invasion de la Tchécoslovaquie le 15 mars 1939. Une grande partie des officiers de la *Kriegsakademie* avait été conviée à une réception et à un déjeuner à la chancellerie du Reich. En tant que doyen, avec mon camarade de régiment le médaillé olympique von Wangenheim, je faisais partie de la délégation. Nous étions placés ensemble autour d'une grande table ronde où Hitler devait prendre place. Naturellement j'étais tendu à l'idée de rencontrer pour la première fois cet homme que je ne connaissais pas. Durant la longue attente qui précéda l'arrivée d'Hitler, l'un des serviteurs, qui avait servi comme laquais à la cour impériale vit mon nom sur les cavaletti et me demanda des nouvelles de ma marraine, Claire von Gersdorff, qui avait été si longtemps dame d'honneur de l'impératrice.

Alors Hitler parut. Après un court salut, il s'assit nonchalamment sur sa chaise, joua nerveusement avec ses doigts et s'avéra incapable d'ouvrir la conversation. Lorsque son aide de camp Schmundt arriva, en retard, il constata d'emblée le silence pesant qui régnait autour de la table. Il proposa aussitôt à Hitler d'exposer les problèmes politiques de la Tchécoslovaquie. Sortant de son apathie, avec cette voix si caractéristique souvent entendue à la radio, il se lança dans un long exposé sur les relations entre le Reich et la Tchécoslovaquie. Il était clair qu'il n'accepterait aucune question ni objection. À la fin de ce discours passionné, il conclut peu ou prou de la sorte : « La Tchécoslovaquie est un pieu planté dans la chair de la grande Allemagne. J'ai pris la décision de mettre un terme à cette situation insupportable à long terme. » Ensuite, il exposa le risque stratégique que représentait la situation géographique de la Tchécoslovaquie pour son projet de Grand Reich allemand. Il souhaitait examiner de quelle manière il pourrait mettre un terme à l'existence du peuple tchèque dans l'espace grand-allemand.

Ensuite, il essuya de la main la sueur qui perlait à son front, posa les coudes sur la table et engloutit bruyamment la soupe végétarienne qui l'attendait. Il quitta la table sans avoir engagé la moindre conversation avec nous. L'impression que j'ai gardée de lui est celle d'un prolétaire répugnant et boursouflé. Je n'ai pas perçu le moindre souffle de grandeur ou de puissance, le moindre magnétisme mystique. Au vu de ses positions ahurissantes sur le peuple tchèque, j'inclinai à penser qu'il s'agissait d'un malade mental. Quand nous quittâmes la table, Konrad Wangenheim me dit : « Ce type est complètement fou, il faut l'envoyer dans un asile. » Malheureusement, j'avais le sentiment que les autres avaient été impressionnés. Hitler quitta la chancellerie du Reich aussitôt après le déjeuner. Les officiers de la *Kriegsakademie* purent visiter toutes les grandes salles de la nouvelle chancellerie dessinée par Albert Speer. Je fus frappé, dans le bureau d'Hitler, par la taille de la pièce, le portrait de Bismarck peint par Lenbach et la réplique du monument de Frédéric le Grand sur Unter den Linden qui trônait, seul, sur le bureau. Il lui avait été offert par André François-Poncet, l'ambassadeur de France. Ensuite se produisit une scène détestable : plusieurs officiers se précipitèrent sur un bloc-notes vert et en arrachèrent des feuillets en guise de souvenirs. Avec quelques amis partageant mes opinions, nous nous en retournâmes déprimés et nauséeux.

Sur ordre de mobilisation, je pris part à l'occupation de la Tchécoslovaquie comme officier de renseignements (IC[22]) du

22. Les états-majors allemands étaient généralement organisés de la manière suivante : sous les ordres du général commandant en chef se trouvaient un chef d'état-major général, un officier opérations (IA), un officier logistique (IB) et un officier de renseignements (IC).

5e groupe d'armées, dont le siège était à Vienne. Sous les ordres du futur feld-maréchal List qui commandait le 5e groupe d'armées pour quelques semaines, nous transférâmes nos quartiers de Vienne à Brünn. En dehors de cette ville, je ne vis pas grand-chose du pays occupé. Je garde le souvenir de la morne résignation qui avait saisi toute la population. Les habitants de Brünn ne nous portaient aucune attention et nous évitions autant que possible de les bousculer. Il n'y eut ni manifestation ni action de résistance d'importance significative. Je fus particulièrement frappé par le triste rôle auquel étaient condamnés les soldats tchèques. Quand les chevaux d'une unité tchèque stationnée à Brünn traversèrent la ville en direction de la gare de marchandises, afin d'être probablement transportés en Allemagne, les officiers de l'unité assis en uniforme dans un café de la ville moquèrent le sort de leurs montures avec un humour noir particulièrement déplorable. Tout cela faisait un effet macabre et désolant.

J'étais à nouveau à Vienne dans les derniers jours précédant le début de la guerre. L'état-major du 5e groupe d'armées, renommé 14e armée, devait assurer le commandement de l'aile droite pour l'assaut contre la Pologne. Un soir, alors que j'étais au travail dans la caserne du Stubenring, le général Alfred Jodl entra dans mon bureau. Pour autant que je puisse m'en souvenir, il revenait de vacances et voulait passer, en route, un coup de téléphone au ministère de la Guerre à Berlin. Pendant qu'il attendait la communication, il discuta avec moi de la situation politique et militaire de plus en plus menaçante. Il exprima des avis extrêmement critiques et presque désespérés sur la direction politique du pays. Mais pour l'essentiel, il se plaignait de devoir prendre des fonctions si lourdes de responsabilités dans le haut commandement de la Wehrmacht. Il aurait de beaucoup préféré prendre le commandement d'une unité combattante. Il me donnait alors l'impression d'un soldat effaré par les responsabilités politiques qui l'attendaient à l'OKW. Je ne le reverrais que six ans plus tard, quand il serait l'un des principaux accusés devant le tribunal de Nuremberg. Sans remettre en cause les fautes qui ont été commises par Jodl durant les années de guerre en raison de sa faiblesse et de sa déférence vis-à-vis d'Hitler et de Keitel, il m'apparaît clairement qu'il ne fut qu'un soldat dépassé par ses responsabilités humaines et politiques. Je crois qu'à la différence de celle de tous les autres condamnés à mort, la peine prononcée contre lui n'était pas justifiée[23].

À l'état-major de la 14e armée, l'ambiance était à la tristesse et à la gravité. Jusqu'à la dernière minute, et encore après le report de l'ordre d'assaut résultant de l'intervention de Mussolini, nous espérions tous que nous n'en viendrions pas à la guerre. Dans ce haut état-major, je ne ressentis nulle part d'enthousiasme guerrier.

L'assaut de la 14e armée à l'aile droite de l'armée allemande ne rencontra aucune résistance polonaise solide. Deux jours après le lancement de l'opération, nous transportions déjà notre poste de commandement à Cracovie, et un peu plus tard à Rzeczow. Une des expériences les plus intéressantes que j'aie faites en tant qu'officier de renseignements fut la suivante : cinq ou six jours après le début des opérations, je fus appelé par Heinrich von Hülsen, mon ancien chef d'escadron au 7e régiment de cavalerie, devenu commandant de la section de reconnaissance de sa division. Ses hommes avaient fait prisonnier le chef d'état-major de l'armée sud polonaise, le général von Morawski. Hülsen m'expliqua qu'à la fin de la Première Guerre mondiale, Morawski avait été son chef de bataillon au quatrième régiment d'infanterie de la garde. Le rattachement de certaines provinces allemandes et autrichiennes à la Pologne l'avait amené à servir dans l'armée polonaise. Hülsen avait fait conduire ce captif de choix à l'état-major du 17e corps d'armée

23. Alfred Jodl (1890-1946), chef d'état-major opération de la Wehrmacht, fut condamné à mort et exécuté à Nuremberg. Il fut réhabilité à titre posthume, le 28 février 1953, par un tribunal allemand de dénazification.

afin que je le prisse en charge. Je partis en voiture à Lanczut, où l'état-major du 17e corps avait ses quartiers, dans le château de conte de fées du comte Potocki[24]. Je fus conduit dans la salle à manger où déjeunaient autour d'une grande table, le commandant du 17e corps, le chef d'état-major, quelques officiers d'état-major, les Potocki et le général polonais prisonnier. Ce dernier avait été placé à la droite de la maîtresse de maison, tandis que son officier d'ordonnance tenait le bout de table. Le chef d'état-major de la 17e armée, le colonel Rendulic, qui provenait de l'armée autrichienne[25], était un ami intime du général polonais. Il veillait à ce qu'il ne manquât de rien. Ce n'est qu'une fois le dîner achevé, après un café et un cognac, que le prisonnier me fut confié pour être conduit à l'état-major de l'armée.

Avant la Première Guerre mondiale, Morawski avait été lieutenant aux cuirassiers de la garde à Berlin ; pendant les hostilités, il avait été versé dans l'infanterie de la garde. Sa sœur, la comtesse Piwnicka, était une amie de mes parents. Lui-même déclarait être un bon ami de mon oncle Rudolf von Gersdorff. Durant les premiers jours de la guerre, Rudolf avait été fait prisonnier par les Polonais dans sa propriété de Parsko, située dans l'ancienne province allemande de Poznan. Au cours d'une longue marche vers l'Est, un lieutenant polonais lui avait tiré une balle dans la tête. Quand je racontai cela à Morawski, il fut profondément bouleversé. Il critiqua fermement ses compatriotes et me dit qu'un pays qui se comportait de la sorte courait à sa perte. Au cours de son interrogatoire à Cracovie, il

24. Alfred Potocki (1886-1958) appartenait à l'une des plus prestigieuses et des plus riches familles de l'aristocratie polonaise. Malgré un patriotisme évident, Potocki cultivait un cosmopolitisme très vieille Europe. Lors de l'arrivée de l'Armée rouge, grâce à ses relations, il obtint des Allemands douze camions pour évacuer les trésors de Lanczut. Il finit sa vie en Suisse. Lanczut, aujourd'hui ouvert au public, était à l'époque un domaine de plus de 18 000 ha.

25. À la suite de l'Anschluss.

répondit très volontiers à toutes les questions qui lui furent posées. D'un point de vue strictement militaire, au regard de la situation, c'était une faute. Avant son transfert en camp de prisonniers, Morawski me demanda d'apporter à son ami le comte Potocki un sac en cuir contenant plusieurs diamants de haut prix. Il prétendit que Potocki lui avait donné les bijoux afin qu'il pût disposer d'argent liquide en prison. Mais entre-temps, il avait appris qu'il pouvait se faire envoyer de l'argent par sa banque à Varsovie. À contrecœur, j'acceptai cette mission. Le lendemain, je me rendis en voiture à Lanczut afin de me débarrasser au plus vite de ces bijoux, dont j'estimais la valeur à au moins 50 000 Reichsmarks. Mais là-bas, le comte Potocki m'expliqua qu'ils ne lui appartenaient pas, qu'il ne les avait jamais vus et qu'il se refusait à les accepter. Pour la première et dernière fois, j'endossai mon rôle d'officier d'occupation, le forçant en présence de mon officier d'ordonnance à prendre les bijoux sous sa garde et à signer un reçu. Je n'en entendis plus jamais parler. Aujourd'hui encore, j'ignore à qui appartenait ce mystérieux trésor. Potocki voulait peut-être se protéger en jouant les deux camps. D'un côté, il s'affichait à la chasse avec Goering, de l'autre, il jouait les bons patriotes et cachait ou approvisionnait les soldats polonais en fuite. Il est tout aussi possible que ces bijoux appartinssent à la famille du général Morawski qui cherchait à les mettre en sûreté.

Quand je demandai à Potocki d'accepter sur son domaine un groupe de 100 à 150 réfugiés allemands de Lvov qui avaient fui l'avancée des troupes soviétiques, il refusa d'abord énergiquement et se réclama de l'assurance qui lui avait été donnée par Goering que son château et le magnifique parc qui l'entourait seraient épargnés par les opérations militaires. Je lui rappelai fermement que Goering n'avait aucune autorité sur ce théâtre d'opérations, qu'il valait mieux pour lui accepter de bon gré qu'être réquisitionné pour accueillir les fuyards. La totalité du bétail avait déjà été utilisée pour le ravitaillement de milliers de prisonniers de guerre polonais. Potocki me donna donc un fusil de chasse et, en moins d'une heure, nous tirâmes dans le parc assez de faisans pour assurer le premier ravitaillement des réfugiés.

La campagne de Pologne me fournit un clair présage des crimes à venir. Une grande unité SS, sous le commandement du SS-Führer silésien Udo von Woyrsch, fut mise à la disposition de l'armée qui ne l'avait absolument pas demandé. Les SS reçurent mission de marcher derrière les troupes combattantes et de rechercher dans les villages et les forêts les soldats polonais en fuite. Nous constatâmes rapidement que l'unité SS n'était nullement sur les traces des militaires polonais mais qu'elle arrêtait les civils juifs et en abattait une partie. Le commandant en chef de l'armée réagit avec une énergie et une rapidité qui à l'époque semblaient encore aller de soi. Le général List exigea le retrait immédiat de l'unité SS et la punition des coupables. Sur le premier point du moins, il obtint satisfaction.

Peu de temps après la campagne de Pologne, mon état-major déménagea sur le front ouest, dans la ville de Mayence, au cœur du massif de l'Eifel. Mon armée portait le nouveau numéro 12. Là, nous perçûmes clairement à quel point le haut commandement était divisé sur les suites de la guerre. Les commandants de l'Armée de terre (OKH), c'est à dire Brauchitsch et Halder, entrèrent en opposition avec Hitler et le commandement en chef de la Wehrmacht (OKW)[26]. L'OKH pensait que les forces allemandes ne disposaient pas de la formation et de l'équipement suffisants pour lancer avec succès un assaut contre l'Ouest. L'OKH envoya des officiers d'état-major récolter auprès des généraux des arguments destinés à détourner Hitler de l'idée d'une attaque immédiate sur la France, la Belgique et la Hollande. Sur ordre de mon commandant en chef, j'accompagnai le capitaine von Pezold auprès des corps

26. L'OKH était le commandement de l'Armée de terre, l'OKW, le commandement de toutes les forces armées.

d'armée et des divisions de la 12e armée afin de recueillir des informations de première main. Les états-majors de tous les corps d'armée et de toutes les divisions que nous visitâmes confirmèrent avec la plus grande énergie, en toute franchise, les opinions émises par l'OKH. Dans la troupe, après une victoire si rapide sur la Pologne, il n'y avait aucun enthousiasme à recommencer les opérations militaires. La formation et l'équipement ne suffisaient pas pour une grande offensive à l'Ouest. Toutes les personnes interrogées me mirent en garde contre le danger qu'il y a à trop exiger des soldats. À ce moment-là, l'opinion la plus répandue était qu'une attaque aboutirait à une défaite catastrophique.

Le 1er novembre 1939, je fus nommé officier d'état-major en troisième à l'état-major du 12e corps d'armée qui, avec ses divisions, couvrait la ligne Siegfried des deux côtés de Sarrebrück. Là, je constatai *de visu* la justesse des avis qui nous avaient été donnés sur l'état des hommes et des matériels. Peu de temps avant Noël, nous reçûmes l'ordre d'empêcher une rencontre entre Hitler et le commandant en chef de l'Armée de terre, le général von Brauchitsch, dans le ressort de notre 12e corps d'armée. L'un effectuait une visite militaire du front ouest du nord vers le sud, l'autre du sud vers le nord. Leurs emplois du temps respectifs rendaient possible une entrevue autour de Sarrebrück. L'ordre de l'éviter à tout prix prouvait clairement la gravité de la mésentente entre Hitler et le commandant en chef de l'armée.

Au 12e corps d'armée, je constatai les failles de la ligne Siegfried tant vantée par la propagande. Rien n'était terminé, les forteresses n'étaient pas suffisamment pourvues en hommes et en munitions, alors que la zone de Sarrebrück passait pour la mieux armée. Pour tout dire, la ligne Siegfried n'était alors qu'un bluff réussi.

Peu de jours avant le début de la campagne de France, le 10 mai 1940, je fus nommé premier officier d'état-major (officier opérations) à la 86e division d'infanterie. C'était une division de seconde vague qui venait juste d'achever sa mobilisation et son entraînement au camp de Grafenwöhr. Le 10 mai, je me rendis à Coblence auprès du chef d'état-major opérations du groupe d'armées von Rundstedt, le colonel Blumentritt[27], afin de connaître la feuille de route de ma division. Dans l'antichambre, je fis la connaissance de celui qui allait influencer de manière décisive tout le reste de ma vie, le major Henning von Tresckow[28]. Je fus aussitôt frappé par sa personnalité exceptionnelle. On ne pouvait esquiver ni son regard, ni les questions qu'il posait avec une incroyable clarté. Quand il me demanda ce que je pensais de l'offensive prévue contre la France, je lui répondis ouvertement que je trouvais qu'il y avait des risques incalculables à lancer une opération d'une telle envergure avec des troupes si peu préparées. D'un point de vue strictement militaire, Tresckow semblait être d'une autre opinion, mais il laissait entendre à demi-mot son inquiétude quant à l'avenir politique de l'Allemagne. Je fus profondément impressionné de cet entretien assez court, car j'avais compris d'instinct que j'étais face à un homme à l'intelligence extraordinaire, doté d'un grand sens des responsabilités, d'un grand amour de la patrie et d'un esprit authentiquement prussien. D'emblée, il incarna pour moi le type d'homme dont mon père m'avait donné l'exemple et sur lequel on pouvait s'appuyer en toute confiance. Quand à la fin de la conversation, il me demanda de but en blanc si je serais prêt à travailler avec lui un jour où il aurait besoin de moi, j'acquiesçai sans aucune

27. Günther Blumentritt (1892-1967), bras droit de Rundstedt et de Manstein, ne se compromit jamais vraiment avec le régime. Il fut un des fondateurs de la Bundeswehr après la guerre.

28. Henning von Tresckow (1901-1944) fut un des piliers de la résistance militaire à Hitler. Protestant convaincu, marqué par les horreurs de la guerre de 1914 qu'il avait faite dans l'infanterie, il tenta d'unifier la résistance militaire alors qu'il était chef d'état-major du groupe d'armées centre sur le front de l'Est. Quand il apprit l'échec du coup d'État du 20 juillet, il se suicida avec une grenade. Son destin est indissolublement lié à celui de Gersdorff.

hésitation. Je ne devinais pas que je scellais ainsi un pacte à la vie et à la mort.

Au gré de nombreuses visites sur le front, j'avais connu en Pologne le baptême du feu. Mais c'est durant la campagne de France que je découvris le vrai visage de la guerre. Deux souvenirs sont restés particulièrement gravés dans ma mémoire.

À l'aube du 9 juin 1940, dans le cadre des opérations confiées à la 12e armée, la division devait mener l'assaut sur l'Aisne, dans le secteur de Rethel, afin d'ouvrir la voie à l'assaut des unités blindées du général Guderian qui s'apprêtaient à déferler sur la France. Nous savions qu'il y avait devant nous des forces françaises puissantes et capables de se défendre. Nous ne connaissions ni la position de leurs principales lignes de défense ni l'emplacement de leurs batteries d'artillerie. Sur ordre exprès d'Hitler, il n'y avait pas eu de reconnaissances actives ou de longues préparations d'artillerie afin de ne pas diminuer l'effet de surprise. À cette époque, je considérai cela comme une faute capitale. Dans le secteur de notre division, l'attaque fut particulièrement difficile. En raison de l'existence d'un canal de dérivation de l'Aisne, nous avions en fait deux rivières à franchir. Sur la base d'observations à distance, nous croyions que la principale ligne de défense française se trouvait entre les deux cours d'eau. Il s'avéra plus tard que ce n'était pas le cas. Notre assaut commença sans bruit, mais nous essuyâmes bientôt une vive riposte d'artillerie et de mitrailleuses à laquelle notre artillerie ne pouvait pas répondre efficacement par manque de moyens d'observation et d'éclairages pour guider les tirs. Notre infanterie réussit à franchir le canal et à occuper la bande de terre qui le séparait de l'Aisne. Mais il était impossible d'avancer davantage. Les troupes françaises se battaient remarquablement, et je constatai une fois de plus qu'outre le soldat allemand, il n'y avait pas de meilleur soldat au monde que le poilu français. Nous enregistrions des pertes importantes, particulièrement chez les officiers, si bien que la situation devenait critique. Lorsque je décidai d'aller sur la ligne de front avec un officier d'ordonnance afin de me faire une idée de la situation, nous vîmes arriver vers nous, venant du flanc gauche de la division, des soldats refluant en désordre. Ils avaient jeté une partie de leurs armes et montraient des signes évidents de panique. Leurs officiers et leurs sous-officiers étaient restés en avant. Mon officier d'ordonnance et moi-même arrêtâmes les fuyards, revolver au poing. Nous leur démontrâmes avec pédagogie qu'en arrière, le feu de l'artillerie serait encore plus violent. L'argument porta et la plupart firent demi-tour pour regagner leurs positions. J'étais certain que toute nouvelle attaque à cet endroit était vouée à l'échec. Sous un feu nourri, nous parvînmes au régiment qui tenait l'aile droite, un régiment qui venait de Westphalie. Malgré de lourdes pertes, il n'y avait aucun signe de débandade. La réussite de l'assaut ne semblait possible que si nous envoyions là le troisième régiment tenu en réserve. Afin de soumettre l'idée au général commandant la division, je retournai alors au poste de commandement de la division. Là-bas, la nouvelle était tombée que, dans un secteur voisin, l'assaut s'était mieux déroulé et que les unités panzers de Guderian avaient été engagées dans cette brèche. Avec cette percée, tout le front français fut ébranlé. Les troupes françaises qui nous faisaient face furent obligées d'abandonner leur position. Aujourd'hui encore, je pense que, sans l'ordre insensé d'Hitler de limiter au minimum les opérations de reconnaissance et la préparation d'artillerie, beaucoup de sang aurait été épargné.

Après la percée de l'Aisne, la plus grande partie de la division n'eut rien d'autre à faire que de marcher 20 ou 30 km par jour. Elle était précédée par un détachement avancé composé de la section de reconnaissance, de quelques compagnies motorisées et de batteries d'artillerie portée. Un jour, en faisant le trajet entre la division et le détachement avancé, je traversai un champ de bataille où, quelques heures auparavant, les spahis français, montés sur leurs chevaux arabes et berbères, avaient chargé nos mitrailleuses. Partout gisaient des spahis fauchés par la mitraille, entourés des robes blanches de leurs nobles montures. Sur la route, je vis arriver vers moi un étalon arabe particulièrement magnifique, sans cavalier, encensant de la tête, les rênes traînant sur le sol. La selle et le harnachement montraient qu'il devait s'agir du cheval d'un officier blessé ou mort. L'image terrible de ce champ de bataille laissa au cavalier passionné que j'étais une impression désolante. J'eusse voulu m'arrêter pour m'occuper des blessés et réunir les chevaux qui s'égaillaient en tous sens, mais je devais continuer. J'entendis alors, dans la radio de la voiture, que le chef du gouvernement français, le maréchal Pétain, avait proposé l'ouverture de négociations et qu'il fallait donc s'attendre à un cessez-le-feu prochain.

Quand j'atteignis notre détachement avancé, l'artillerie donnait à plein tube. L'aide de camp, le lieutenant Philipp von Boeselager[29], m'informa que le détachement s'était heurté à une forte résistance et qu'il fallait préparer une attaque méthodique.

J'ordonnai aussitôt le cessez-le-feu. Fort des nouvelles que je venais d'entendre, je décidai d'aller rencontrer les Français afin de parlementer avec eux. En toute hâte, un drap blanc fut posé sur la calandre de ma voiture. Je fis aussi confectionner un drapeau blanc avec un manche à balai et la chemise de nuit d'un Français. Un ancien garde-chasse qui savait sonner se proposa de nous accompagner avec une vieille trompe française. Avec un enthousiasme juvénile, Boeselager se joignit à moi et prit avec lui une bouteille de champagne afin de fêter le cessez-le-feu avec les Français. Je fis également venir un officier français prisonnier pour qu'il nous servît d'interprète et se portât garant de la sincérité de notre proposition. À tout moment, nous risquions de sauter sur les mines placées sur la chaussée.

29. Philipp von Boeselager (1917-2008) finit la guerre comme commandant. Il participa de manière active à la résistance avec son frère Georg. Il a laissé un ouvrage de souvenirs : *Nous voulions tuer Hitler*, Paris, Perrin, 2008.

Nous avancions donc avec la plus extrême prudence en direction du front français. Finalement, nous atteignîmes un village en partie en ruines qui avait déjà été évacué par les Français. Des civils terrifiés sortaient des caves à quatre pattes. Quand nous leur apprîmes la fin de la guerre, ils fondirent en larmes. Prudemment, nous continuâmes à avancer. Le sonneur jouait de toutes ses forces les fanfares de chasse qu'il connaissait : la mort du cerf, la mort du renard, la fin de la chasse, le salut des maîtres et ainsi de suite. Soudain, nous rencontrâmes des forces françaises. Je leur demandai de me conduire à l'officier du grade le plus élevé qu'ils pourraient trouver. Peu de temps après apparut un colonel français de belle prestance. Il resta devant moi, debout, à 10 pas de distance. Nous nous saluâmes, puis je lui déclarai que, après l'offre de cessez-le-feu du maréchal Pétain, je considérais comme mon premier devoir d'éviter une effusion de sang inutile. Je lui offris une capitulation dans l'honneur. Il me répondit qu'il ne savait rien de la proposition de cessez-le-feu et qu'il en appelait à mon honneur d'officier pour comprendre qu'il devait remplir son devoir et tenir la position. Je lui répondis que je respectais infiniment son point de vue, mais que je l'invitais à réfléchir à nouveau à ma proposition, eu égard à la situation désespérée dans laquelle se trouvaient ses troupes ; en peu de temps, une division entière serait prête à l'attaquer. Il refusa à nouveau. Je l'encourageai alors à se renseigner auprès de ses supérieurs. Je lui laissais deux heures. Si dans ce délai, il ne se manifestait pas dans nos lignes, nous donnerions l'ordre d'attaque. Nous nous séparâmes dans le plus parfait formalisme militaire. Le champagne ne fut pas débouché et nous fîmes demi-tour. J'informai Boeselager que je devais aller rendre compte de la situation au commandant de la division et que je le chargeais de faire respecter le délai promis aux Français. Pendant que j'étais en route pour le PC divisionnaire, le commandant du régiment d'infanterie de tête de la division arriva au détachement avancé. Boeselager lui dressa un tableau de la situation et lui expliqua les négociations en cours avec les Français. Le colonel, sourd aux objurgations répétées de Boeselager, souhaitait malgré tout donner immédiatement l'assaut avec son régiment. Boeselager prit alors son revolver, le plaqua sur la poitrine du colonel et expliqua qu'il veillerait au respect de la parole d'un officier allemand, si besoin par la force des armes. Terriblement impressionné par le comportement de ce jeune lieutenant d'à peine 20 ans, le colonel s'inclina. À l'expiration du délai, aucun Français ne s'était manifesté. L'attaque fut lancée conformément au plan. La position française fut enlevée presque sans résistance. On retrouva, mort dans une rue du village, le colonel français avec lequel j'avais parlementé. Manifestement, il s'était donné la mort.

Cet événement montre que, malgré la guerre et la violence des combats, l'esprit de chevalerie n'était pas encore totalement mort pendant la campagne de France. Il prouve avant tout qu'un jeune lieutenant plein de caractère peut en imposer à un officier de haut rang, dès lors qu'il y met toute sa conscience et tout son sens des responsabilités.

À partir de septembre 1940, ma division fut placée sur la ligne de démarcation. Nous occupions l'espace entre Bourges et Orléans. L'état-major de la division était installé dans un très beau château, où m'avait précédé une division wurtembergeoise. À mon arrivée, le premier officier d'état-major m'expliqua que, pour des raisons de sécurité, il avait installé dans les écuries le jeune comte et son épouse. Sans attendre l'avis du commandant de la division, je tirai de leurs écuries le propriétaire du château, qui venait d'être démobilisé, et son épouse, qui attendait leur premier enfant. Je trouvai sans délai une solution qui permît à tous de vivre dans le château, sans se gêner. Le propriétaire me fut reconnaissant d'avoir fait en sorte que son fils aîné naisse dans le château de ses pères.

À quelques exceptions près, nous nous efforçâmes de ne pas nous comporter en vainqueurs et en oppresseurs, mais d'agir en vrai gentlemen. Malgré la distance naturelle, les relations entre la Wehrmacht et la population française étaient bonnes ; il n'en allait pas de même avec les SS et les agents du parti.

Un jour, le commandant de la division reçut l'ordre d'accueillir dans notre secteur de la ligne de démarcation le maréchal Pétain et le chef de son gouvernement, Pierre Laval, pour les accompagner à Tours. Il s'agissait de la rencontre historique de Pétain et d'Hitler à Montoire, le 24 octobre 1940. Nous reçûmes les hommes d'État français avec tous les honneurs militaires. À la demande du maréchal, mon commandant de division monta dans sa voiture, pendant que Laval faisait le trajet avec moi, content de pouvoir enfin fumer. Il était d'une humeur absolument euphorique, convaincu que la rencontre avec Hitler allait permettre la réconciliation définitive de la France et de l'Allemagne. Il rêvait tout haut d'une Europe sous direction germano-française. Durant tout le trajet, qui dura plusieurs heures, il développa les magnifiques possibilités qui, selon lui, résulteraient de cette combinaison. Mon commandant de division m'expliqua plus tard que Pétain n'était pas du tout aussi optimiste et qu'il avait fait part de ses grandes hésitations. La dignité qui émanait du chef de l'État français fit sur moi une forte impression.

Au milieu d'avril 1941, je fus nommé officier de renseignements (IC) du groupe d'armées centre. Henning von Tresckow était le premier officier d'état-major opération du groupe (IA). Lors de la constitution du personnel de son état-major, il s'était souvenu notre conversation à Coblence la veille du début de la campagne de France. Il m'avait fait venir à son état-major grâce à ses excellentes relations avec le chef du personnel de l'armée, le général Schmundt, avec lequel il avait été lieutenant d'infanterie au 9ᵉ régiment de Postdam. Mon successeur comme premier officier d'état-major de la 86ᵉ division, le major von der Groeben, avait mis à ma disposition à Bourges, un véhicule pour me rendre à l'état-major stationné à Poznan. En route pour l'Allemagne, je fis un détour par Nancy pour aller saluer mon camarade de régiment Friedrich Wilhelm von Mellenthin. Alors que nous montions des pur-sang français sur le champ de course de Nancy, il me confia qu'Hitler s'était décidé à attaquer la Russie. C'était comme si j'avais reçu un coup sur la tête. Contrairement à Mellenthin qui débordait d'optimisme, j'eus tout de suite un mauvais pressentiment. J'eus d'abord à l'esprit la déroute napoléonienne de 1812, puis les innombrables ressources potentielles des Soviétiques en hommes et en matériel. Il m'apparaissait clairement qu'avec le déclenchement des hostilités à l'Est nous serions contraints de combattre sur deux fronts, comme pendant la Première Guerre mondiale. Je craignais aussi qu'en raison des succès obtenus pendant la campagne de France, et malgré la réserve de ses généraux, Hitler veuille s'immiscer de plus en plus dans le commandement militaire. Ici en France, était née la réputation d'Hitler chef de guerre. Il avait pourtant durant cette campagne commis de grandes fautes de commandement, qui permettaient à la Grande-Bretagne de continuer le combat depuis son île avec des forces presque intactes. L'ingérence d'Hitler dans la direction des opérations militaires lors de la bataille de Dunkerque avait eu pour conséquence de sauver de la destruction la plus grande partie du corps expéditionnaire britannique. Fin mai 1940, j'avais personnellement expérimenté comment la 12e armée avait été bloquée sur ordre exprès d'Hitler. Elle avait aussi reçu l'ordre de faire route vers le sud parce que ce dernier craignait que le flanc gauche de la faucille allemande fût menacé par une contre-attaque. Des officiers d'état-major étaient spécialement chargés de veiller à l'exécution des ordres d'Hitler, parce que le commandement et la troupe ne comprenaient tout simplement rien aux instructions données. Pendant la campagne de Russie, nous constatâmes l'obsession d'Hitler vis-à-vis des attaques de flanc.

À Berlin, je pris deux jours de permission pour revoir ma famille. Profondément bouleversée, ma femme me raconta la persécution des juifs qu'elle avait pu observer dans les rues de Berlin. Pour la première fois, elle se demandait pourquoi l'armée ne faisait rien pour mettre un terme aux agissements criminels nazis qui apparaissaient chaque jour plus évidents. Jusque-là, dans mes différents postes, ma résistance s'était limitée à faire obstacle aux agissements de quelques sous-fifres du parti national-socialiste. Il était clair que je ne pourrais pas venir seul à bout de l'hydre nazie. Où étaient les hommes qui, dans des postes à responsabilité, seraient prêts à agir ?

C'est avec de telles interrogations que je pris la route de Poznan à la rencontre de mon destin.

4.

SOLDAT DANS LA RÉSISTANCE

« Il faut choisir entre la révolte et la complicité. »

Ignazio Silone

Dès mon arrivée à Poznan, le 20 avril 1941, je me mis à la disposition de celui qui était désormais mon supérieur direct, Henning von Tresckow. Comme lors de notre première rencontre à Coblence, je fus à nouveau très impressionné par sa personnalité, par son charme et par la force de son rayonnement spirituel. Dès notre première conversation à mon nouveau poste, je perçus les talents de meneur d'hommes de Tresckow. J'avais le sentiment que je devais soit me soumettre totalement à cette autorité, soit obtenir au plus vite une mutation. Un tel homme ne supporterait aucun compromis. Mais puisque auprès de Tresckow, on avait le sentiment d'une noblesse absolue et d'une grande force de caractère, je n'hésitai pas un instant à me placer tout entier sous ses ordres.

Lors de notre premier entretien, Tresckow prévint qu'il régnait un style particulier à l'état-major du groupe d'armées. Il attendait de moi une loyauté et une franchise totales. Dans un état-major, l'officier de renseignements pouvait selon ses qualités, jouer un rôle très limité ou très important. Il me fit savoir qu'il espérait que je serais dans la seconde catégorie.

Le même jour, il m'envoya auprès de son collaborateur direct, Berndt von Kleist, qui en qualité d'officier en quatrième (O4) était un membre important du bureau opération. Précédé de sa réputation hérité de bon soldat et de grand seigneur, Kleist, ancien officier du premier régiment de la garde à pied comme Tresckow, me parut particulièrement aimable, quoiqu'il se comportât en monarque. Sa forte personnalité au sein de l'état-major du groupe d'armées et son caractère irréprochable lui valaient une position de premier plan et le surnom de « Rocher de bronze » [*sic*].

Je compris bientôt que l'officier d'ordonnance personnel de Tresckow, le lieutenant Fabian von Schlabrendorff[1], occupait aussi une position exceptionnelle. Cousin d'Henning von Tresckow, il était depuis l'été 1939 son plus proche confident. Par ses conseils et son implication personnelle, il joua un rôle essentiel dans les décisions difficiles qui conduisirent à la résistance active et finalement à la préparation de l'attentat et du coup d'État contre Hitler. Mais le rôle dirigeant de Tresckow ne fut contesté par personne. Sous sa direction, Fabian von Schlabrendorff multiplia les liens avec les organisations de résistance, à l'intérieur ou à l'extérieur du Reich. Nous autres, nous n'y participions pas au départ, parce que Schlabrendorff était probablement le plus silencieux des conjurés. Partageant les mêmes idées que les autres, il ne s'exprimait que par ses remarques ironiques et ses sarcasmes sans pitié. Tresckow, Schlabrendorff et Kleist formaient le noyau dur du groupe de résistance à l'intérieur de l'état-major du groupe d'armées.

1. Fabian von Schlabrendorff (1907-1980) était avocat de formation et officier de réserve, attaché à l'état-major de Tresckow. Il joua un rôle déterminant dans le putsch Stauffenberg. Arrêté après le 20 juillet, son procès fut interrompu par un bombardement allié qui tua Freisler, le procureur du Reich. Il fut ensuite envoyé en camp de concentration, mais survécut à cette épreuve. Il est l'auteur de *Officiers contre Hitler*, Paris, 1948, qui est l'un des principaux témoignages de première main sur le putsch Stauffenberg.

Le commandant en chef du groupe d'armées, le feld-maréchal Fedor von Bock[2], était un cousin de Tresckow. Sa stature et sa physionomie suffisaient à en imposer. Durant la campagne de Russie, j'eus l'occasion de découvrir ses talents stratégiques. Je n'hésite pas à dire qu'il avait un sens génial du commandement. Plus d'une fois, alors que nous étions dans une situation presque désespérée, alors qu'aucun de ses conseillers n'avait pu suggérer une issue, il proposait en quelques mots la seule solution réaliste à nos difficultés. Il méprisait ceux qui ne parvenaient pas à apprécier une situation ou qui n'étaient pas capables de prendre aussi vite et aussi clairement que lui les décisions stratégiques. Dans ces cas-là, il laissait apparaître une vanité et une arrogance qui ternissaient gravement son image. Tresckow reconnaissait le génie stratégique de son cousin, mais s'éloigna progressivement de lui en raison de son manque de caractère. Malgré le profond mépris intérieur de Fedor von Bock pour le régime national-socialiste, il n'accepta jamais de s'opposer sans compromis à Hitler.

Dans mon département du renseignement (IC/AO), le major de réserve Schach von Wittenau, mon adjoint, était un homme fort intelligent et de haute tenue. Très vite, nous nous aperçûmes que nous partagions les mêmes principes fondamentaux et les mêmes vues politiques. Il refusait le pouvoir personnel d'Hitler et le national-socialisme et en tirait les mêmes conséquences que moi, si bien que nous n'avions pas besoin de faire preuve de prudence l'un à l'égard de l'autre. Quand, en 1942, il fut forcé de quitter le front en raison d'une angine de poitrine, j'eus la chance que son successeur, le major de réserve Andreas von Knigge,

---

2. Fedor von Bock (1880-1945), officier monarchiste, fut élevé au maréchalat en 1940 après avoir commandé le groupe d'armées B lors de la campagne de France. Opposant au nazisme, il avait dit lors de la Nuit de cristal : « Il faudrait pendre ce cochon de Goebbels. » Son échec devant Moscou et les divergences stratégiques qui l'opposaient à Hitler le privèrent de tout service actif à partir de 1942. Il mourut avec sa famille en 1945 sous les bombes anglaises.

défendît les mêmes valeurs et les mêmes idées politiques. Parmi les autres officiers de mon département, un officier d'ordonnance, le lieutenant de réserve Conrad me plut tout particulièrement. Il était d'une nature intelligente, d'un caractère constant, ouvert et loyal. Il critiquait ouvertement le régime. Dans le service, il s'avéra un de mes collaborateurs les plus utiles.

Un groupe de l'*Abwehr*[3] – section renseignement extérieur – était détaché et subordonné au bureau renseignement du groupe d'armées. Il était rattaché au service de l'amiral Canaris[4] à l'OKW et ce groupe local joua un rôle important dans chacun de ses secteurs d'activité : *Abwehr I* (renseignement), *Abwehr II* (sabotage), *Abwehr III* (sécurité et contre-espionnage). Parmi les nombreux officiers de ce groupe, le chef de l'*Abwehr I*, le colonel Herrlitz, fut un collaborateur particulièrement fiable et sympathique. Il me fit découvrir un domaine d'activités tout nouveau pour moi. Durant la campagne de Pologne, j'avais fait la connaissance de la « grande éminence grise », l'amiral Canaris, dont le caractère taciturne ne nous avait pas permis d'échanger longuement. Pourtant, une sympathie réciproque naquit entre nous, qui demeura jusqu'à sa fin tragique. Il me témoigna constamment une confiance totale et, en retour, attendait de moi une franchise absolue. Il en alla de même avec son plus proche collaborateur, le colonel Oster[5].

3. Service de contre-espionnage de l'armée allemande purement militaire, indépendant du SD qui dépendait du RSHA inféodé au parti.

4. Wilhelm Canaris (1887-1945), amiral, prit la tête de l'*Abwehr* en 1935. Opposé à l'aventurisme militaire, il soutint en 1938 la tentative de coup d'État de Beck. N'ayant pas été soupçonné, il continua à jouer un double jeu compliqué jusqu'en 1944. Démis de ses fonctions, il fut arrêté et exécuté après le 20 juillet 1944.

5. Hans Oster (1887-1945) fut le plus proche collaborateur de Canaris à l'*Abwehr*. Il travailla avec Beck et Goerdeler à la mise en place du gouvernement qui aurait succédé au nazisme après la réussite de l'attentat Stauffenberg. Le portefeuille de l'enseignement lui était réservé. Il fut arrêté après le 20 juillet et exécuté.

En comptant les officiers de liaison avec l'aviation (FLIVO), les interprètes, les officiers politiques, le département renseignement (IC/AO) comptait environ trente officiers et quelques spécialistes. Pour la première fois, je commandais un grand bureau qui intervenait dans des domaines très différents. Naturellement, la recherche de renseignements sur l'ennemi était la priorité.

Le 10 mai 1941, je reçus ma première mission importante : le maréchal von Bock m'envoyait à Berlin dans son avion personnel pour que je m'informe des tenants et des aboutissants de l'évasion spectaculaire de Rudolf Hess[6] vers Angleterre. À l'OKW et à l'OKH, je me heurtai à une ignorance totale ou à un mur de silence. Grâce à quelques connaissances bien placées au ministère des Affaires étrangères, j'obtins finalement les informations nécessaires : manifestement, personne dans les hautes sphères du pouvoir politique ou militaire, Hitler compris, n'avait prévu le comportement impulsif du successeur désigné du Führer. Avec une relative certitude, on pouvait conclure qu'étaient fausses toutes les spéculations sur l'éventualité que Hitler ou une autre autorité eût donné son aval à l'aventure de Hess. Chez tous les responsables régnaient une grande nervosité et une grande agitation. Tous espéraient que le vol solitaire s'achèverait par un crash en mer et que Hess n'atteindrait jamais l'Angleterre. Ernst Udet, le célèbre général de la Luftwaffe, était le seul à croire que les compétences aériennes de Hess étaient suffisantes pour qu'il atteignît l'Angleterre ou une autre destination de son choix. Des recherches récentes ont montré que Hess avait pris sa décision

6. Rudolf Hess (1894-1987), haut dignitaire nazi, dauphin présumé d'Hitler après Goering, s'envola secrètement pour la Grande-Bretagne le 10 mai 1941, sans doute pour négocier une paix de compromis avec Londres. Officiellement désavoué par Hitler, il semble qu'il ait agi de son propre chef. Churchill ne donna jamais suite à cette initiative, le prenant pour un illuminé. Condamné à la prison à vie à Nuremberg, il mourut en 1987 à la prison de Spandau, les Soviétiques s'étant toujours opposés à sa libération.

en discutant avec Albrecht Haushofer[7] et son père, mais n'avait mis personne d'autre dans la confidence.

Plus tard je fus envoyé avec l'officier d'état-major en charge de la logistique (IB), le major Günther Gericke à une conférence à l'état-major de l'OKH à Zossen. À notre grande surprise, un grand nombre de hauts gradés de la SS participaient à la réunion. Dans le cadre de la préparation générale de l'approvisionnement et de la logistique de la campagne de Russie, nous avons été informés par un officier d'état-major du quartier-maître général[8], le major Schmidt von Altenstadt, que des unités SS appelées *« SS-Einsatzgruppen »* seraient chargées de missions spéciales dans le secteur d'action de notre groupe d'armées. Ces *Einsatzgruppen* ne seraient pas subordonnés aux autorités militaires. Ils nous seraient seulement rattachés pour les questions d'approvisionnement et seraient incités à collaborer avec nous. Les hautes instances militaires auraient le droit d'exiger le retrait des *Einsatzgruppen* de la zone de combat « s'ils troublaient le bon déroulement des opérations par les unités militaires ». Nous ne reçumes que des informations vagues sur les missions dévolues aux *Einsatzgruppen.* Pour l'essentiel, ils seraient utilisés à des tâches de police, de sécurisation des arrières et de maintien de l'ordre. Le mot juif ne fut pas prononcé une seule fois lors de l'exposé. Malgré tout, nous soupçonnâmes aussitôt que ces *Einsatzgruppen*[9] seraient

7. Karl Haushofer (1869-1946) et Albrecht Haushofer (1903-1945), son fils, patriotes sincères mais nullement nazis, ont posé les bases de la géopolitique moderne. S'appuyant sur une analyse géographique des rapports de forces, ils avaient mesuré le danger d'une guerre sur deux fronts et étaient convaincus que la guerre contre la Russie causerait la perte de l'Allemagne. Hess avait été un des étudiants de Karl. Le jeune Albrecht Haushofer a entretenu des liens étroits avec les hommes du 20 juillet. Il fut exécuté par les SS en avril 1945.

8. À l'état-major de l'OKH, le quartier-maître général était en charge de la logistique.

9. Ce sont ces unités qui procédèrent aux massacres qu'on a appelé la « Shoah par balles ».

engagés dans des actions contre l'importante population juive qui résidait dans l'Ouest de la Russie.

Dans le secteur du groupe d'armées centre, l'*Einsatzgruppe* B devait être commandé par un *SS-Oberführer*[10] dont j'ai oublié le nom. De retour au groupe d'armées centre, je rendis compte à Tresckow de la situation. Il déploya toute son énergie, mobilisa toutes ses relations pour obtenir que soit nommé à la tête de l'*Einsatzgruppe* B l'*Oberführer* Arthur Nebe[11], directeur du service criminel du Reich. Tresckow savait que Nebe était un adversaire résolu du national-socialisme, un criminologue de renommée internationale et un homme convenable. Il fut très heureux que ses efforts portent leurs fruits. Tresckow me chargea d'entretenir les relations les plus étroites avec Nebe et son état-major afin d'avoir, dans la mesure du possible, connaissance des actions ou des projets des *Einsatzgruppen*. Ces précautions – qui ne furent pas prises par le groupe nord et le groupe sud – s'avéreraient très utiles, même si elles ne nous permettraient pas d'empêcher tous les crimes.

En mai 1941, je reçus l'ordre de participer à un exercice sur carte de collaboration du groupe d'armées centre et de la deuxième flotte aérienne (feld-maréchal Kesselring). À cette occasion, je fus confronté pour la première et, Dieu soit loué, dernière fois à l'extravagante prodigalité de la Luftwaffe. À chacun des trois officiers d'état-major général du groupe d'armées centre qui participaient à l'exercice

10. Équivalent à un grade intermédiaire entre colonel et général de brigade.

11. Arthur Nebe (1894-1945) est une personnalité très ambiguë, criminel de guerre pour les uns, résistant pour les autres, à moins que ce ne soit les deux à la fois. Haut fonctionnaire de la sécurité du Reich, il fut successivement officier de la Gestapo, chef de la PJ du Reich, puis chef du RSHA (service central de sécurité du Reich), la plus haute autorité sécuritaire de la SS. Après avoir commandé l'*Einsatzgruppe* B, il rejoignit Berlin. Troublé par les massacres auxquels il avait été mêlé, as du double jeu, il rejoignit le groupe Stauffenberg et fut un acteur important du 20 juillet. Il le paya de sa vie en mars 1945.

avaient été attribués deux voitures, un trésorier et une ou deux jeunes *Blitzmädchen*[12] qui nous attendaient à l'arrivée sur l'aéroport de Bruxelles. On nous remit des bons d'habillement et des liquidités énormes. Manifestement, on attendait de nous que nous achetions tous les tissus, bijoux ou fourrures que nous aurions pu désirer. Aussi passai-je pour un fou lorsque je refusai l'enveloppe et les bons d'habillement, ne prélevant qu'un modeste pécule destiné à mes dépenses quotidiennes. Le logement et les repas, dans le meilleur hôtel de Bruxelles, étaient d'un luxe que je n'avais encore jamais vu. À l'occasion d'un incroyable repas d'adieu à la Taverne royale de Bruxelles, Kesselring me demanda si cela me plaisait. Je lui répondis avec retenue, tout en avouant que tout était exceptionnel. Alors le maréchal me confia : « Voyez ce que le *Reichsmarschall*[13] m'a dit récemment : Kesselring, je ne viendrai plus chez vous, la nourriture est trop commune. Chez Sperrle et Richthofen, c'est bien meilleur. » Une fois de plus, je constatai que les vertus prussiennes étaient mortes et bien mortes. Lorsque je confiai cela au colonel Mölders qui était assis à côté de moi, et qui mourrait un peu plus tard dans un mystérieux accident d'avion, il me répondit qu'il me comprenait parfaitement ; mais il était bien seul.

L'expérience la plus significative que j'aie vécue dans ces semaines précédant le début de la campagne de Russie se produisit début juin 1941. Un jour, je trouvai sur mon bureau deux documents qui nous étaient transmis pour information : l'ordonnance relative à la réduction du rôle des cours martiales et l'ordonnance des commissaires.

12. Auxiliaires féminines de la Luftwaffe. Elles avaient la réputation d'être de mœurs légères et de servir souvent « au repos du guerrier ». Quoiqu'il en soit, ces personnels féminins faisaient fantasmer les autres armées, confinées au front dans un monde exclusivement masculin.

13. Titre d'Hermann Goering, chef de la Luftwaffe.

La première ordonnait que les soldats de la Wehrmacht qui commettraient des crimes contre la population civile en Union soviétique ne fussent plus, comme auparavant, immédiatement traduits et jugés par une cour martiale. Les poursuites contre de tels crimes, également condamnables au regard du droit international, étaient laissées à la discrétion de l'autorité militaire responsable de la discipline – par exemple un commandant de division. Ce dernier avait la possibilité d'abandonner les poursuites ou d'ordonner une sanction administrative bénigne, comme des jours d'arrêt. Ces solutions étaient particulièrement recommandées lorsqu'il s'agissait d'un soldat expérimenté ou décoré. Dans la pratique, cette ordonnance revenait à priver de ses droits fondamentaux la population russe, qui n'était plus protégée contre le meurtre, le vol ou le viol.

La *Komissärbefehl* – l'ordonnance des commissaires – disposait que tous les commissaires politiques de l'Armée rouge qui seraient faits prisonniers devraient être séparés du lot commun et être sommairement exécutés sur ordre de tout officier disposant du pouvoir disciplinaire.

À l'époque, je ne savais pas que ces ordres clairement criminels correspondaient aux grandes lignes qu'avait exposées oralement Hitler le 30 mars 1941 au commandant en chef des trois armes de la Wehrmacht lors d'une réunion à la chancellerie du Reich. Les commandants en chef n'avaient élevé aucune protestation publique lorsqu'ils avaient pris connaissance des opérations « Nuit et brouillard[14] » et des « Principes généraux pour les zones spéciales » qui prévoyaient notamment l'emploi des *Einsatzgruppen.* L'OKW et l'OKH tentèrent par la suite, en vain, d'adoucir les ordres d'Hitler, ou du moins de ne pas les coucher par écrit. Le commandant en chef de

14. Décret de Keitel inspiré de la réplique de Siegfried dans la *Tétralogie* de Wagner : « Tu vas bientôt sombrer dans la nuit et le brouillard. » Il permettait de faire disparaître, sans aucune procédure et sans aucune trace, toute personne dont le Reich souhaitait se débarrasser.

l'armée, le feld-maréchal von Brauchitsch[15], et le chef d'état-major général, le général Halder[16], firent quelques efforts en ce sens, sans succès. En réponse l'OKH promulgua le 24 mai 1941 une ordonnance relative « à la préservation de la discipline dans la troupe », dont le but était de limiter les effets des ordres criminels.

Quoique j'ignorasse ces préambules, je fus aussitôt saisi du caractère monstrueux de ces ordres. Pour la première fois, la Wehrmacht se voyait expressément ordonner des crimes même si, dans des conversations informelles, Hitler avait déclaré devant le corps des généraux qu'il n'exigerait jamais cela de la troupe. J'allai aussitôt voir Tresckow. Malheureusement, nous n'avions plus aucun pouvoir pour empêcher la transmission des ordonnances aux unités sur le terrain, puisque les ordres du grand quartier général avaient été transmis directement aux armées et aux corps d'armée placés sous le commandement du groupe d'armées centre. Tresckow établit un contact téléphonique avec les groupes d'armées nord et sud et ordonna que l'avion de notre commandant en chef fût préparé pour un décollage immédiat. Nous allâmes ensuite voir le feld-maréchal dont la petite villa n'était qu'à quelques centaines de mètres de nos bureaux. En route, alors que nous traversions un petit parc, Tresckow s'arrêta soudain et me dit : « Gersdorff, si nous n'arrivons pas à convaincre le maréchal de s'envoler séance tenante pour aller voir Hitler et imposer le retrait de ces ordres,

15. Walther von Brauchitsch (1881-1948), maréchal, successeur de von Fritsch, commanda l'OKH jusqu'en décembre 1941. Son manque de courage face à Hitler lui aliéna la confiance d'une partie du corps des officiers, même s'il tenta, en plusieurs circonstances, de limiter les conséquences des ordres du Führer. L'échec devant Moscou mit fin à sa carrière et Hitler prit alors personnellement le commandement de l'OKH.

16. Franz Halder (1884-1972), général à l'OKH, adjoint de Brauchistch, tomba en disgrâce en 1942 à la suite de divergences d'opinions avec Hitler sur le front de l'Est. Il joua un rôle de second plan dans le coup d'État du 20 juillet.

alors le peuple allemand sera chargé d'un péché que pour des centaines d'années, le monde n'oubliera pas. Cette faute, il n'y aura pas seulement Hitler, Himmler, Goering et leurs comparses qui devront en répondre mais aussi vous et moi, votre femme et la mienne, vos enfants et les miens, la vieille femme devant nous qui entre dans une boutique, l'homme, là, qui fait du vélo sous nos yeux et le petit enfant, là-bas, qui joue au ballon. Pensez à ce que je viens de vous dire. » J'étais très impressionné par la calme gravité avec laquelle il avait prononcé ces mots ; je dois reconnaître que je ne compris que plus tard leur pleine signification. Je ne les ai jamais oubliés et, aujourd'hui encore, c'est comme si je les avais entendus hier.

Le feld-maréchal von Bock, qui avait participé à la réunion des commandants en chef à la chancellerie le 30 mars 1941, aurait dû s'attendre à de tels ordres. Mais il se montra stupéfait lorsque je commençai à parler. Il m'arracha les papiers des mains et les lut lui-même. Il frappa alors plusieurs fois du poing sur la table en s'exclamant : « C'est absolument incroyable, c'est absolument monstrueux. » En tout cas, il lui apparaissait clairement qu'il s'agissait d'ordres criminels. Quand il demanda : « Que pouvons-nous faire maintenant ? », Tresckow lui répondit : « Fedi, j'ai fait préparer ton avion. Il est prêt à partir. Tu dois tout de suite t'envoler pour rejoindre Hitler, mais pas seul. Pars avec Rundstedt et Leeb (les commandants des groupes d'armées sud et nord). Exigez d'Hitler, un pistolet sur sa poitrine, le retrait immédiat des ordonnances scélérates. Hitler a rompu les engagements qu'il avait pris vis-à-vis de vous. Si vous le menacez de démissionner, il devra céder. » Alors Bock lança : « Et s'il nous met dehors ? » Tresckow répondit : « Alors tu auras au moins gagné une sortie réussie devant l'histoire. » Bock ajouta : « Hitler vous enverra Himmler pour me succéder. » Et Tresckow de conclure : « Avec lui, nous en aurons bientôt fini. »

Bock nous fit ensuite attendre dans son antichambre où se trouvaient les bureaux de ses officiers d'ordonnance Karl Hans von Hardenberg[17] et Heinrich von Lehndorff[18], qui depuis longtemps étaient partisans de la résistance. Tous les quatre, nous entendions le feld-maréchal arpenter à grands pas son bureau. Il nous rappela et, s'adressant à moi : « Gersdorff, vous prenez tout de suite mon avion et vous allez à l'OKH. Là-bas, demandez le général Eugen Müller et dites-lui que le feld-maréchal von Bock élève les plus vives protestations contre les ordonnances et exige leur abrogation immédiate. Au cas où Müller[19] n'accepterait pas, alors exigez, en mon nom, un entretien avec le commandant en chef de l'armée, le feld-maréchal von Brauchitsch. » Hors de lui, Tresckow cria : « Fedi, c'est de la folie pure. Qu'est-ce que le général Müller peut dire à Gersdorff ? Tu dois aller toi-même voir Hitler et tout de suite, avec Rundstedt et Leeb. » Bock laissa tomber : « Non, j'ai pris ma décision et je m'y tiendrai. »

Une demi-heure plus tard, j'étais dans l'avion pour Berlin où le général Müller, que je connaissais en sa qualité d'ancien commandant de la *Kriegsakademie*, m'attendait dans son bureau. Je lui transmis mon message avec toute l'énergie voulue. Il me répondit : « Cher Gersdorff, que croyez-vous donc que nous avons fait dans cette affaire ? Nous avons fait l'impossible. Nous considérons ces ordres exactement comme le groupe d'armées. Au cours de nombreux entretiens personnels avec Hitler, le feld-maréchal von Brauchitsch a tenté d'obtenir leur suppression, ou du moins leur modification.

17. Karl Hans von Hardenberg (1891-1958), officier de réserve, fut déporté à Sachsenhausen pour sa participation au coup d'État du 20 juillet, mais survécut.

18. Heinrich von Lehndorff (1909-1944), officier de réserve, fut pendu à Plötzensee pour avoir participé au complot Stauffenberg.

19. Eugen Müller (1891-1951) était un général d'état-major en charge de l'administration des territoires occupés à l'OKH. C'était un sous-ordre. Il ne pouvait en aucun cas faire revenir Brauchistsch ou Hitler sur les décisions prises. En envoyant Gersdorff au lieu de se rendre lui-même à Berlin, Bock condamnait la tentative à l'échec.

Tout cela a été vain. Lors de sa dernière visite, un encrier a même volé. Il n'ira plus voir le Führer. Notre "ordonnance pour la préservation de la discipline dans la troupe" est la seule chose que nous ayons pu faire. Pour le moment, avec la meilleure volonté du monde, on ne peut faire mieux. » Conformément aux ordres, je demandai un entretien personnel avec le feld-maréchal von Brauchitsch. Müller me rétorqua qu'il était en visite d'inspection auprès des troupes et ne reviendrait qu'une semaine plus tard environ. Je ne pouvais pas attendre si longtemps, c'aurait été pure folie. Le soir même, je m'envolai à nouveau pour Poznan. Aussitôt posé, je courus à la villa du feld-maréchal von Bock. Je fus immédiatement introduit dans la salle à manger dans laquelle Bock partageait son dîner avec Tresckow, ses deux officiers d'ordonnance et le nouveau chef de l'état-major général du groupe d'armées, le général Hans von Greiffenberg. Aussitôt Bock me demanda : « Alors, qu'avez-vous obtenu ? » Lorsque je lui eus exposé le total échec de ma mission, un silence pesant s'installa. Alors il dit, avec un ton presque triomphant : « Messieurs, je constate que le feld-maréchal von Bock a protesté. » À ce moment-là, je pensai aux mots de Ponce Pilate : « je m'en lave les mains ».

Il faut reconnaître que, dans la période qui suivit, le haut commandement du groupe d'armées, comme tous les commandants d'armée qui étaient sous les ordres de Bock, fit les plus grands efforts pour empêcher la mise en œuvre des ordonnances criminelles, ou du moins pour les adoucir autant que possible. L'opposition unanime à ces ordres de toutes les hautes autorités militaires créa un front commun qui, du moins dans notre secteur, permit d'éviter le pire. Nous n'évitâmes cependant pas que le contenu de ces ordonnances fût connu, du moins oralement, jusqu'au niveau de la compagnie. Le commandement et les troupes soviétiques eurent très vite connaissance du comportement des soldats allemands vis-à-vis des prisonniers de guerre. Cela démultiplia à l'extrême la force de résistance des unités soviétiques et coûta aux troupes allemandes des flots de sang.

Outre les conséquences désastreuses de ces ordonnances, Tresckow et moi, son confident, étions convaincus que le commandement militaire avait perdu sa dernière chance de conserver son indépendance vis-à-vis de l'idéologie folle d'Hitler. Si, conformément à la proposition de Tresckow, des maréchaux résolus avaient posé un ultimatum clair à Hitler, peu de temps avant le début des opérations contre l'Union soviétique, ce dernier eût été obligé de reculer. L'attentisme du haut commandement militaire est une tache sur l'honneur de l'armée allemande ; il la rend complice de la suite des événements. De plus, la capitulation des généraux devant Hitler fut pour lui un formidable succès de prestige. Il savait désormais qu'il pouvait tout se permettre à l'égard des plus hauts gradés de l'armée.

Quelques jours avant le début de l'assaut, le groupe d'armées centre transféra son quartier général de Poznan à Rembertow, près de Varsovie. Là, je rencontrai pour la première fois le chef de l'*Einsatzgruppe* B, Arthur Nebe, et son aide de camp, le SS-*Standartenführer* Schultz[20], qui avaient été affectés à notre groupe d'armées. À la différence de la plupart des autres chefs SS, ils donnaient l'impression d'être de vrais officiers. Leur allure était modeste et courtoise. Ils m'assurèrent qu'ils m'informeraient immédiatement et avec précision de toutes les missions et de toutes les opérations menées par leurs commandos. Mais lorsque j'essayai à plusieurs reprises de mieux connaître les objectifs qui leur avaient été assignés, ils restèrent très flous. Nebe et moi avions décidé de nous entretenir, au moins une fois par semaine. Aussi souvent que possible, Nebe assisterait au briefing quotidien du feld-maréchal ou à celui de son chef d'état-major et de son officier opérations. Je pris contact avec des pincettes ; Nebe ignorait mes opinions politiques, je ne tenais pas à ce qu'il sût que je connaissais les

20. Il ne fut pas inquiété après-guerre et finit chef de la police de Brême.

siennes à l'égard du national-socialisme. Mais, après les premières semaines de la campagne de Russie, nos relations se firent plus franches et plus confiantes, de même qu'avec son aide de camp qui lui était très proche.

Le département « armée étrangère est » de l'OKH nous avait fourni un exposé très complet de la situation de l'ennemi, qui fut largement confirmé pendant la période de la bataille des frontières. En revanche, les projets stratégiques des soviets étaient beaucoup moins clairs depuis leur marche en avant vers l'Ouest à la suite des opérations de 1939 en Pologne. L'organisation et l'équipement de leurs unités ainsi que l'interrogatoire des prisonniers de guerre nous laissaient penser qu'à long terme, ils préparaient une offensive en direction de la Prusse orientale et de la Pologne ou du moins une défense offensive de leurs frontières. Pourtant, il apparaissait que les forces soviétiques n'étaient pas prêtes à une offensive d'envergure en juin 1941. Elles étaient en cours de réorganisation et de rééquipement. Les divisions de cavalerie devaient être transformées en unités blindées et toutes les divisions blindées devaient être équipées de véhicules à moteur et de T 34, le nouveau char tout juste sorti des planches à dessin, supérieur à tous les panzers allemands en service. Il est difficile de dire à quelle date les Soviétiques auraient été capables de se lancer d'eux-mêmes dans une grande offensive. Je ne partage pas l'avis de certaines publications d'après-guerre d'après lesquelles il aurait fallu compter avec une offensive soviétique en août 1941. J'ai toujours pensé et pense encore cette hypothèse erronée, pour des raisons d'organisation et d'équipement.

Malgré tout, au regard de l'impressionnant effort militaire russe, Hitler avait sans doute de bonnes raisons de croire qu'une guerre préventive contre l'URSS était nécessaire ; il avait quoi qu'il en soit prévu de la mener dans le cadre de sa politique mondiale, et lança donc les opérations au moment qui lui semblait favorable. Il comptait que Staline briserait tôt ou tard le pacte germano-soviétique, en raison de l'opposition de deux systèmes et de l'état de ses préparatifs militaires. Mais, en dépit de nombreux avertissements, Staline ne voulait tout simplement pas croire à une offensive allemande. Malgré un grand nombre d'informations des services secrets annonçant une offensive allemande imminente, malgré les données communiquées par Richard Sorge, l'espion d'origine allemande qui travaillait pour l'Union soviétique et avait transmis à Moscou depuis Tokyo le 15 mai 1941 la date exacte de l'attaque contre la Russie – le 22 juin –, les forces allemandes trouvèrent un ennemi tétanisé par la surprise. Une heure avant l'assaut, des trains de marchandises traversaient encore la frontière chargés de produits à destination de l'Allemagne. Il existe d'innombrables preuves que l'effet de surprise joua à plein : le jour-même de l'attaque, à l'aube, le chef d'état-major général de la troisième armée soviétique stationnée à Grodno était parti pêcher. Tout près de la frontière, les troupes allemandes rencontrèrent des divisions de cavalerie soviétique qui avaient déjà rendu leurs chevaux, mais pas encore reçu leurs chars. Sans moyens de transport, cloués sur place, simplement équipées d'armes légères, elles n'opposèrent qu'une très faible résistance.

Il est indéniable que pendant les premières batailles aux frontières, la puissance militaire de l'Armée rouge s'avéra infiniment plus faible que ce que nous attendions. Les insuffisances du commandement, la mauvaise qualité de l'armement et l'effet de surprise nous permirent de briser rapidement la résistance des Soviétiques en presque tous les points. À l'été 1941, la force combative et le moral des troupes soviétiques étaient très bas. Il y eut quelques exceptions spectaculaires, comme la forteresse de Brest, dont la défense héroïque durait encore alors que les troupes d'assaut allemandes atteignaient le Dniepr. Mais ce ne fut pas la règle générale.

Avant la fin de la bataille de Minsk, le général Hoth, commandant le troisième groupe de panzers, demanda l'éloignement du front des *SS-Einsatzgruppen*, car ils troublaient le déroulement des opérations militaires et semaient le désordre dans la troupe. À notre demande, Nebe ordonna aussitôt à ses commandos de se retirer. Il nous fit savoir par la suite, à plusieurs reprises, qu'Himmler le pressait constamment d'envoyer à nouveau en avant les *Einsatzkommandos*. Après quelques semaines, le groupe d'armées y consentit, dans la mesure où aucun agissement criminel contre la population civile russe n'avait été porté à sa connaissance. Pendant les premières semaines, nous n'avons pas davantage eu vent de l'exécution de commissaires politiques soviétiques si bien que nous pouvions croire que les efforts du haut commandement pour saboter « l'ordonnance des commissaires » avaient réussi.

En juillet 1941, le quartier général du groupe d'armées centre – qui avait déjà été transféré à Baranowitschi – s'installa dans la petite ville de Borissow sur la Bérézina. J'y fis une rencontre particulièrement instructive. Un haut fonctionnaire du parti se présenta à moi comme le chef d'un « commandement avancé de Moscou » dont le siège était provisoirement à Varsovie. Il m'expliqua que, pour le moment, il voulait seulement faire connaissance et prendre des contacts. En effet, selon lui, après l'encerclement de Moscou par l'armée, son unité devait traverser le front pour entrer dans la ville et y assurer « une mission de sécurisation », Hitler ayant ordonné qu'aucun membre de la Wehrmacht ne pénétrât dans Moscou. Comme nous n'avions jamais entendu parler de son unité dans la hiérarchie militaire, je fis aussitôt faire des recherches, qui confirmèrent l'identité de mon visiteur. Puisqu'il semblait fort volubile, j'essayai de lui soutirer toutes les informations possibles. Il me rapporta qu'Hitler avait prévu de fixer la frontière est du Reich sur une ligne Bakou, Stalingrad, Moscou, Leningrad. À l'est de cette ligne serait instaurée une « ceinture de feu » jusqu'à l'Oural dans laquelle toute vie humaine serait anéantie. Il s'agissait de décimer par la faim les 30 millions de Russes qui vivaient dans cette gigantesque zone en en confisquant tous les vivres. Les hommes engagés dans cette opération se verraient interdire, sous peine de mort, de donner à un Russe ne serait-ce qu'un quignon de pain. Les grandes villes de Leningrad jusqu'à Moscou devraient être rasées. Le SS-Führer von dem Bach-Zelewsky serait en charge de l'application de ce programme. S'exprimant avec un grand calme et un parfait sang-froid, sur le ton de la conversation, mon visiteur m'expliqua que, dans les nouvelles régions de l'Est, on allait édifier des forteresses SS à proximité des nœuds de communication importants. Elles serviraient à l'accueil de grandes unités SS, de forces aériennes, d'unités spéciales ou de soutien logistique. Le pays environnant serait dirigé du haut de ces forteresses. Les Russes seraient purement et simplement réduits en esclavage afin de contribuer à l'exploitation optimale des régions conquises, sur les plans agricole et industriel. Après la défaite de la Russie, on introduirait en Allemagne un service militaire de trois ans au cours duquel les conscrits se formeraient un an dans la mère patrie avant de servir deux ans sur la frontière militaire de l'Est.

Dans le cercle de plus en plus étroit qui se formait autour de Tresckow, mon rapport sur les propos de mon déplaisant visiteur nous convainquit qu'il ne suffisait pas d'éviter le pire et qu'il fallait entreprendre quelque chose. Jour après jour, la fronde s'accrut parmi les fidèles de Tresckow. Ils réclamaient à cor et à cri l'acte qui permettrait notre libération à tous. Mais au départ, à la différence de la plupart d'entre nous, Tresckow restait prudent. L'essentiel pour lui était d'avoir à sa disposition des collaborateurs sur lesquels il pût se reposer entièrement. À cette époque, en dehors de Schlabrendorff et de Berndt von Kleist, personne n'avait une idée exacte de ses plans, des liens qu'il avait noués et des actions qu'il avait entreprises en vue d'une résistance active. Mais dans notre petit cercle, on en parlait beaucoup. Nous étions convaincus que la liquidation d'Hitler était la seule solution pour sauver du naufrage le Reich et le peuple. Avec une lucidité extraordinaire, en cet automne 1941 où les succès militaires l'emportaient sur les revers, Tresckow nous dressa un tableau prophétique de la fin de l'Allemagne, telle qu'elle se produisit finalement en 1945. Mes camarades et moi étions profondément impressionnés par sa personnalité hors du commun et son impassible constance. Dans ma vie, j'ai rencontré beaucoup de personnages illustres ; mais pas un qui eût le rayonnement spirituel et la force de caractère d'Henning von Tresckow.

Dans les mois qui suivirent, différents événements militaires, politiques et personnels déterminèrent mon passage de l'opposition passive à la résolution assumée de me rendre coupable de haute trahison. Il me fallut surmonter les inhibitions qu'avaient nouées mon dressage à l'obéissance militaire, mes préjugés de caste, mes principes religieux et surtout mon serment à Hitler.

À cette époque, d'un point de vue strictement militaire, j'étais accaparé jour et nuit par la définition des orientations stratégiques de la guerre. Avant le début de la campagne de Russie, les plans avaient été arrêtés au point que nous étions censés atteindre après la bataille des frontières. Au-delà, Hitler réservait visiblement sa décision puisqu'il escomptait, à tort, une destruction rapide du potentiel militaire soviétique. L'état-major du groupe d'armées centre proposa un plan pour une grande opération contre Moscou. L'attaque en masse par toutes les forces blindées disponibles aurait permis d'encercler de vastes territoires autour de Moscou par une large opération en tenaille. Au groupe d'armées, nous étions convaincus que le gros de l'Armée rouge serait cerné, capturé et anéanti. Nous pensions aussi que la perte de Moscou serait d'une importance stratégique essentielle, car elle porterait un coup fatal à la capitale politique de la Russie et à l'un des nœuds ferroviaires les plus importants du pays. L'OKH partageait la même vision stratégique et soutint la proposition du groupe d'armées en vertu du fameux principe selon lequel, il faut poursuivre l'assaut dans la direction où il rencontre le plus de succès. Mais Hitler voulait une grande opération du groupe d'armées sud en direction de l'est afin de mettre la main sur les richesses agricoles de l'Ukraine, sur les gisements de minerai du bassin de Donetsk et sur le pétrole de Bakou. Ses plans étaient guidés par des considérations économiques qui lui semblaient prioritaires sur l'objectif de la victoire militaire et l'anéantissement des forces ennemies. Il s'opposait à une opération contre Moscou parce qu'il craignait une attaque de flanc contre le front sud qui devait nécessairement s'étirer. Cette obsession des attaques de flanc était récurrente ; elle s'était déjà manifestée lors de la campagne de France.

Le 4 août 1941, accompagné du chef des opérations de l'OKH, le général Heusinger[21], Hitler se rendit au quartier général du groupe d'armées à Borissow, afin d'exposer ses décisions aux grands chefs de l'armée. Quoique la propagande fît état de nombreuses visites du Führer sur le front auprès des troupes, ce fut en fait la première et pour longtemps l'unique fois où Hitler se déplaça sur le terrain. Après de longs débats houleux, il fit connaître ses ordres. En pratique, pour le groupe d'armées centre, cela signifiait l'arrêt d'une offensive couronnée de succès. Encore plus lourd de conséquences fut l'ordre donné de diluer l'usage des forces blindées. La deuxième armée blindée qui occupait l'aile droite du groupe d'armées centre, devait être mise à la disposition du groupe d'armées sud pour la bataille de Kiev ; le troisième groupe blindé irait dans la vallée de Valdai soutenir le groupe d'armées nord qui devait attaquer en direction de Leningrad.

Malgré cette décision, l'OKH et le groupe d'armées ne renonçaient pas à imposer leurs solutions stratégiques dans la poursuite des opérations à l'Est. Finalement, Bock et Halder

21. Adolf Heusinger (1897-1982) eut un destin singulier. Après quatre ans de guerre à l'état-major de l'OKH, il fut blessé dans l'attentat Stauffenberg, ce qui lui sauva probablement la vie. Il était lié aux conjurés et ses blessures retardèrent l'interrogatoire de la Gestapo. Il contribua ensuite à la mise sur pieds de la Bundeswehr. Il finit sa carrière comme président du comité militaire de l'OTAN de 1961 à 1964.

décidèrent d'envoyer au quartier général d'Hitler le commandant de la deuxième armée blindée, le général Guderian, particulièrement bien en cour auprès du Führer. Il devait faire une dernière tentative pour convaincre Hitler du bien-fondé d'une offensive en direction de Moscou. Le 23 août, Guderian vint nous rejoindre à Borissow, au quartier général du groupe d'armées où se trouvaient aussi Halder, afin de fixer avec Bock la feuille de route de sa mission auprès d'Hitler.

En sa qualité de fondateur et d'inventeur de la stratégie de l'arme blindée, Guderian était convaincu de la justesse de l'action contre Moscou. Surtout, en raison de l'état des troupes et des conditions de circulation sur les routes russes, il considérait l'idée du Führer de détourner l'attaque sur la droite techniquement inapplicable, voire fatale. Il paraissait donc presque décidé à résister à cette décision. Le même jour, il fut reçu au quartier général d'Hitler. Il y présenta ses objections contre le plan retenu, mais il fut manifestement impuissant à circonvenir Hitler. Finalement, Guderian ne se contenta pas de l'assurer qu'il obéirait à ses ordres, il alla jusqu'à lui proposer d'engager le 24e corps blindé, dont il venait de soutenir qu'il était incapable de participer à l'attaque. Quand Halder informa au téléphone le feld-maréchal von Bock de l'échec total de la mission de Guderian, ce dernier s'exclama : « Celui-là, quel tigre de papier ! » Mais Hitler avait à nouveau gagné.

À mon avis, c'est la décision la plus mauvaise et la plus lourde de conséquences jamais prise par Hitler ; elle entraînerait finalement la perte de la guerre. Depuis le début, Tresckow avait deviné les catastrophiques faiblesses d'Hitler en matière stratégique. À partir de ce moment-là, il fut plus que jamais convaincu de la nécessité de l'éliminer dès que possible, si l'Allemagne voulait éviter de plonger dans un désastre sans nom.

Certains événements politiques levèrent nos derniers doutes sur la nature criminelle d'Hitler. L'état-major du groupe d'armées centre avait installé son quartier général près de Krasny-Bor, à quelques kilomètres au nord de Smolensk. Un jour, un de mes bons amis silésiens, Manfred von Heydebrand, pénétra dans mon bureau, blanc comme un linge. Aussitôt, je lui offris un cognac, pensant qu'il supportait mal les trajets en avion. Mais il m'expliqua d'une voix tremblante que le Junkers 52 qui l'avait emmené d'Allemagne pour rejoindre le front avait fait escale à Borissow. Sur le terrain d'aviation, il avait entendu un roulement continu de tirs de pistolets et de mitrailleuses. Peu après le redécollage, à faible altitude, il avait assisté à une monstrueuse orgie de massacres. Sans aucun doute possible, il avait vu des SS assassiner bestialement des milliers de personnes.

Nous connaissions l'existence, de part et d'autre de la Bérézina à proximité de Borissow, d'un ghetto comptant environ 12 000 juifs. Lorsque notre quartier général y était établi, beaucoup de juifs avaient travaillé pour nous comme artisans ou personnel de service. Le feld-maréchal von Bock avait reçu le représentant de la communauté juive et lui avait explicitement promis sa protection et son aide personnelle.

La Bérézina marquait la frontière entre la zone militaire du groupe d'armées et le Commissariat civil de la Russie blanche. Puisque le ghetto se trouvait sur la rive est du fleuve, il relevait toujours de la responsabilité du groupe d'armées. En toute hâte, j'informai Tresckow et demandai des comptes à Nebe, qui sembla sincèrement surpris. Immédiatement, Nebe prit le petit avion Fieseler Storch que nous avons mis à sa disposition et se rendit à Borissow, distant de 200 km, pour mettre fin aux événements. Bien évidemment, nous donnâmes également ordre par radio aux autorités militaires de cesser les massacres. Mais il était trop tard ; quand Nebe pénétra à Borissow, les opérations étaient depuis longtemps terminées. Les juifs avaient été tués jusqu'au dernier, sans distinction d'âge ou de sexe, hommes, femmes, enfants, nourrissons. Nebe nous rendit compte de l'enquête de commandement qu'il avait aussitôt diligentée : le chef d'un petit commando de l'*Einsatzgruppe* qui avait la charge de protéger le ghetto de Borissow était parti en vacances en Allemagne. Sur la route, il avait fait halte à Minsk pour rendre visite à un de ses camarades de la SS. À cette occasion, il lui avait demandé de jeter un œil sur le commando de Borissow durant son absence et de faire au mieux là-bas. Ce SS était allé quelques jours plus tard à Borissow et avait trouvé le ghetto intact. Quoiqu'il fût sous l'autorité du Commissariat civile de la Russie blanche et qu'il n'eût aucune autorité légitime de l'autre côté de la Bérézina, à Borissow est, il avait fait appel à un commando de SS lettons[22] et ordonné « la liquidation » des juifs. Tout se déroula de la manière la plus horrible. Tout d'abord, les juifs eurent à creuser de longues et profondes tranchées. Ensuite, nus comme des vers, par groupe de 100, ils y furent poussés par les SS lettons qui les exécutèrent à la mitrailleuse. Sans vérifier s'il y avait des survivants, le dernier groupe de juifs fut forcé de piétiner ceux qui venaient d'être exécutés avant d'être abattu à son tour. Un SS a été surpris à exécuter d'une balle dans la tête un nourrisson qu'il tenait par la jambe avant de le jeter dans la fossc. Vcnant du terrain d'aviation de Neugier basé à proximité, quelques soldats de la Luftwaffe furent pris de rage meurtrière et tirèrent de toutes leurs armes sur les juifs amassés dans les tranchées. Des scènes d'horreur se déroulèrent au bord des fossés. Il y eut des tentatives de fuite désespérée, des jeunes juives qui s'offrirent à leurs bourreaux pour sauver leur vie ou celle de leur enfant. Tous finirent de la même manière, sous la mitraille SS.

Toutes affaires cessantes, le feld-maréchal convoqua à Smolensk le commissaire civil de Minsk, le dénommé Kube[23], pour qu'il s'expliquât et assumât la responsabilité de son immixtion

22. La Lettonie avait été occupée en 1939 par l'URSS dans le cadre du pacte germano-soviétique. Les communistes s'y sont si mal comportés qu'une partie importante de la population s'est jetée dans les bras de l'envahisseur allemand. Les unités SS recrutées sur place – Hitler considérait les Lettons comme des aryens – ont été parmi les plus sauvages en Russie, notamment dans la chasse aux juifs.

23. Wilhelm Kube (1887-1943) était un nazi singulier. Il voulait nazifier le christianisme et déjudaïser le Christ. Commissaire civil à Minsk, il fut assassiné par une jeune fille qui plaça une bombe dans son lit.

dans le ressort du groupe d'armées. Nous demandâmes que le chef SS nous fût livré afin de le juger devant une cour martiale – Tresckow avait demandé à Bock qu'il fût fusillé séance tenante. Avec Koch, son collègue d'Ukraine, Kube était l'un des gouverneurs SS les plus brutaux. Il fit répondre fort insolemment au feld-maréchal qu'il n'avait qu'à se déplacer lui-même à Minsk ; pour sa part, il ne comptait pas perdre son temps à chercher où se trouvait le quartier général du groupe d'armées. De même, il refusa catégoriquement de livrer le SS coupable de ces atrocités. Le groupe d'armées ne put même pas connaître son nom. Quant au commandant militaire de Borissow, il se suicida, se sentant responsable de n'avoir pas, par négigence, empêché un massacre.

Contre la protection que le service de sécurité du Reich (RSHA) fournissait à Kube et à ses subordonnés de la SS ou du SD, le groupe d'armées était pratiquement impuissant. Il va de soi que l'affaire fut transmise au plus vite, par les canaux les plus variés et sous les formes les plus détaillées, à l'OKH. En 1946, au procès de Nuremberg, je vis dans le dossier de l'accusation les rapports que j'avais moi-même rédigés et signés. Sur le coin supérieur droit du document figurait une mention manuscrite : « le commandant en chef de l'armée en a eu connaissance, Sievers (?), lieutenant-colonel à l'état-major général ». L'affaire avait donc été rapportée au commandant en chef de l'OKH, le feld-maréchal von Brauchitsch. Quelles conclusions en avait-il tirées ? Nous l'ignorons ; lui-même en 1945 ne se rappelait plus de rien[24]…

---

24. Cette affaire de Borissow joua un rôle déterminant dans la résistance allemande. Ce fut probablement le premier cas avéré qui permit aux officiers allemands de mesurer l'ampleur de la logique exterminatrice du national-socialisme. On en parla beaucoup dans les états-majors. Stauffenberg a expliqué que l'affaire de Borissow avait été pour lui un facteur déclencheur de sa volonté d'assassiner Hitler. Cf. Jean-Louis Thiériot, *Stauffenberg*, Paris, Perrin, 2009.

L'affaire de Borissow marqua durablement le cercle qui entourait Tresckow et leva les dernières réticences à la lutte contre Hitler et son régime. Un peu plus tard, nous entendîmes parler d'autres massacres de masse contre les juifs à l'initiative du Commissariat civil, non seulement sur nos arrières, mais aussi tout le long du front. Après la guerre, en qualité de témoin ou d'expert lors des procès des criminels de guerre, je constatai que Nebe avait envoyé des rapports sur les exécutions au RSHA, exécutions qu'il avait désavouées devant nous.

Lors de mes fréquentes visites au front, je fus souvent interpellé par des officiers, jeunes ou moins jeunes, sur ces événements dont les récits bouleversants faisaient le tour des popotes. Je veillai personnellement à ce que les massacres de Borissow fussent mentionnés dans le journal de marche du groupe d'armées. J'ajoutai un extrait d'un rapport que j'avais rédigé lors de mes déplacements : « À l'occasion des longs échanges que j'ai eus avec les officiers, j'ai été interrogé sur l'exécution des juifs. J'ai acquis la conviction que l'exécution des juifs, des prisonniers, ou des commissaires est rejetée presque universellement par le corps des officiers. L'exécution des commissaires est particulièrement réprouvée car elle renforce considérablement la combativité des forces ennemies. Les exécutions sont considérées comme une atteinte à l'honneur de l'armée allemande, en particulier à celui du corps des officiers. »

À cette époque, la formulation de notre journal de marche frisait la haute trahison. Le soir de cette douloureuse journée, Tresckow encouragea encore une fois le feld-maréchal von Bock à prendre l'avion pour aller interpeller Hitler sur la question des massacres. Mais, comme il l'avait fait à Poznan pour l'ordonnance des commissaires, Bock refusa d'intervenir personnellement.

En dehors de la question des juifs, nos principales préoccupations tenaient au traitement des prisonniers de guerre russes et à la mise en œuvre de l'ordonnance des commissaires. Je mentionnai donc ces deux points dans notre journal de marche. Il est évident que, dans le secteur du groupe d'armées centre, les prisonniers de guerre russes étaient nettement moins nombreux que ne l'annonçaient les communiqués officiels de la Wehrmacht, mais en nombre suffisant malgré tout pour poser des difficultés quasiment insurmontables en matière d'hébergement et de ravitaillement. Sans compter qu'Hitler avait interdit d'utiliser les rations de nos troupes pour nourrir les prisonniers, qui devaient tirer eux-mêmes leur subsistance de leur pays dévasté. L'approvisionnement des prisonniers de guerre relevait officiellement du quartier-maître général, mais je décidai de m'y intéresser, avec l'officier chargé de la logistique, parce que la promesse d'un traitement convenable était le meilleur moyen d'obtenir un fort taux de désertion chez l'ennemi. Après la bataille de Roslaw-Smolensk et avant la bataille d'encerclement de Wjasma-Briansk, les camps de transit connaissaient une situation catastrophique. Les prisonniers y étaient amenés à marches forcées, et mouraient d'épuisement par milliers sur la route. Lorsque le feld-maréchal von Bock constata de ses propres yeux que les geôliers allemands abattaient les traînards et les blessés, il prit sans délai les choses en main. Dans un ordre comminatoire, il indiqua que l'exécution de prisonniers serait punie des plus lourdes sanctions. Toutefois, la situation sanitaire s'aggravait constamment dans les camps de transit, et nous ne pouvions qu'accélérer autant que possible le transfert des prisonniers vers l'Allemagne, nous heurtant constamment au manque de moyens de transport et au sabotage des lignes de chemin de fer par les partisans russes. Dans ces conditions désespérées, le traitement des centaines de milliers de prisonniers était effrayant et désespérant, malgré les efforts que déployaient les autorités militaires.

En revanche, l'ordonnance des commissaires n'a été appliquée que dans un très petit nombre de cas. Personnellement, j'ai pu sauver un grand nombre de commissaires politiques qui avaient été conduits au quartier général en raison de leur grade et de leur importance. Nous les forcions à arracher leurs insignes afin qu'après interrogatoire ils pussent être traités comme des prisonniers de guerre ordinaire. Malheureusement souvent, dans les camps de prisonniers, ils furent dénoncés par leurs propres camarades.

Mais au front, il est clair qu'il y eut des cas d'exécution, surtout quand les troupes allemandes avaient constaté l'exécution de blessés allemands restés sur le champ de bataille. Même dans ce cas, le commandement tenta de limiter les mesures de rétorsion pour des raisons humanitaires. Dans le journal de marche de la 28e division d'infanterie, on lit par exemple : « Les personnels de la division ont été particulièrement choqués par les cruautés commises sur les blessés dans le secteur d'opérations de la 28e division. Le commandant de la division, le général Sinnhuber, a exigé que ne soit appliqué aucun ordre qui contreviendrait aux lois de la guerre. Ainsi l'ordonnance des commissaires n'a-t-elle pas été mise en œuvre au sein de la division. »

La connaissance de l'ordonnance des commissaires par les Soviétiques eut pour effet d'augmenter significativement la capacité de résistance et la combativité de l'Armée rouge. Généralement aimés par les soldats soviétiques et jouant en quelque sorte le rôle de « mère de la compagnie », les commissaires avaient tendance à pousser leur unité à se battre littéralement jusqu'à la dernière cartouche, parce qu'ils préféraient encore tomber au combat plutôt qu'être exécutés en prison.

Puisque les arguments humanitaires ne suffisaient pas à infléchir Hitler, le mot d'ordre du côté de l'OKH et de tous les services du front était d'insister sur le coût de l'ordonnance en sang allemand afin d'obtenir son abrogation. Même des « vieux camarades » – des anciens compagnons d'armes du parti – invités sur le front rejoignirent le mouvement. Un véritable flot de mémorandums et de rapports furent envoyés au commandant en chef de la Wehrmacht (OKW) et à Hitler. On raconte que Keitel[25] et

25. Chef d'état-major de l'OKW, à ce titre responsable de toutes les forces armées, Wilhelm Keitel (1882-1946) se fit remarquer par sa servilité à l'égard d'Hitler. On le surnommait dans l'armée « *Lakeitel* », le laquais Keitel. Il fut condamné à mort à Nuremberg.

Bormann[26] refusèrent invariablement de transmettre ces documents à Hitler et s'efforcèrent d'éviter toute confrontation orale sur le sujet. Un document du 23 septembre 1941 réclamant l'abolition de l'ordonnance des commissaires et émanant de l'OKH, est ainsi annoté : « le Führer a refusé toute modification de l'ordonnance en vigueur pour le traitement à réserver aux commissaires politiques ».

Ce n'est que le 6 mai 1942 qu'Hitler baissa les armes, justifiant l'abandon de l'ordonnance des commissaires en ces termes : « Afin de faciliter les désertions ou la reddition des troupes soviétiques encerclées, le Führer ordonne que la vie sauve puisse, en cas de besoin, être garantie aux commandants, commissaires et *politruk*[27]. »

Un autre sujet nous préoccupait beaucoup, non seulement pour des raisons morales mais aussi de responsabilité à l'égard de nos subordonnés : les ordres personnels d'Hitler concernant le traitement à réserver à la population russe. Plus le groupe d'armées centre pénétrait profondément en Russie blanche, plus nous agissions de manière criminelle, plus il nous apparaissait évident que nous gâchions nos chances. Après le franchissement de la frontière polonaise, les troupes allemandes pénétrèrent dans un pays où la plupart du temps elles étaient accueillies en libératrices. Le commandement militaire essaya d'exploiter au mieux cette situation, ouvrant notamment les églises qui avaient été fermées et en partie détruites par les soviets. Nous fûmes témoins de scènes inoubliables. De partout, se levait une foule immense de paysans russes qui se rassemblaient pour pouvoir à nouveau assister à un office religieux. Certains amenaient avec eux les dépouilles exhumées de proches, enterrés depuis longtemps, afin qu'ils puissent recevoir une absoute et reposer en terre bénie. Beaucoup nous serraient les mains avec reconnaissance ou baisaient nos vareuses.

---

26. Martin Bormann (1900-1945) était le secrétaire particulier d'Hitler.
27. Officiers politiques.

Particulièrement magnifiques furent les offices célébrés dans la somptueuse cathédrale de Smolensk, rouverte après que les soviets l'avaient transformée en musée de l'athéisme, tournant en dérision les popes russes et la foi orthodoxe. Tout autant que la réouverture des églises, nos mesures pour rétablir la propriété privée eurent des effets incroyables. L'attribution d'un lopin de terre, d'une vache ou de quelques chèvres fit accourir la population des campagnes. Nous comprîmes qu'il était possible et même facile de vaincre le communisme en Russie. Si nous avions poursuivi cette politique d'occupation et si nous avions garanti à la population une certaine forme d'autoadministration nationale, nous aurions, bien plus que par les exactions des SS, ébranlé le système soviétique. Bientôt courut la rumeur qu'Hitler avait été pris d'une rage folle en apprenant les mesures prises dans ce secteur du front. Nous dûmes mettre un terme à la réouverture des églises et même en refermer beaucoup. Nous fûmes forcés d'arracher aux paysans les terres et le bétail que nous venions de leur confier. Alors commença la propagande sur le thème des sous-hommes – *untermenschen.* Après quelques mois, la belle euphorie de la libération du joug soviétique s'était naturellement envolée. L'hostilité à l'égard de l'envahisseur allemand s'accrut en proportion. Les partisans qui agissaient en arrière du front allemand étaient jusque-là presque tous recrutés parmi les soldats de l'Armée rouge qui avaient été dépassés par nos troupes. Désormais, un grand nombre de civils les rejoignait ou du moins leur apportait aide et assistance. L'*Ostpolitik* d'Hitler jeta les bases de la « grande guerre patriotique » russe contre l'envahisseur allemand, qui causa de lourdes pertes à nos troupes, sans parler de difficultés d'approvisionnement croissantes.

Les lettres que nous recevions du pays augmentaient encore la pression qui pesait sur nos épaules. Dans presque toutes ses lettres, mon épouse évoquait la persécution des juifs de Berlin. Profondément bouleversée, elle me parlait de cas qui lui avaient été racontés par des amis ou dont elle avait été elle-même témoin. Un jour, elle m'écrivit que la Gestapo avait arrêté et déporté à l'est, pour une destination inconnue, une vieille dame juive que nous aimions beaucoup et qui habitait près de notre domicile de Brückenallee, dans le quartier de Hansa. Dans ses lettres, ma femme posait toujours les mêmes questions : « Que deviennent ces malheureux ? Ou les emmène-t-on ? Quel crédit apporter aux rumeurs selon lesquelles ils seraient envoyés en Pologne ou dans les pays baltes ? » Comme notre courrier était envoyé directement depuis le bureau de poste du groupe d'armées, il échappait dans une large mesure à la censure.

Au même moment, les rapports se multipliaient sur les exactions arbitraires et criminelles du parti en Allemagne, qui représentait un danger croissant pour le moral de la troupe. Ces informations étaient transmises par le groupe d'armées de la manière la plus énergique à l'OKH. Parmi les causes de la fronde de l'état-major du groupe d'armées figuraient en premier lieu les déportations massives des juifs allemands en direction des camps de concentration dont les noms ne nous étaient pas encore connus, en dehors de Dachau et d'Oranienburg. Tout cela nous poussa aux décisions que nous prîmes en 1942-1943.

Je fus aussi marqué, au début de l'automne 1941, par mes retrouvailles avec mon ami Paul Yorck von Wartenburg[28]. Il

28. Paul Yorck von Wartenburg (1902-2002), juriste, fut un membre éminent de « l'Église confessante » qui refusait la mainmise nazie sur les protestants allemands. Gravement blessé en 1943, il accueillit et cacha des juifs dans sa propriété de Klein-Öls. Arrêté après le coup d'État de Stauffenberg, il survécut à la déportation et fut après-guerre un des fondateurs de la CDU. Son frère Peter n'eut pas cette chance (1904-1944). Il fut l'un des fondateurs du cercle de Kreisau qui, sous l'autorité de Helmuth James von Moltke, se réunissait dans la propriété de ce dernier à Kreisau. Le cercle produisait des documents proposant les bases politiques, économiques et morales sur lesquelles l'Allemagne pourrait être reconstruite après la chute d'Hitler. La plupart des membres du cercle apportèrent un soutien actif au complot Stauffenberg et furent exécutés. Parmi eux, Peter Yorck von Wartenburg. Les grandes lignes du programme de Kreisau ont inspiré la Loi Fondamentale *(Grundgesetz)* de la RFA. Ludwig Erhard, le père du « miracle allemand », avait fait partie du cercle de Kreisau.

arrivait directement de Varsovie, où il avait fait une période de réserve, et se rendait au front.

Paul Yorck était le descendant direct du feld-maréchal Ludwig Yorck von Wartenburg qui, en 1812, contre la volonté de son roi, avait signé la convention de Taurrogen qui avait donné le signal du combat de libération contre Napoléon[29]. La plupart des héritiers du feld-maréchal avaient été tout à la fois des savants de haut rang et des soldats exceptionnels. Le père et le grand-père de Paul Yorck étaient des philosophes et hommes de lettres reconnus qui, dans leur château silésien de Klein-Öls, avaient créé une atmosphère intellectuelle particulièrement riche. Le philosophe Wilhelm Dilthey faisait partie du cercle de Klein-Öls.

Quand Paul Yorck hérita de la propriété que le feld-maréchal avait reçue en dotation après la chute de Napoléon, il veilla, avec ses frères et sœurs, à poursuivre la tradition que lui imposaient les devoirs de sa maison. C'était l'un des propriétaires terriens les plus modernes et les plus sensibles aux progrès de toute la Silésie. Sur les terres du domaine de Klein-Öls, il fit des réformes dont les résultats permirent peu ou prou de réaliser le progrès social que promettait le parti. Pour cette raison, il fut et resta un conservateur révolutionnaire. C'était toujours une expérience particulière d'être l'hôte de Klein-Öls et, aujourd'hui encore, je suis très heureux et reconnaissant à la Providence d'avoir été le témoin de l'esprit particulier de cette maison et l'ami de Paul Yorck. Il était presque inévitable que lui et ses frères devinssent des opposants passionnés à un

29. La Prusse avait été obligée de suivre Napoléon dans la campagne de Russie. Voyant l'échec de l'empereur et la retraite, Yorck avait pris sur lui de rompre l'alliance française et de signer un accord avec les Russes à Taurogen. Félicité pour cette initiative, couvert d'honneurs par le roi, il reste, en Allemagne, un modèle de l'esprit d'indépendance qui doit animer les généraux. L'exemple du maréchal Yorck fut beaucoup utilisé par les conjurés autour de Stauffenberg pour convaincre les hésitants qu'agir contre les ordres reçus n'était pas forcément infâmant.

régime qui avait déclaré en même temps la guerre au christianisme, à l'intelligence et à l'humanité. C'est avant tout sa foi chrétienne, paisible et chevillée à l'âme, qui conduisit Paul Yorck à une hostilité sans compromis au régime. Hitler était pour lui l'Antéchrist ou « le mal en soi » comme il l'expliqua plus tard à Claus Stauffenberg ; naturellement il refusa de prêter serment à Hitler. Yorck avait fait son service militaire dans mon escadron à Brieg. Quand, avant sa promotion au premier grade d'officier de réserve, on lui présenta une déclaration de fidélité et d'obéissance à Hitler, il refusa de la signer, tout comme son plus jeune frère Hans. Malgré les objurgations du général von Kleist commandant le VIIIe Wehrkreis, il ne revint pas sur sa décision. Les deux frères partirent donc sur le front de Pologne comme maréchaux des logis de réserve. Hans tomba parmi les premiers, tandis que Paul fut promu officier pour récompense de son courage devant l'ennemi, sans avoir jamais prêté serment. Il faut avoir connu cette époque pour mesurer la somme de courage que représente un tel comportement, quand des milliers d'officiers de réserve souscrivaient à cette déclaration, de gré ou de force.

À l'occasion de sa visite au quartier général du groupe d'armées centre, Yorck me raconta par le menu les crimes monstrueux commis par les SS et le SD en Pologne, contre les civils polonais, les juifs et les tziganes. Il réclama de la manière la plus impérieuse une intervention massive du commandement militaire pour mettre fin aux exactions criminelles des nationaux-socialistes. À l'époque, j'en savais encore trop peu sur les plans et les perspectives d'une résistance organisée pour pouvoir lui donner des informations précises. Je ne pus que lui dire que, dans notre état-major, la plupart des officiers étaient partisans d'une action de l'armée même si nous n'avions pas encore réussi à convaincre le haut commandement militaire à l'est d'engager l'acte libérateur. Yorck laissa exploser sa colère, dénonçant avec une dureté inouïe la trahison du corps des généraux. Il pensait que s'ils n'entraient pas immédiatement en résistance, il leur faudrait porter la coresponsabilité de crimes inimaginables.

J'organisai un entretien entre Yorck et Tresckow qui s'avéra décevant parce que Tresckow était trop occupé, et surtout beaucoup trop prudent s'agissant d'une première rencontre. Yorck, qui n'était pas de nature aussi précautionneuse que Tresckow, ne pouvait pas le comprendre.

À l'automne 1941, la conduite de la guerre à l'Est par Hitler fut placée sous le signe d'une grotesque stratégie du zigzag. Au milieu du mois de septembre, l'armée obtint un grand succès à la bataille de Kiev qui avait été menée contre la volonté de l'OKH et du groupe d'armées centre. Hitler jubilait. Fier de son triomphe, malgré la pluie qui transformait les chaussées russes en fondrières – la *Schlammperiode*[30] –, malgré l'approche de l'hiver, il ordonna de repartir à l'assaut en direction de Smolensk. Cette offensive était soumise à d'extraordinaires contraintes de temps. Les forces nécessaires à une opération d'une telle envergure devaient être regroupées. La deuxième armée blindée de Guderian fut retirée du théâtre d'opération le 26 septembre 1941, avant même la fin de la bataille de Kiev, afin de rejoindre ses positions de départ pour la nouvelle opération, sur le flanc droit du groupe d'armées centre. Elle y parvint le 30 septembre au prix d'une marche forcée terriblement imprudente. Des dizaines de milliers de soldats soviétiques furent abandonnés pour ne pas freiner la chevauchée des troupes allemandes, de telle sorte qu'ils purent se réfugier dans les forêts et y constituer une armée de partisans bien organisée sur les arrières du front.

La 4e et la 9e armée avec les 3e et 4e groupes de panzers qui étaient mis à leur disposition, commencèrent leur attaque le 2 octobre. Avant le commencement de la *Schlammperiode*, il restait au mieux deux à trois semaines pour conclure l'opéra-

30. Période entre l'automne et l'hiver où les routes et pistes russes sont submergées par la boue, et donc impraticables.

tion avec succès. L'exécution d'un large mouvement en tenaille autour de la capitale soviétique devenait de ce fait impossible. Il avait donc été décidé que les deux pinces du groupe d'armées, c'est-à-dire l'aile nord et l'aile sud, se rencontreraient à Viazma, assez loin à l'ouest de Moscou. Parallèlement, Hitler avait ordonné au groupe d'armées sud de poursuivre son avance vers le sud-est en direction de Stalingrad et au groupe d'armées nord de continuer sa marche en avant. À l'opposé d'une stratégie centripète dont l'esprit est de concentrer les forces pour obtenir une victoire décisive, Hitler optait – faute capitale – pour une stratégie centrifuge, qui ne permit de remporter que des succès partiels, et causa à terme l'échec de l'ensemble de la campagne de Russie.

Le 19 octobre, au soir de la bataille de Viazma, il ne faisait aucun doute que nous avions remporté une grande victoire. Des forces armées ennemies considérables avaient été enveloppées et détruites. La multitude des prisonniers de guerre, le matériel saisi ou détruit conduisirent Hitler à l'idée folle que les forces soviétiques avaient été battues d'une manière si décisive qu'elles n'étaient plus capables d'opérations d'envergure. Cette erreur de jugement amena aussitôt côté allemand à des mesures de démobilisation partielle et à une baisse de la production d'armement. Mais elle ne tenait compte ni du potentiel humain et matériel de l'Union soviétique, ni des forces qui étaient prêtes à agir en Extrême-Orient et qui étaient particulièrement bien équipées pour le combat hivernal.

J'eus bientôt la preuve de la grande détermination de Staline après la sévère défaite de la bataille des frontières et de ses capacités stratégiques. Pendant la bataille de Viazma, un général soviétique avait été fait prisonnier. Il avait enlevé les insignes de son grade et s'était mis à notre disposition pour servir comme « Hiwi[31] » auprès d'une de nos divisions d'infanterie.

31. Les *Hilfswilliger* étaient des prisonniers de guerre soviétiques qui servaient comme auxiliaires volontaires de l'armée allemande.

Des prisonniers de guerre russes le reconnurent et nous le dénoncèrent comme étant un haut fonctionnaire du parti et le commandant de l'armée. En novembre 1941, je fis sa connaissance à l'occasion d'un interrogatoire. Il me raconta les choses suivantes : en sa qualité de fonctionnaire de l'industrie d'armement de Moscou, un mois après l'entrée de l'armée allemande en Union soviétique, au milieu du mois de juillet 1941, il avait été convoqué à une réunion au Kremlin. Parmi les hauts fonctionnaires et les généraux régnait une atmosphère particulièrement tendue. Dans une inquiétude générale, ils se communiquaient leurs angoisses, fumant cigarette sur cigarette et traçant pour l'avenir de sombres perspectives. Seul, Staline paraissait totalement serein, regardant avec un sourire amusé ses généraux affolés. Enfin, il avait froidement annoncé ses décisions. Il prévoyait l'évacuation de l'industrie moscovite et la création de plusieurs armées de milices destinées à protéger la capitale. Pendant la réunion, Staline nomma mon interlocuteur commandant en chef d'une de ses armées – la 32e ou 34e selon mon souvenir – puis, l'entraînant vers une fenêtre de la salle qui se trouvait à un étage élevé du Kremlin, il dit au malhcurcux fonctionnairc, qui n'avait aucunc cxpéricncc militaire ni aptitude particulière au haut commandement : « Si tu es battu, je te jetterai moi-même du haut de cette fenêtre. » Cette perspective avait poussé le général fraîchement nommé à se rendre après la défaite complète de son armée.

Mais du côté allemand, la bataille de Viazma avait aussi causé de lourdes pertes, qui ne pouvaient qu'être insuffisamment comblées. La capacité offensive de nos unités avait largement baissé. La boue de la *Schlammperiode* avait presque réduit à néant la mobilité de nos troupes et rendait impossible une exploitation stratégique de la victoire. Quelques semaines plus tard seulement, l'hiver arriva. La troupe allemande n'y était nullement préparée, malgré les mises en garde du groupe d'armées sur le manque de vêtements d'hiver ; les unités de première ligne perdaient à vue d'œil leurs capacités de combat, souffrant des difficultés d'approvisionnement aggravées par la guerre des partisans. En dépit de tout cela, le haut commandement ne fit rien ou presque rien. S'agissant des vêtements d'hiver, le quartier général se paya de mots, déclarant que la guerre était pratiquement achevée et que les troupes passant l'hiver dans des abris chauffés, chaque compagnie n'aurait besoin que de deux ou trois fourrures et paires de bottes de feutre pour les sentinelles qui veilleraient à l'extérieur.

Mais, en méconnaissance absolue de la véritable situation sur le front, l'OKH ordonna la poursuite de l'assaut contre Moscou.

Malgré l'arrivée de la période de gel, le 18 et le 20 novembre, le groupe d'armées centre repartit à l'assaut depuis la ligne Mzensk-Kaluga-Kalinin qui venait d'être atteinte. L'objectif fixé à la 2e armée panzer, Gorky, était utopique et fut abandonné au profit de Kolomna, au sud-est de Moscou. La ligne d'action générale était une avancée vers Moscou et le canal de la Volga.

Conduite par des unités allemandes affaiblies physiquement et matériellement, l'attaque se heurta à un adversaire qui avait reconstitué ses forces, puissamment aidé par le « général hiver ». Les moteurs refusaient de démarrer ; les locomotives gelaient ; seule arrivait à destination une petite partie des 32 trains quotidiennement nécessaires à l'approvisionnement du groupe d'armées. Faute de vêtements chauds, des dizaines de milliers de soldats furent atteints d'engelures. Malgré tout, l'offensive fit des progrès sur les deux ailes, mais la capacité de combat de nos unités était dramatiquement affectée par les pertes, les engelures, les maladies et l'inadaptation des armes et des véhicules au combat hivernal.

Durant ces journées, je me rendis le plus souvent possible à l'avant du front afin de pouvoir évaluer en temps réel l'arrivée des nouvelles unités soviétiques en interrogeant directement les prisonniers. Fin novembre, au nord-ouest de Moscou, je tombai sur un panneau indiquant que le centre de la capitale sovié-

1. La mère de Rudolph-Christoph von Gersdorff, née comtesse zu Dohna Schlodien. Sa famille régna sur Meissen au Moyen Âge.

2. Le père de Gersdorff. Il fit une très belle guerre de 1914-1918 et finit général.

© collection Lory Reinach.

2

3. Le mariage de Rudolph-Christoph von Gersdorff et de Renata Kracker von Schwartzenfeld. La vieille aristocratie de Prusse orientale jette ses derniers feux.

© collection Lory Reinach.

3

4. À Breslau, Gersdorff, à la tête de son escadron, profite des ultimes moments de la cavalerie montée.

5. La salle historique du mess du 7e régiment de cavalerie. Sous le tableau du prince électeur, les armes des principales familles de Silésie, qui forment le corps de ses officiers.

6

7

6. Le cavalier passionné Gersdorff à une course hippique dans les années 1930.

7. Gersdorff en 1942, l'officier d'état-major mûri par les épreuves.

8

8. Sur le terrain, le maréchal von Kluge, chef du groupe d'armées centre, et Philipp von Boeselager, un des rares résistants à avoir survécu.

9. L'état-major du groupe d'armées centre, dont Gersdorff est l'officier de renseignement. À gauche : Berndt von Kleist ; debout au centre Henning vonTresckow ; debout à droite Fabian von Schlabrendorff. Tous sont engagés dans la résistance.

9

10. Le 13 mars 1943, au groupe d'armées centre, Hitler salue Kluge, Reinhardt, Model, Henrici, Weiß, Krubs. Ce jour-là, il aurait dû succomber à un attentat organisé par Tresckow. Malheureusement, la bombe placée dans l'avion du Führer fit long feu.

10

11

11. Smolenk, 1943. Gersdorff avec Tresckow, l'âme du groupe d'armées centre.

12

12. Résistant, Gersdorff est aussi un soldat courageux. Sepp Dietrich (au centre) vient de lui remettre la croix de chevalier de la croix de fer avec feuille de chêne et épées pour sa conduite héroïque lors de la défense de Falaise (1944).

13. Gersdorff eut la chance d'échapper au tribunal du peuple *(Volksgerichthof)* présidé par le sinistre Freisler.

14. Malgré son engagement dans la résistance, Gersdorff reste prisonnier de guerre jusqu'en 1947. Ici avec sa fille, qui le connaît à peine, au camp d'Allendorff en 1947.

15. Fedor von Bock

16. Günther von Kluge

15. Premier chef du groupe d'armées centre, Fedor von Bock élève des protestations de pure forme contre l'ordonnance des commissaires et la Shoah par balles.

16. Deuxième chef du groupe d'armées centre, Günther von Kluge soutient passivement les activités de résistance de Tresckow, son chef d'état-major. Démasqué, il se suicide en août 1944.

17.Chef du groupe d'armées sud, stratège le plus doué d'Allemagne, auteur du plan contre la France en 1940, Erich von Manstein refuse de rejoindre la résistance mais ne dénonce pas ses acteurs.

17. Erich von Manstein

LES HOMMES DE LA RÉSISTANCE

19. Claus von Stauffenberg

19. Claus von Stauffenberg, maître d'œuvre de l'opération Walkyrie, auteur de l'attentat manqué du 20 juillet 1944.

20. Fabian von Schlabrendorff

20. Fabian von Schlabrendorff, officier d'ordonnance et confident de Tresckow, est l'un des rares résistants à avoir survécu au tribunal du peuple.

21. Canaris

21. Chef de l'Abwehr, les services de renseignement de l'armée, l'amiral Canaris tente de renverser Hitler, dès 1938.

22. Numéro 2 de l'Abwehr, Hans Oster est le coordinateur de la résistance militaire avec les milieux politiques.

22. Hans Oster

18. Henning von Tresckow

18. Chef d'état-major de groupe d'armées centre et inspirateur de toute la résistance militaire, Henning von Tresckow organise plusieurs tentatives d'attentat contre Hitler en 1943.

23. Helmut James von Moltke est le fondateur du cercle de Kreisau, qui réunit intellectuels et politiques pour préparer « l'Allemagne d'après ». Son programme inspire Stauffenberg et ses complices.

23. Helmut James von Moltke

tique était distant de 35 km. Grâce à mes visites au front, je perçus rapidement combien la force de frappe des unités soviétiques s'accroissait sans cesse, de même que leur volonté de résistance. Décisive fut l'entrée dans la mêlée d'une division d'élite soviétique en provenance d'Extrême-Orient qui avait été amenée, sans que nos services s'en aperçussent, par le chemin de fer à voie unique qui reliait Vladivostok à Moscou. Elle avait été envoyée à Moscou grâce à Richard Sorge, l'agent travaillant pour les soviets au Japon, qui avait fait savoir que l'empire du Soleil levant ne prévoyait pas d'entrer en guerre à court terme contre l'URSS. Dans ces conditions, ce fut presque un miracle que la retraite des forces allemandes ordonnée le 6 décembre se déroulât conformément aux plans, quoiqu'au prix de pertes importantes en hommes et en matériel.

Au milieu de décembre 1941 commença « la valse des généraux » qui dura jusqu'à la fin de la guerre. Le 19 décembre, le feld-maréchal von Bock fut remplacé par le feld-maréchal von Kluge[32]. Le 19 décembre également, Hitler releva de son commandement à la tête de l'OKH le feld-maréchal von Brauchitsch et décida d'assumer lui-même la direction de l'OKH. L'une de ses premières décisions fut l'ordre strict de défendre toutes les positions jusqu'au dernier homme ou jusqu'à la dernière cartouche. Les nombreux écrits de vétérans publiés après-guerre laissent encore à penser que l'anéantissement complet du groupe d'armées centre fut évité grâce à cet ordre. Mon expérience personnelle me fait pencher pour un avis différent.

32. Hans-Gunther von Kluge (1882-1944), général de la vieille école, fut fait maréchal après sa brillante conduite pendant la campagne de France. Après avoir exercé le commandement du groupe d'armées centre, il remplaça Rommel en France en juillet 1944. Lors de l'attentat du 20 juillet, apprenant qu'Hitler n'était pas mort, il n'accepta pas d'engager ses forces dans ce coup d'État qui avait pourtant commencé à Paris avec l'arrestation de la SS et du SD selon les plans de l'opération « Walkyrie ». Mais trop compromis dans la résistance, il se suicida lorsqu'il fut rappelé à Berlin le 17 août 1944.

Il aurait été plus efficace de préserver l'*Auftragstaktik*, cette tactique qui laisse aux subordonnés le soin de prendre les meilleures décisions au niveau local dans le respect de l'esprit général de la mission et qui, dans les guerres passées, contribua à la supériorité du commandement allemand. Seuls les commandants d'armée, de corps d'armée, de division, voire de plus petites unités sont en mesure de prendre les bonnes décisions en fonction du cadre de manœuvre général, mais aussi de la situation sur le terrain. La résistance aux contre-offensives soviétiques aurait probablement connu le même succès et causé moins de pertes sans l'interdiction absolue de recul édictée par Hitler depuis son lointain quartier général de Prusse orientale. L'implication excessive d'Hitler dans le commandement militaire, dans les sujets de détail et dans les questions de personnes conduisit fréquemment à de graves crises de confiance. Je me rappelle encore la révocation insultante du commandant en chef du 4e groupe de panzers, le général Hoepner. Quelques jours auparavant, le commandant du 2e groupe de panzers, le général Guderian, avait aussi été relevé de son poste. Le feld-maréchal von Kluge s'était en vain élevé contre cette décision, tandis que Keitel s'affairait, comme à son habitude, à réprimander de présumés coupables et à désigner des boucs émissaires pour Hitler.

Presque quotidiennement, nous faisions l'expérience de l'absurdité du nouveau style de commandement. Hitler téléphonait plusieurs fois par jour au nouveau général en chef du groupe d'armées, le feld-maréchal von Kluge. Les officiers de l'état-major général écoutaient la discussion, prêts à fournir au plus vite des réponses aux questions d'Hitler, au cas où le feld-maréchal n'aurait pas à l'esprit l'information adéquate. Je me rappelle une des ces conversations, au cours de laquelle Hitler demanda :

« Monsieur le maréchal, combien de mitrailleuses sont actuellement engagées au cimetière de Malojaroslawetz ?

– Je vais tout de suite me renseigner.

(S'ensuit une cascade de questions au corps, à la division, au régiment et au bataillon, jusqu'à obtention de la réponse.) Mon Führer, au cimetière de Malojaroslawetz, il y a quatre mitrailleuses en service.

– Monsieur le maréchal, veillez à mettre là-bas au moins six machines en batterie ».

Une autre conversation montre, outre l'ingérence grotesque d'Hitler dans le commandement subalterne, son absence totale de respect vis-à-vis des simples soldats.

– Mon Führer, la 4e armée a sollicité que telle ou telle division qui occupe un saillant avancé vers l'Est se replie sur une ligne droite plus favorable. Ainsi nous pourrions constituer une réserve que la situation actuelle sur le front ne permet pas.

– La position de repli est-elle prête ?

– Non, pas encore…

– Alors, j'interdis le repli. Mon expérience du front lors de la Première Guerre mondiale m'a appris qu'une troupe au contact s'enterre beaucoup plus rapidement que celles qui sont à l'arrière et qui creusent mollement.

– Mon Führer, vous devriez venir ici. Il fait -50 °C. Il est absolument impossible de creuser le sol, qui est dur comme le roc. À l'avant, les soldats ont pris position dans des trous de neige. Ils trouveront les mêmes à l'arrière.

– Pourquoi n'avons-nous pas creusé des trous à l'explosif ?

– Parce que nous n'avons pas d'explosifs sous la main.

– Je ne vous crois pas. Je rejette la demande de l'armée. Et je vous tiendrai pour responsable si la troupe recule. »

Durant ces semaines et ces mois, les armées du front apprirent à contourner les ordres absurdes en justifiant de légers replis tactiques par « l'attaque de forces ennemies très supérieures en nombre et l'effet ravageur d'un feu d'artillerie extraordinairement nourri ».

Je m'étais laissé dire que le feld-maréchal von Kluge était hostile aux officiers de renseignements. Mais après que Tresckow eut imposé contre la volonté du maréchal que je sois convoqué une ou deux fois par jour pour faire un tableau de la situation des forces ennemies, Kluge devint très amical vis-à-vis des officiers de renseignements. Quand je pénétrais dans son bureau, il m'interpellait dès la porte et me demandait : « Quelle nouvelle avez-vous de telle ou telle source ? », ou bien : « La présence de tel ou tel corps d'armée soviétique a-t-elle été confirmée à tel endroit ? ». Il tenait même des paris sur la justesse de telle ou telle prévision. Ainsi se créa-t-il entre nous un sentiment de confiance particulier qui se développa en une sorte d'amitié paternelle.

Kluge, qui dans la Wehrmacht avait reçu le surnom de « Hans l'intelligent » – *Kluge Hans* –, avait derrière lui une très brillante carrière d'officier d'état-major. Même s'il n'avait jamais réussi à se départir d'une forte inclination pour les honneurs et d'une certaine vanité – en particulier de sa ressemblance physique avec Frédéric le Grand –, c'était au fond un homme simple et distingué. Il me dit une fois : « je suis un paysan des Marches, pas un grand seigneur comme vos propriétaires terriens de Silésie ». Il faisait référence à sa petite propriété de Rathenow, au cœur de la Marche de Brandebourg. Sa manière de penser et d'agir était mesurée et convenable. Il était ouvert et franc. Ses capacités stratégiques étaient sans conteste limitées et ne pouvaient être comparées à celles des maréchaux von Bock, von Rundstedt et von Manstein. Mais il fit constamment de son mieux, en donnant de sa personne, ce qui lui valut l'attachement de ses subordonnés, y compris des simples soldats. Totalement dépassé par le rôle décisif que le destin lui fixa, il en tira les conséquences ultimes[33].

Quelques jours après que Kluge avait pris le commandement du groupe d'armées, je reçus un appel téléphonique de mon ami Yorck, qui avait été envoyé à l'avant du front dans la région de Malojaroslawetz, au sud de Moscou. Il me priait de venir aussi vite que possible car son détachement avait reçu

33. Son suicide.

l'ordre de commettre des actes criminels contraires à l'honneur. Au terme d'un périple en avion, en voiture puis en traîneau à chevaux, je parvins à atteindre la section de reconnaissance de la 34e division. Là, Yorck et son chef, Friedrich von Oberndorff, m'avisèrent que le général commandant le 12e corps d'armée[34] – auquel appartenait la division – avait donné l'ordre de fusiller tous les Russes qui n'étaient pas domiciliés sur place afin de venir à bout des partisans, dont la menace était devenue insupportable. En raison du chaos des combats et de l'exode des populations, il était pratiquement impossible de distinguer les Russes originaires de la région des autres ; l'ordre revenait donc à autoriser l'exécution sommaire de tout civil russe. Je me rendis immédiatement au 12e corps. J'exigeai du commandant en chef, que j'avais connu en 1939 lorsque j'étais en état-major sur la ligne Siegfried, qu'il retirât cet ordre contraire au droit international. Il refusa, sous prétexte que le vétérinaire de son corps d'armée venait d'être abattu par les partisans. Il ajouta que nous n'avions aucune idée à l'état-major du groupe d'armées de la véritable situation sur le front. Depuis son bureau, je téléphonai au commandant en chef du groupe d'armées. Je lui exposai la situation et lui demandai de prendre une décision. Le feld-maréchal von Kluge ordonna que le général soit immédiatement relevé de son commandement et que l'ordre de fusiller les civils russes soit abrogé. Le général commandant le 12e corps fut convoqué au rapport le lendemain chez Kluge. Il fut renvoyé en Allemagne, ne reçut plus aucune promotion et n'obtint jamais plus de commandement sur le front. Le lieutenant de réserve Yorck von Wartenburg l'avait emporté sur un général commandant un corps d'armée.

Les partisans représentaient un péril chaque jour croissant pour les troupes combattantes. Des centaines de milliers de soldats soviétiques avaient été dépassés par la ruée des forces alle-

34. Walther Schroth (1883-1944).

mandes durant la bataille des frontières, et surtout la bataille de Kiev. Le haut commandement allemand y avait attaché trop peu d'importance, sous-estimant la menace. On oubliait que la guerre de partisans était une tradition en Russie. Dès avant le début de la guerre, dans certaines régions de Russie, comme par exemple dans les marais de Pripet, ils sévissaient en bande. Il y eut aussi pendant la guerre, derrière le front russe, des partisans qui luttaient contre l'oppression soviétique.

Mais derrière le front allemand, il y avait un réseau de plus en plus dense d'unités de partisans de forces diverses, dont les liaisons étaient assurées par la population civile, enrôlée de gré ou de force. L'activité de ces francs-tireurs rendait de plus en plus périlleuse les communications et l'approvisionnement de la Wehrmacht. La plupart des routes ne pouvaient être empruntées par les Allemands qu'en convoi. Les rares voies de chemin de fer qui existaient étaient si souvent dynamitées que le génie allemand avait le plus grand mal à les réparer. La destruction fréquente des trains à destination du front causait des difficultés d'approvisionnement de plus en plus graves. L'avancée rapide des troupes allemandes avait en outre permis aux partisans de constituer un large stock d'armes et de munitions cachées dans les forêts et les campagnes.

Au départ, les unités de partisans étaient composées pour l'essentiel de soldats soviétiques. Au début de l'année 1942, elles reçurent le renfort d'une population qui cherchait à se soustraire aux rafles de main-d'œuvre à destination de l'Allemagne. Il s'agit bientôt d'une véritable armée soviétique qui opérait derrière le front allemand. Des généraux soviétiques et des commissaires politiques étaient parachutés derrière les lignes allemandes pour organiser et diriger les unités de partisans. Loin sur les arrières du front allemand, ils organisaient même de véritables manœuvres et des exercices d'artillerie. De cette manière, les unités les mieux armées pouvaient constamment améliorer leur force de combat. Il faut, pour comprendre la situation, avoir à l'esprit l'incroyable immensité de la Russie.

Dans mon bureau, la grande carte de situation était constamment cachée par un rideau, pour empêcher mes visiteurs de voir la situation de l'ennemi derrière nos lignes. En effet, les positions de l'ennemi, en rouge sur la carte, étaient souvent plus nombreuses derrière le front que devant.

Durant l'hiver 1941-1942, le moral des troupes subit un changement majeur. Le soldat allemand était et restait le meilleur soldat du monde, mais il avait perdu le sentiment de supériorité qui l'habitait jusque-là. De fait, les soviets, dans de nombreux domaines, avait pris l'avantage en matière d'armement et d'équipement, à commencer par les vêtements d'hiver doublés de fourrures, puis par les chars. Le nouveau char soviétique T 34 se montra supérieur à tous les chars allemands. Il était également capable de résister aux canons antichars. J'observai à de nombreuses reprises que nos obus antichars ricochaient sans dommage sur les flancs obliques des T 34. Les lance-roquettes soviétiques « Katioucha »[35] firent forte impression sur les troupes du front. Quoique rustique, l'arme avait un effet dévastateur sur le moral. Deux fois, pris sous le feu d'un barrage de « Katioucha », j'éprouvai le sentiment d'effroi que ressentaient les soldats pilonnés. Notre demande de faire construire pour l'Allemagne des « Katioucha » fut rejetée avec mépris par les experts en armement du service d'intendance, qui estimaient que la production d'une arme si peu précise serait un gaspillage de matériel.

Instinctivement, le soldat du front de l'Est avait ressenti la fin de la supériorité du commandement allemand ; de plus en plus, l'initiative appartenait aux soviets.

Étonnamment, sur le front, cette nouvelle situation ne fut pas imputée à Hitler. La troupe croyait davantage à la trahison et aux fautes de ses chefs qu'aux déficiences stratégiques d'Hitler. De ce point de vue, les rumeurs incoercibles de visites du Führer au front jouèrent un rôle remarquable. Alors qu'Hitler

35. Surnommés également « les orgues de Staline ».

ne s'était jamais aventuré plus avant qu'un quartier général d'armée, il se murmurait partout qu'à tel ou tel endroit il était apparu en première ligne. Qui contredisait ces bruits n'était jamais pris au sérieux.

Du côté des soviets, en décembre 1941, on observait le mouvement inverse. Pendant la bataille des frontières, l'Armée rouge avait souffert d'un mauvais commandement et d'une faible ardeur au combat ; elle se transformait désormais en une armée nationale russe. Déjà à l'époque, la plaisanterie courait dans le cercle de Tresckow que Staline devrait édifier un monument à Hitler sur la Place rouge en reconnaissance de ce qu'il avait fait pour la défense de l'Union soviétique... Les premiers commandants en chef des fronts soviétiques – l'équivalent des groupes d'armées – avaient clairement prouvé leur incapacité. Mais quand ils furent remplacés par des généraux plus jeunes et plus compétents, la qualité du haut commandement des forces soviétiques s'améliora de manière visible et significative. La transformation de la troupe en une force de combat moderne prit du temps. Durant la première moitié de 1942, de nombreux déserteurs rejoignirent encore les lignes allemandes. Dans le secteur de notre groupe d'armées, leur nombre équivalait chaque jour à la force d'un ou deux bataillons.

Début mars 1942, deux émigrants russes se firent annoncer auprès de moi. Ils avaient été envoyés au front par l'amiral Canaris parce qu'ils avaient acquis l'expérience de la guérilla durant la guerre d'Espagne et pouvait donc nous conseiller. Il s'agissait du colonel Konstantin Kromiadi et du lieutenant Igor Sacharow[36]. Ils me présentèrent un plan fantastique et fantaisiste : le groupe d'armées devrait leur donner pleins pouvoirs pour constituer une unité de prisonniers de guerre russes de la force d'une brigade. L'unité devrait être équipée uniquement

---

36. Officiers russes blancs, l'anticommunisme était leur moteur. Après-guerre, Kromiadi fut un des dirigeants de Radio Free Europe, la radio américaine à destination des pays communistes.

avec des armes, des uniformes et de l'équipement soviétique. Après un court temps de formation, le groupe d'armées devrait conduire la nouvelle unité à proximité du front et lui permettre de s'infiltrer à travers les lignes russes. Il marcherait sur Moscou et capturerait Staline au Kremlin… Malgré le caractère utopique et loufoque de la proposition, je présentai les deux lascars à Tresckow qui voulait les tester. Nous les conduisîmes à un camp de prisonniers voisin dans lequel se trouvaient quelques milliers de soldats soviétiques de tous grades capturés depuis peu. Les émigrés montèrent sur un podium et Kromiadi tint un discours enflammé : tous avaient été trahis par Staline et le parti ; ils devaient libérer la Sainte Russie, la mère patrie, de ses oppresseurs et de ses corrupteurs. Kromiadi fut chaleureusement applaudi. Ensuite, les deux anciens officiers de la Première Guerre mondiale demandèrent aux prisonniers de se déclarer pour ou contre Staline. Tous ceux qui voulaient combattre pour une Russie libre devaient faire un pas en avant. Sans prendre le temps de la réflexion, d'un seul mouvement, la foule s'avança. Seuls quelques blessés et malades restèrent en arrière. La chose était si impressionnante que Tresckow décida de proposer au feld-maréchal la création d'un corps de volontaires russes. Après quelques hésitations, Kluge accepta. Ce fut l'acte de naissance de ce que l'on a appelé « l'unité expérimentale centre ». Pour commencer, fut constitué dans la région d'Orcha un corps d'environ 7 000 hommes avec quatre bataillons et un détachement d'artillerie. Comme des difficultés se faisaient jour entre les vieux émigrés et les nouveaux officiers, nous demandâmes à l'OKH, qui couvrait en secret l'expérience, de nous fournir des commandants soviétiques de haut rang qui seraient prêts à collaborer avec nous. On nous envoya le général Georgji Nikolajewitsch Schilenkow[37] et le colonel Bojarski qui firent une formidable impression. Notre

37. Georgji Nikolajewitsch Schilenkow (1910-1946), ancien commissaire politique de la 34e armée soviétique, il rejoignit le camp allemand. Capturé par les Américains qui le livrèrent aux Soviétiques, il fut exécuté en 1946.

objectif était de mettre sur pied d'abord une brigade, puis une division complète. Les premiers combats de l'unité expérimentale prouvèrent la fiabilité des volontaires russes. Dans la guerre de partisans, ils se montrèrent d'une telle cruauté à l'égard de leurs compatriotes que nous ne pûmes rétablir l'ordre qu'en brandissant la menace de la cour martiale. La situation se compliqua quand les commandants russes soulevèrent des exigences politiques que nous ne pouvions pas satisfaire. Les pressions se faisaient de plus en plus fortes pour utiliser l'unité dans des combats au front. Après y avoir longtemps résisté, le feld-maréchal von Kluge céda à l'occasion qui se présenta à l'été 1942. Un corps de cavalerie soviétique, sous le commandement du général Belov, avait percé notre ligne de front et avançait à grand train vers l'ouest le long de la piste Roslaw-Malojaroslawetz. Il représentait une sérieuse menace pour l'une des voies d'approvisionnement allemandes les plus importantes. Alors Kluge donna son accord pour qu'un groupe de combat de l'unité expérimentale attaquât le quartier général de Belov. La traversée des lignes russes se fit sans difficulté. Mais juste avant d'atteindre l'objectif, l'opération commando fut découverte par les soviets. Malgré toutes les précautions prises durant les préparatifs, quelques paquets de cigarettes allemandes jetés au passage et des traces de bottes allemandes suffirent à placer dans une situation inextricable l'unité de volontaires dont la clandestinité était éventée. Ce n'est qu'après de difficiles combats et au prix de lourdes pertes que le groupe de combat parvint à rejoindre les lignes allemandes. Cela lui valut une bonne réputation puis contribua de manière significative à la création ultérieure de l'armée du général Vlassov[38],

38. Andreï Vlassov (1900-1946), général soviétique et semble-t-il communiste convaincu, fut fait prisonnier en 1942. Il imputa sa capture à l'incurie du commandement militaire soviétique et changea de camp. Il créa, avec l'accord de Ribbentrop, un comité de libération des peuples de Russie qui se transforma en unité militaire. En raison des réticences d'Hitler vis-à-vis des Slaves, l'expérience

dans laquelle l'unité expérimentale serait intégrée. L'idéal patriotique et l'anticommunisme brûlant de ces volontaires sont aujourd'hui assombris par leur fin tragique en 1945.

Pour la constitution de l'unité expérimentale centre, nous travaillâmes en bonne intelligence avec tous les services compétents de l'OKH. Le département « armées étrangères est » – *Fremde Heere Ost* – mérite une mention particulière. D'un point de vue juridique, je dépendais directement du département de l'OKH à l'état-major général. Il était remarquablement dirigé par Reinhard Gehlen[39], alors colonel. Depuis qu'il avait pris la direction du département, la qualité du renseignement militaire opérationnel avait fait un bond décisif. À l'occasion de mes visites à l'OKH et au cours des conversations quotidiennes avec les hommes du département « armées étrangères est », une parfaite collaboration s'était établie entre les services du renseignement militaire et le groupe d'armées centre. Entre Tresckow et Gehlen existait une vraie relation de confiance. Ils se tenaient en permanence informés de leurs activités. Plusieurs fois Tresckow me demanda de transmettre des informations, ce qui me permit de constater que Gehlen et lui partageaient les mêmes opinions politiques.

La parfaite relation de confiance que nous avions avec les services de l'*Abwehr*, section pays étrangers – *Abwehr/Ausland* – à l'OKW tenait pour beaucoup à l'amitié entre le chef du département central, le général Oster, et Tresckow lui-même. Mais le chef de l'*Abwehr*, l'amiral Canaris, était aussi sur la

---

eut peu de succès. Environ 40 000 hommes servirent dans l'armée Vlassov. La plupart se battirent jusqu'à la mort en Tchécoslovaquie ou dans Berlin en ruines. Vlassov fut livré aux Soviétiques par les Américains et exécuté.

39. Reinhard Gehlen (1902-1979), après avoir joué un rôle important dans l'*Abwehr*, se rendit aux Américains qui, dans le contexte du début de guerre froide, profitèrent de la parfaite connaissance de la Russie qu'il avait acquise à la tête du département « armées étrangères est ». Il fonda par la suite les services secrets de la RFA ainsi qu'un réseau d'espionnage anticommuniste, l'organisation Gehlen, financé par la CIA.

même ligne que Tresckow et son cercle. Une fois, Canaris nous rendit visite avec trois de ses principaux fidèles : le colonel Pieckenbrock *(Abwehr I*[40]*)*, le colonel von Lahousen *(Abewehr II*[41]*)*, et le colonel von Bentivegni *(Abwehr III*[42]*)*. Chez nous, Canaris se départit de sa prudence habituelle. Les membres de son état-major et lui-même haïssaient Hitler et son régime comme Tresckow et notre cercle.

Le noyau des conspirateurs devenait de plus en plus solide au sein de l'état-major du groupe d'armées. Nous en parlions ouvertement ; nous nous rencontrions chaque jour dans une pièce appelée « le bureau de la cheminée » ; les visiteurs étaient triés sur le volet. La seule personne qui n'était pas de notre bord mais qui était régulièrement reçue dans ce bureau était l'aide de camp personnel d'Hitler et chef du personnel, le général Rudolf Schmundt, qui nous rendait régulièrement visite à l'occasion de ses déplacements sur le front et qui avait un faible pour Tresckow. Après la Première Guerre mondiale, ils avaient été tous deux lieutenants au 9e régiment d'infanterie de Postdam. Ensemble, ils avaient sauvé les drapeaux de la garde impériale que la commission de contrôle interalliée voulait saisir. Un jour, Schmundt me dit qu'il avait l'impression que Tresckow était hostile au Führer mais qu'il le connaissait si bien qu'il lui faisait une confiance absolue. Tresckow mit à profit cette incroyable naïveté pour obtenir des changements d'affectation dans l'intérêt de la conspiration, pour connaître les projets et les plans émanant du quartier général du Führer et pour les influencer dans un sens favorable à ses projets. Du reste, lors de ses visites au front, Schmundt était profondément impressionné par les difficultés des troupes qui s'aggravaient constamment. Plusieurs fois, il nous promit de parler de la situation à Hitler, mais n'en fit rien. Je pris un jour l'avion avec

40. Renseignement.
41. Sabotage.
42. Contre-espionnage.

lui pour rejoindre la Prusse orientale. Assis dans l'élégant Condor d'Hitler, conforté par l'atmosphère habituelle qui l'entourait, il me confia : « Je ne peux absolument pas exposer au Führer l'impression négative que j'ai ressentie. Si vous saviez comme il se sacrifie et comme il travaille dur, vous comprendriez qu'on ne peut pas lui raconter ces choses dans toute leur dureté. » En tout cas, j'ai échoué à convaincre Schmundt.

5.

SOLDAT ET CRIMINEL DE HAUTE TRAHISON

« Nous ne pouvons absolument pas agir autrement si nous voulons encore conserver l'estime de nous-mêmes. Cela doit se faire. »

Henning von Tresckow

À l'été 1942, un jour, Tresckow vint me voir et me dit à peu près ceci : « Ne me posez pas de questions s'il vous plaît ! J'ai besoin d'un explosif très puissant qui ne prenne pas beaucoup de place, qui soit déclenché par un détonateur d'une fiabilité absolue et qui ne fasse aucun bruit. Pouvez-vous me procurer cela ? » Je compris de quoi il s'agissait. Sans poser de questions, je lui promis de tout mettre en œuvre pour lui procurer le matériel approprié. Comme, dans le cadre de mon commandement, les matériels explosifs dépendaient de la deuxième section de contre-espionnage (*Abwehr II*), je m'adressai à son chef, le lieutenant-colonel Hotzel. Feignant de regretter de m'être trop peu intéressé à ses activités, je lui fis part de ma volonté d'y apporter désormais une attention soutenue.

Hotzel, qui se réjouissait de mon intérêt soudain, organisa pour moi une visite de son département qui comprenait une longue étape dans son stock de matériel, particulièrement riche. Là-bas, je me fis montrer toutes sortes de matériel explosif, de détonateurs et d'engins piégés qui étaient destinés aux missions de sabotage de nos agents derrière les lignes soviétiques. Le matériel allemand donnait une réelle impression de solidité, mais il ne convenait pas. Son principal défaut résidait dans son retardateur, qui faisait tic-tac. Ensuite, on me montra le matériel que les Britanniques avaient envoyé aux résistants français et hollandais dans les régions occupées. Grâce à la capture et au retournement d'opérateurs radio, le contre-espionnage allemand était parvenu à établir des connexions efficientes avec les postes d'émissions en Grande-Bretagne. Nos services réclamaient du matériel, qu'il ne restait plus qu'à récupérer après parachutage. De même, après l'échec de commandos britanniques sur les côtes de la Manche et de la mer du Nord, on avait pu saisir une grande quantité de matériel.

L'explosif britannique était constitué par une masse de plastic qui pouvait être modelée dans n'importe quelle forme souhaitée. Les détonateurs chimiques étaient parfaitement silencieux. Ils avaient la forme d'un gros stylo. En haut du bouchon était placée une capsule d'acide. Au dessous se trouvait un fil entouré de coton. Si l'on percutait la capsule, l'acide se répandait dans le coton. Après un certain temps, le fil rongé par l'acide se rompait, déclenchant le système de mise à feu qui faisait exploser la bombe. L'épaisseur du fil déterminait la durée du retardateur : 10, 30, 60 minutes ou davantage. La durée d'amorçage était marquée sur les détonateurs par un anneau de couleur. Les détonateurs de 10 minutes portaient par exemple un anneau noir.

Je demandai qu'on me fît une démonstration. L'effet de l'explosif était étonnant. Quelques grammes suffisaient à détruire des traverses de chemin de fer. Ensuite, je fis placer une charge de 250 g sur un char russe qui venait d'être capturé. La tourelle fut arrachée et atterrit à plusieurs mètres du châssis. Ce matériel convenait parfaitement au plan de Tresckow. Je priai donc le lieutenant-colonel Hotzel de me préparer un assortiment des différents engins à sa disposition afin que je puisse montrer au feld-maréchal les nouvelles techniques de sabotage. Hotzel me laissa emporter tout le matériel imaginable, parmi lequel figurait l'explosif britannique. Conformément à la règle, le sous-officier qui administrait le camp me fit signer un reçu détaillé pour le matériel que j'empruntai. Il me vint à l'esprit que je signais peut-être mon arrêt de mort.

Lorsque je montrai à Tresckow les explosifs britanniques, il fut particulièrement heureux que j'aie pu satisfaire aussi vite ses désirs. Après le premier essai, il fut convaincu d'avoir dans les mains le matériel approprié. À la suite d'une longue série de tests, il apparut que la vitesse de mise à feu des détonateurs dépendait de la température extérieure. Plus il faisait froid, plus elle s'allongeait. La durée prévue par les anneaux de couleur valait pour une température normale. Durant ces expériences, Tresckow dressa un tableau des vitesses de mise à feu en fonction de la température extérieure. Constamment, je devais trouver des prétextes originaux pour aller chercher du nouveau matériel explosif dans les stocks de l'*Abwehr II*. La plupart du temps, je justifiais mes demandes en disant que je souhaitais offrir aux troupes que je visitais au front quelques exemplaires des matériels étrangers pour leur montrer leur efficacité. Je ne sais pas si cette explication peu crédible convainquit à l'époque. En tout cas, mon nom figurait de manière récurrente sur les registres de sorties de l'*Abwehr II*. Lorsque Tresckow vint lui-même visiter les stocks du dépôt, il s'intéressa à une mine magnétique du type Clam (palourde). Elle ressemblait aux mines magnétiques allemandes et était destinée aux attaques contre les chars. Avec une charge standard de 55 % de tetryl et de 45 % de TNT, elle était capable de perforer un blindage de 25 mm et s'avérait plus efficace que les mines allemandes. Elle pouvait également être chargée avec des pains de plastique. Grâce à leurs formes arrondies d'un côté et plates de l'autre, il était possible de les réunir entre elles en les entourant de papier d'emballage de telle sorte que l'ensemble ressemble à une bouteille. Dans les semaines qui suivirent, Tresckow et Schlabrendorff multiplièrent les expériences, confirmant que les explosifs et les détonateurs britanniques étaient particulièrement adaptés à un attentat à la bombe. C'est avec ce type de matériel que furent commis les tentatives d'attentat de 1943-1944 ainsi que l'attentat du 20 juillet 1944.

À partir de ce moment, Tresckow se mit à me parler en toute liberté de la nécessité d'éliminer Hitler. Son expression favorite était que l'humanité devait être libérée de son plus grand criminel. Il expliquait qu'après une longue réflexion, il s'était décidé pour un attentat à la bombe, car c'était le moyen qui offrait la plus grande probabilité de tuer Hitler. C'était la condition *sine qua non* pour réussir un coup d'État. On devait être absolument certain qu'Hitler ne survivrait pas à l'attentat. Pour cette raison, il avait écarté l'idée qui avait un temps circulé d'un attentat au pistolet. Schmundt avait expliqué à Tresckow que tous les organes vitaux d'Hitler étaient protégés par un gilet pare-balle efficace contre les munitions de petit calibre. À l'occasion d'une visite d'Hitler au quartier général du groupe centre, nous constatâmes de nos propres yeux que même sa casquette était doublée avec une plaque de blindage. Pour l'assassiner au pistolet, le tireur ne pouvait que viser le centre du visage. Le choix de Tresckow en faveur d'un attentat à la bombe avait été conforté par l'avis du capitaine de cavalerie Georg von Boeselager, pentathlonien bien connu. Tresckow lui avait demandé si avec le stress prévisible, il se sentirait capable d'atteindre avec une certitude absolue une cible de cette taille distante de quelques mètres. Quoique grand champion de tir, il avait répondu par la négative. L'idée d'user d'une petite arme de poing avait donc été abandonnée. Hitler et son proche entourage était constamment sous la garde vigilante d'un groupe de SS. Mon cousin, Hyacinthe von Strachwitz – bien connu par son surnom de « *Panzergraf* » – me raconta après la guerre qu'un jour où on devait lui remettre une haute décoration dans le bunker du Führer, il avait mis la main dans sa poche pour prendre un mouchoir. Aussitôt, un SS qui était derrière lui avait saisi le poignet et ne l'avait lâché qu'après avoir constaté qu'il n'avait dans la main qu'un morceau de tissu.

Pendant ce temps-là, les hésitations du commandement se faisaient de plus en plus grandes avec la prise en main directe de l'OKH par Hitler. Au groupe d'armées centre, nous le ressentions tout particulièrement. Après avoir dû céder une division de panzers au groupe d'armées sud, le groupe d'armées centre, auparavant pivot décisif du front, n'était plus en mesure d'entreprendre des actions stratégiques à grande échelle. La totalité de la ligne de front du groupe s'enterra dans une guerre de position. Pour tenir, sans reculer, la moindre parcelle de terrain comme l'ordonnait Hitler, nos positions étaient particulièrement défavorables. Nos demandes répétées de raccourcir la ligne de front étaient constamment rejetées. Les renforts en hommes et en matériel restaient très insuffisants. L'initiative était définitivement passée à l'ennemi. Jusqu'en avril 1942, nous réussîmes tout de même à venir à bout des contre-offensives soviétiques, mais cela ne tint qu'à l'excellence du commandement au niveau des petites unités et à la force combative intacte et incomparable des troupes allemandes. En juillet 1942, nous parvînmes même à assainir la situation critique de notre aile droite (9e armée) qui avait été mise en péril par notre repli hivernal. Mais la région de Rjew demeura pendant toute l'année 1942 le point névralgique de notre groupe d'armées. Durant mes fréquentes visites au front, qui parfois duraient plusieurs jours, je participai à des combats difficiles et sanglants, souvent en première ligne. La ligne de bataille devait être en permanence renforcée par unités prélevées en d'autres endroits du groupe d'armées. Plusieurs fois, à peine descendues du train, des divisions entières furent jetées dans la mêlée, au compte-gouttes, régiment par régiment. Peu à peu, cela créa un enchevêtrement des unités qu'il devint à peu près impossible de démêler. Ordonné par Hitler, le gaspillage du sang allemand dans la défense de Rjew[1] fut une très lourde erreur militaire.

La médiocrité militaire d'Hitler se manifesta à nouveau dans la manière dont il appréhenda la situation dans la région de Soukhinitchi, à la jonction des 2e et 4e armées panzers. À cet endroit, la contre-offensive des Soviétiques leur avait permis d'effectuer une profonde percée en direction de Brjansk, dont la protection était particulièrement coûteuse en hommes et en matériel. Par le biais d'une opération en tenaille effectuée par une partie de la 2e armée panzer depuis le sud-ouest de Toula et par une partie de la 4e armée depuis Juchnow, les Allemands devaient « passer au fer à repasser » ce saillant dangereux. Mais les troupes prévues pour la pince nord de la tenaille à Juchnow avait dû être retirées pour reconstituer la capacité combative de Rjew et la 2e armée avait constaté que le terrain se prêtait mal à une attaque par les chars. Comme la situation à Soukhinitchi tournait en faveur des troupes allemandes, le groupe d'armées avait réclamé l'annulation de l'opération prévue. Hitler refusa. Le dialogue de sourds dura une semaine entière entre le Führer et le maréchal von Kluge, chacun s'efforçant de convaincre l'autre de la justesse de ses arguments. Je conserve en mémoire le contenu de la dernière conversation téléphonique sur ce sujet. Kluge argumentait :

« Mon Führer, l'assaut mené d'un seul côté par la 2e armée panzer n'a aucune chance de réussir pour les raisons que je vous ai exposées. Il nous coûtera beaucoup de sang et ne nous amènera rien de bon. Je vous en conjure, annulez cette attaque.

– Monsieur le maréchal, vous verrez, vous percerez comme dans du beurre. Une fois pour toutes, je vous ordonne d'attaquer. »

Les choses se passèrent comme Kluge l'avait prévu. Après quelques modestes succès initiaux, l'attaque allemande s'em-

1. Entre 300 000 et 500 000 Allemands furent sacrifiés dans cette défense inutile. Les Russes perdirent sans doute un million d'hommes, mais ils disposaient de réserves telles qu'il leur était possible de compenser ces pertes.

bourba dans des terrains impraticables et se heurta à de furieuses contre-offensives soviétiques. Après de lourdes pertes en hommes et en matériel, l'opération fut interrompue. Hitler n'évoqua plus jamais l'affaire. Depuis son bureau de Prusse orientale, contre les avis pressants de tous les généraux sur le terrain, il avait condamné à une mort absurde des milliers de soldats allemands.

Au regard de telles expériences, la catastrophe de Stalingrad ne fut pas pour nous une surprise. Depuis quelques mois déjà, nous avions entendu parler d'un « commandement précurseur Tbilissi » qui opérait à Breslau. Manifestement, Hitler voulait marcher sur l'Inde à travers le Caucase et la Perse pour frapper l'Empire britannique à son talon d'Achille. La condition préliminaire à un objectif aussi ambitieux était la maîtrise du front de la Volga des deux côtés de Stalingrad. Ce fut la cause de la déchirante tragédie de la 6e armée à Stalingrad. Ni le commandant de l'armée, le feld-maréchal Paulus[2], ni son supérieur le général en chef du groupe d'armées sud, le feld-maréchal von Manstein[3], ne se

2. Friedrich Paulus (1890-1957) dirigea l'attaque de Stalingrad. Réclamant à plusieurs reprises l'autorisation de tenter une sortie, il fut contraint par Hitler de rester sur place. Nommé maréchal par le Führer qui espèrait qu'il se suiciderait plutôt que de se rendre, il capitula en janvier 1943. Interné chez les Soviétiques, il rejoignit le comité de l'Allemagne libre inféodé à Moscou et appela ses frères d'armes à la reddition. Il fut libéré par les Soviétiques en 1953. La défaite de Stalingrad ne peut lui être imputée.

3. Erich von Manstein (1887-1973) fut très probablement le meilleur maréchal allemand de la guerre. Le grand historien militaire britannique Basil Liddell Hart le considéra comme « le plus dangereux adversaire des alliés ». C'est lui qui eut l'idée géniale du « coup de faucille » qui causa la défaite de la France en 1940. Commandant en chef du groupe d'armées sud, en Russie, il réussit une marche victorieuse vers le Caucase. Du fait du déséquilibre des forces, il pratiqua la défense élastique et remporta encore de nombreux succès locaux qui permirent au front de l'Est de tenir jusqu'en 1944. Après-guerre, après quelques années de prison, soutenu par Churchill, il fut libéré. Il contribua ensuite à la renaissance de la Bundeswehr sous Adenauer. Si son talent militaire n'est contesté par personne, il est aujourd'hui sévèrement jugé pour sa complicité, au moins tacite, avec les atrocités du régime. Cf. Benoit Lemay, *Manstein,* Paris, Perrin, 2006.

montrèrent capables d'empêcher une catastrophe depuis longtemps prévisible.

Je vis de mes yeux comment Hitler cherchait à se gagner les maréchaux en les obligeant par des moyens divers : le 30 octobre 1942, le feld-maréchal von Kluge fêtait son 60e anniversaire. Les officiers d'état-major et moi-même nous rendîmes de bon matin dans les quartiers du feld-maréchal afin de lui présenter nos vœux. Nous étions accompagnés par le nouveau chef de l'état-major général, le général Krebs. Durant cet échange de politesses, l'officier d'ordonnance de Kluge, Philipp von Boeselager, annonça l'arrivée surprise de l'aide de camp d'Hitler, le général Schmundt. Avec son élégance naturelle, Schmundt s'inclina devant le maréchal, lui débitant les compliments d'usage. Ensuite, manifestement gêné, il tira de sa vareuse une grosse enveloppe qu'il remit à Kluge en marmonnant quelque chose. Je parvins à lire sur l'enveloppe la mention « affaire secrète du Reich ». Kluge l'ouvrit prestement et en tira un chèque de la Reichsbank portant la signature griffonnée d'Hitler. Il s'agissait d'une somme à six chiffres – 200 000 ou 250 000 RM, je crois. Sans un mot, le feld-maréchal remit le chèque dans l'enveloppe et la jeta négligemment sur son bureau. Il demanda à Schmundt s'il voulait rester déjeuner. Celui-ci s'excusa, expliquant qu'il voulait encore aller voir en avion la 2e armée panzer et qu'il devait être de retour le soir en Prusse orientale. Après le départ de Schmundt, nous prîmes le petit-déjeuner dans la salle à manger. Assis autour d'une table ronde, nous nous concertâmes. Kluge demanda :

« Alors messieurs, que fait-on quand on reçoit un pourboire ?

– Monsieur le maréchal, répondit Krebs ne faites donc pas tant de façons. Les maréchaux Blücher, Yorck et Moltke ont reçu des dotations et les ont acceptées.

– Mon cher Krebs, c'était une autre époque, c'était tout différent. À ce moment-là, les grands capitaines recevaient les dotations sous forme de terres et de propriétés des mains de leur roi après avoir achevé une campagne victorieuse. On n'a encore jamais vu envoyer un chèque pendant une guerre dont l'issue est des plus douteuses.

– Monsieur le maréchal, intervint Tresckow, vous savez combien nous vous respectons et vous savez de quel respect vous jouissez dans tout le groupe d'armées. Si vous tenez à votre réputation, je vous conjure simplement de vous séparer au plus vite de cet argent.

– Mais comment ?

– Monsieur le maréchal, envoyons l'argent à la Croix-Rouge ! proposa Boeselager.

– La ferme [*sic*] ! Bien Messieurs, il faut que j'y réfléchisse encore. »

Tresckow ajouta : « Monsieur le maréchal, j'insiste lourdement. Trouvez un moyen de vous décharger de cet argent ! Vous ne devez pas garder un seul pfennig ! »

Nous passâmes à un autre sujet. Je n'ai jamais su avec certitude quelle avait été la destination finale du chèque[4]. Nous savions tous qu'Hitler avait fait de gros dons en argent à d'autres maréchaux.

Le groupe des conjurés autour de Tresckow s'était entre-temps renforcé de quelques jeunes officiers. Outre Philipp Boeselager, qui depuis juin 1942 était officier d'ordonnance du maréchal, son frère Georg avait rejoint notre cercle. Georg von Boeselager[5] était

4. La même scène est racontée en des termes un peu différents par Philipp Boeselager dans *Nous voulions tuer Hitler, op. cit.* Il ne mentionne pas la présence de Schmundt, mais parle d'un coup de téléphone direct d'Hitler à Kluge. La mémoire de l'un ou de l'autre peut défaillir sur ce point. D'après Boeselager, Kluge aurait probablement conservé l'argent. Ce qui est certain, c'est que le Führer multipliait les cadeaux et que les généraux hésitaient à s'en défaire.

5. Georg von Boeselager (1915-1944) était un brillant officier de cavalerie. Sa foi catholique le poussa vers la résistance. Mort au feu en 1944 avec le grade de colonel, quelques semaines après le coup d'État manqué, ses exploits militaires méritent l'attention. Ils sont parfaitement décrits dans *Nous voulions tuer Hitler, op. cit.* Sa participation au coup d'État ne fut jamais

à tous points de vue une personnalité exceptionnelle. Il venait du 15e régiment de cavalerie de Paderborn. Avant-guerre, je m'étais plusieurs fois mesuré à lui sur les hippodromes de l'Ouest de l'Allemagne. À l'occasion d'une visite à son frère au groupe d'armées centre, il avait proposé à Tresckow de réunir derrière le front la totalité des escadrons montés de reconnaissance divisionnaire afin d'en faire une solide unité de combat montée destinée aux opérations spéciales. En effet, avec la fin de la guerre de mouvement, les unités montées ne servaient plus à grand-chose. Tresckow avait tout de suite donné son accord au projet et, contre toutes les formes de résistance, en avait imposé la réalisation à marche forcée. Comme Tresckow et Boeselager partageaient totalement les mêmes points de vue en matière politique et militaire, ce qu'ils avaient en tête ne faisait aucun doute. Il s'agissait de créer une unité combattante qui pût être d'une fiabilité absolue pour la conjuration. Pendant la mise sur pied et l'instruction du régiment « Boeselager », je rendis fréquemment visite à cette unité. En un temps incroyablement court, Boeselager avait réussi à créer une force d'une fiabilité absolue, apte à intervenir pour toute mission. Les officiers, les sous-officiers et les hommes de troupe partageaient un esprit de corps qui les soudait d'une manière incomparable. Les événements empêchèrent malheureusement d'utiliser cette unité dans une action politique. À partir de mars 1943, Hitler ne revint plus au groupe d'armées centre. Kluge refusait d'ailleurs que le coup de main contre Hitler fût commis dans le ressort de son quartier général. L'unité de cavalerie qui se renforçait au fil des jours fut engagée sur tous les points chauds du front, où elle se révéla une troupe d'élites. Georg von Boeselager tomba au feu, brillant exemple d'engagement au combat et de courage militaire.

---

découverte par les nazis. Deux mois après sa mort, il fut décoré à titre posthume de la croix de chevalier de la croix de fer avec feuilles de chêne, et épées, une distinction qui, durant toute la guerre, ne fut attribuée qu'à 154 officiers.

Entre-temps, Tresckow avait achevé ses préparatifs d'attentat à la bombe. Il n'attendait que l'occasion pour lancer l'opération avec une certitude absolue de succès. Mais il fallait aussi fixer la date de l'attentat en fonction de l'avancement de la préparation politique du coup d'État à Berlin. Moi-même, je savais alors très peu de choses sur ces plans et je ne soupçonnais pas que l'intention était d'utiliser au service de la résistance le plan « Walkyrie » voulu par Hitler. Tresckow avait une position très claire. Aucun membre de la conjuration ne devait en savoir plus que ce qui était absolument nécessaire. Il était certain que, si un conjuré était par malheur arrêté par la Gestapo, il serait soumis aux tortures les plus cruelles et forcé de parler. Lui-même ne pensait pas être capable de résister à de tels traitements. C'est pourquoi il ne voulait charger personne d'informations qui auraient pu conduire à la mise en danger de la totalité de la conjuration. À cette époque, dans le groupe de résistance du groupe d'armées centre, il n'y avait avec Tresckow que Fabian von Schlabrendorff qui fût au courant de tous les détails de la préparation du coup d'État. Ce n'est que vers la mi-mars 1943 que j'ai appris que les travaux sur le plan « Walkyrie » avaient abouti en février à un schéma préliminaire acceptable.

Quand, le 13 mars 1943, la seconde et dernière visite d'Hitler à notre quartier général fut annoncée, il m'apparut immédiatement que Tresckow ne laisserait pas passer cette occasion d'attenter à la vie du Führer. Hitler vint accompagné d'une suite importante qui comportait notamment son médecin personnel, le docteur Theo Morell, et son cuisinier privé. Ils devaient arriver dans deux avions Condor absolument identiques. Le vol de Prusse orientale à Smolensk était escorté par une escadrille de chasse, bien que l'aviation soviétique ne fît pratiquement jamais d'incursions dans cette zone. Les autres mesures de sécurité étaient les mêmes que celles en vigueur lors de sa première visite au groupe d'armées centre, à Borissow, à l'été 1941. Pour le court trajet qui séparait Smolensk du quartier général, les voitures spéciales d'Hitler avaient été amenées par la route depuis la Prusse orientale. Une approche directe de la Mercedes du Führer pour y jeter une bombe était impossible sans se faire remarquer.

Pendant la matinée eurent lieu des entretiens avec le feld-maréchal, auxquels assistaient les commandants d'armée, le chef d'état-major et le chef des opérations de notre état-major. Le déjeuner fut pris dans notre mess. Hitler était assis avec les généraux à la table centrale. J'étais assis à côté à une table ronde avec plusieurs officiers d'état-major dont Tresckow et le colonel Brandt[6] de l'OKH. Quand une ordonnance SS voulut servir le repas d'Hitler préparé par le cuisinier qui l'accompagnait, le docteur Morell goûta les plats avant qu'ils ne fussent posés sur la table. On ne sait pas si cette pratique répondait à des impératifs de sécurité ou de diététique. En tout cas, tout cela fit une impression macabre. J'entendis Tresckow demander à Brandt s'il volerait dans le même avion qu'Hitler pour le vol de retour en Prusse orientale. Brandt répondit qu'il devait effectivement faire pendant le vol un briefing à Hitler sur la situation. Après une courte pause, Tresckow demanda à Brandt de lui rendre service et de porter à Berlin les deux bouteilles de cognac qu'il avait perdues à la suite d'un pari avec le chef du département organisation de l'OKH, le colonel Stieff[7]. Naturellement, Brandt accepta. Ce ne fut que quelques jours plus tard que j'appris que le paquet contenait en réalité quatre mines Clam réunies pour avoir l'apparence de bouteilles. Peu de temps avant le décollage, juste avant de les remettre à Brandt, Schlabrendorff avait activé le détonateur de 30 minutes. Si l'allumage avait convenablement fonctionné, l'avion d'Hitler se serait volatilisé à grande hauteur au-dessus de la Russie blanche. Durant notre série de tests, ce système n'avait jamais connu de défaillance. Le détonateur, qui avait été convenable-

6. Heinz Brandt (1907-1944) fut l'officier qui sauva involontairement la vie d'Hitler le 20 juillet 1944 en déplaçant la serviette piégée de Stauffenberg qui se trouvait aux pieds du Führer. Brandt fut tué dans l'explosion.

7. Helmuth Stieff (1901-1944) participa au complot du 20 juillet en stockant notamment des explosifs. Il fut exécuté.

ment amorcé comme le montra une enquête ultérieure de Schlabrendorff, fit long feu ce jour-là. La tentative d'attentat contre Hitler la plus prometteuse de toute la guerre avait ainsi échouée.

Il était incroyable de voir avec quelle rapidité Tresckow avait retrouvé son énergie après cet incroyable coup du sort. À peine Schlabrendorff avait-il récupéré la bombe qui eût pu mettre la conjuration en grand danger que Tresckow cherchait déjà de nouvelles opportunités pour commettre un attentat. Quelques jours après le 13 mars, Schmundt me fit savoir au téléphone qu'à l'occasion de la fête des héros, le 21 mars, Hitler avait l'intention de participer à une exposition de matériel soviétique capturé par le groupe d'armées centre. Il voulait, avant l'ouverture au public, visiter l'exposition pendant environ une demi-heure avec une petite suite. Hitler souhaitait que le feld-maréchal von Kluge et son épouse participassent à cette manifestation. L'exposition était organisée par mon département renseignement (IC/AO). De tous les officiers de l'état-major général du groupe d'armées, j'étais celui qui avait le plus de raisons de participer à la visite de l'exposition par Hitler. Tresckow me demanda si j'étais prêt pour commettre un attentat à saisir cette occasion de côtoyer Hitler, Goering, Himmler et Goebbels. Il ne pouvait me donner aucune consigne, puisque la nature de l'acte libérateur dépendrait pour l'essentiel de la situation sur place. Il était toutefois vraisemblable que je devrais me faire sauter avec Hitler. Nous étions à ce point engagés dans l'objectif final d'éliminer Hitler qu'il ne me fallut pas beaucoup de temps pour accepter la décision la plus lourde de conséquences qui m'ait jamais été donné de prendre. Tresckow me raconta alors tous les détails de la tentative d'attentat qui venait d'échouer. Il m'exposa aussi l'état d'avancement des préparatifs du coup d'État[8]. L'attentat devait être le point de départ du

8. Les préparatifs du coup d'État comportaient en fait trois volets. Le premier était purement opérationnel. Il s'agissait de tuer Hitler. Le second était le coup d'État proprement dit. C'était l'opération « Walkyrie », un plan voulu par Hitler pour que la Wehrmacht mît la main sur le pays en cas de

déclenchement de l'opération « Walkyrie » qui, à condition qu'Hitler fût mort, garantissait le plus sûrement possible le succès du coup d'État.

Tresckow réussit avec beaucoup d'habileté à convaincre Kluge de ne pas se rendre lui-même à Berlin, mais de se faire représenter par le commandant de la 9e armée, le général Model. Après le succès de l'attentat, Tresckow pensait faire nommer Kluge président du Reich ou généralissime de l'armée. Model était un partisan assumé d'Hitler, il n'était donc pas nécessaire de le protéger. Le plus dur fut de convaincre Kluge de ne pas faire participer sa femme à la manifestation.

Avant mon envol pour Berlin, Tresckow m'invita à l'accompagner pour une longue promenade dans la plaine du Dniepr. Nous évoquâmes toutes les hypothèses qui m'attendaient à Berlin. Soudain Tresckow se redressa et me dit : « N'est-ce pas inouï que deux officiers d'état-major allemands réfléchissent ici ensemble au moyen le plus sûr d'assassiner leur commandant en chef ? Mais cela doit absolument être fait. C'est la seule solution maintenant pour sauver l'Allemagne de la destruction. Le monde doit être délivré du plus grand criminel de tous les temps. On doit l'abattre comme un chien enragé qui menace l'humanité tout entière. »

Le 20 mars 1943, je pris l'avion pour Berlin avec le général Model. Après notre arrivée, nous allâmes directement voir Schmundt pour régler quelques détails sur le déroulement de la fête. Schmundt expliqua alors que je ne pourrais pas participer à la visite parce que Hitler avait choisi lui-même les membres de son escorte. Model réclama ma présence sur place

---

troubles intérieurs. Les conjurés avaient prévu de se servir de ce plan officiel et de le subvertir pour que l'armée prît le contrôle des points stratégiques, mais aussi de la SS ou du parti. Le troisième volet était politique. Il s'agissait de réunir des opposants au nazisme capables d'assumer des fonctions gouvernementales. Le projet prévoyait un large gouvernement d'union nationale, avec des personnalités comme Goerdeler, ancien bourgmestre de Leipzig, Hassel, ancien ambassadeur à Rome, ou Leber, ancien député SPD. La présidence devait être assurée par le général Beck qui avait déjà tenté de s'opposer à Hitler en 1938.

car lui-même était incapable de donner des explications précises sur les pièces exposées. Schmundt finit par accepter ma présence en la prenant sous sa propre responsabilité. Model voulu connaître l'heure exacte de la manifestation car il souhaitait, le matin même, faire un saut de puce à Dresde pour rendre visite à sa femme et ne rentrer à Berlin que le 21 mars dans la matinée. Quoique le fait de communiquer l'heure à laquelle Hitler visiterait l'arsenal était passible de mort, Schmundt accepta de faire une exception. L'heure différait de 90 minutes du programme officiel. Schmundt confirma encore qu'une demi-heure était prévue pour faire le tour des matériels exposés. Ces informations étaient capitales pour mon projet car j'avais l'intention d'utiliser un détonateur de 10 minutes qui, dans le froid de l'arsenal, risquait de prendre 12 à 15 minutes pour provoquer la mise à feu.

Le 20 mars, je passai la journée dans l'arsenal[9] pour envisager toutes les formes d'attentat possibles. On travaillait partout à la préparation de la fête des héros, aussi bien sous la verrière que dans les espaces d'exposition. Sous la verrière, on avait installé des tribunes pour l'orchestre philharmonique et les hôtes d'honneur et un podium pour les discours ; on avait décoré la salle de grands portiques de lauriers et de fleurs. En plus des ouvriers, des SS et des membres du SD s'agitaient en tous sens. Il était absolument impossible de déposer quelque part, discrètement, une charge d'explosifs. Ce scénario n'aurait eu de sens que pour viser le podium qui se situait au milieu du hall. Mais il n'était entouré d'aucun matériel volumineux qui aurait pu servir de cache et il était gardé nuit et jour. Cela n'aurait pas eu davantage de sens de placer la bombe

9. L'arsenal construit par Frédéric Ier entre 1685 et 1706 est l'actuel musée de l'Histoire allemande sur Unter den Linden. Le bâtiment comporte une cour intérieure dans laquelle se déroulaient les cérémonies. Les matériels étaient exposés dans les espaces adjacents. Une plaque commémore la tentative de Gersdorff.

dans la salle d'exposition car il était impossible de prévoir l'endroit où Hitler se trouverait. À ce moment-là, je pris vraiment conscience que l'attentat ne pouvait avoir lieu que si je portais les explosifs sur moi et me faisais sauter à ses côtés. Cette idée m'accapara tant que, toute la journée, je fus incapable de réfléchir sereinement. Ce ne fut que le soir, dans ma chambre de l'hôtel Éden, que je mesurai la nouveauté et le poids de ma responsabilité dans ce projet. Conformément à ce qui était arrangé, Schlabrendorff m'apporta vers minuit les mines Clam. Comme je n'avais rapporté de Smolensk que deux vieux détonateurs de 10 minutes, je lui demandai s'il pouvait m'en fournir d'autres. Mais il s'était donné toutes les peines du monde pour fournir les explosifs et ne pouvait plus m'aider. Je ne fermai pas l'œil de la nuit. J'avais le sentiment d'être un condamné à mort qui attend dans sa cellule son exécution.

Quand, au matin du 21 mars, je pénétrai dans l'arsenal, rien n'avait changé ; on travaillait encore partout. La surveillance et le contrôle des préparatifs étaient encore plus vigilants que la veille. À partir de onze heures arrivèrent les premiers officiers et fonctionnaires du parti, qui n'avaient pas compris que la fête ne commencerait que vers treize heures. Je rencontrai quelques connaissances, auxquelles je dus faire l'impression d'être totalement absent. Durant la cérémonie, j'étais assis en face du podium, appuyé sur la tribune de bois. Après le premier mouvement de la septième symphonie d'Anton Bruckner, Hitler commença son discours. Je n'en ai pratiquement rien retenu.

Je me souviens seulement que malgré toutes ses incantations optimistes sur la situation militaire, il développait une mystique particulière ponctuée d'accords du *Crépuscule des dieux*[10]. Comme je ne pouvais pas deviner combien de temps il parlerait et combien de temps l'orchestre jouerait ensuite, il était exclu

10. Référence au dernier opéra de la *Tétralogie* de Wagner, *Le Crépuscule des dieux*, où l'incendie du Walhalla signifie la fin des dieux germaniques.

que j'amorce le détonateur pendant la fête. Je pris une Pervitine[11] que Tresckow m'avait remise en cas de nécessité. Pendant que l'orchestre jouait son dernier morceau, je me rendis à l'entrée de l'exposition. La, je tombai sur le général Model et le directeur du musée. Côte à côte, nous attendîmes tous les trois une éternité l'arrivée d'Hitler. Goering marchait à ses côtés. Vêtu de son uniforme blanc constellé de décorations et de bijoux, portant des bottes en maroquin fauve, ridiculement fardé, il ressemblait à un prince d'opérette. Hitler était accompagné par Himmler, Keitel, Dönitz[12], Schmundt et deux ou trois officiers d'ordonnance. Sous la porte, Hitler se retourna brusquement et dit : « Monsieur le feld-maréchal von Bock, en votre qualité d'ancien commandant du groupe d'armées centre, je vous prie de m'accompagner. » Bock sortit des rangs avec une révérence un peu forcée et rejoignit la salle d'exposition avec un officier de sa suite, le major de réserve von Hardenberg-Neuhardenberg. Je profitais de cet instant, où l'attention de tous était focalisée sur Hitler, Bock et Hardenberg, pour armer le détonateur de la mine Clam qui se trouvait dans la manche gauche de mon manteau. J'avais l'autre dans la manche droite ; inutilisable parce que, comme mes deux voisins, je dus tendre le bras pour faire le « salut allemand ». Hitler ne salua que Model d'une poignée de main. Alors commença la visite durant laquelle je me collai à la gauche d'Hitler. Quand je tentais de lui donner des explications sur quelques pièces de l'exposition, il ne me prêta pas la moindre attention ; il ne me répondit pas quand je lui désignai un aigle napoléonien que les pontonniers allemands avaient retrouvé dans le lit de la Bérézina en construisant un pont. Sans écouter, il marcha – ou plu-

11. Fortifiant à base de métanphétamine, distribué aux soldats allemands à partir de 1940.

12. Karl Dönitz (1891-1890) était le grand amiral du Reich, chef suprême de la Kriegsmarine. Après la disgrâce de Goering et le suicide d'Hitler, il fut pour quelques jours son successeur à la tête de l'État.

tôt il courut – par le plus court chemin vers la sortie. Goering avait jeté un coup d'œil sur une vitrine et avait remarqué un appel du métropolite de Moscou au sentiment patriotique du peuple russe[13]. Il voulut le faire lire à Hitler. Il n'eut pas plus de chance que moi. À la sortie de l'arsenal, à côté du monument à la gloire de Frédéric II, Hitler fit ses adieux et nous gratifia, Model et moi, du salut habituel de la main droite. Pendant cette visite éclair, Hitler n'avait pas dit un mot ; il ne s'était intéressé à rien. Après la guerre, j'appris que la BBC avait enregistré à la radio allemande la totalité de la cérémonie ; il ne s'était écoulé que deux minutes entre l'entrée et la sortie d'Hitler de la salle d'exposition ; cela m'avait semblé une éternité. En tout cas, c'était trop court pour un détonateur normal de 10 minutes. Pendant que je me précipitai dans les WC les plus proches pour désamorcer mon détonateur, Hitler grimpa dehors sur un char russe capturé qui avait été placé entre l'arsenal et le monument de Frédéric II. Apparemment, ce fut la seule chose qui l'intéressât.

Sans attendre le défilé du bataillon d'honneur, je me précipitai à l'Union Club[14] dans la Schadow Strasse, car j'espérais là-bas me retrouver seul. Mais je tombai sur un membre du club, le banquier de Cologne Waldemar von Oppenheim, heureux possesseur du haras de Schlenderhan, le plus vieux et le meilleur d'Allemagne pour les pur-sang. À ma grande surprise, il me dit après que nous nous fûmes salués : « Aujourd'hui, j'aurais pu assassiner Adolf Hitler. Il est passé lentement en voiture découverte, sur Unter den Linden, juste devant ma suite du premier étage de l'hôtel Bristol. Ç'aurait été un jeu d'enfant de jeter une grenade à main dans sa voiture depuis le trottoir. » Mais il ne savait ni le lieu ni le moment où Hitler

13. Le ralliement de ce qui restait de l'Église russe à la grande guerre patriotique fut un des atouts dont Staline se servit outrageusement.

14. Un des clubs auquel appartenait Gersdorff avec le Herrensclub et le Jockey. L'Union était située à proximité de l'arsenal.

viendrait et il n'avait sur lui aucune arme appropriée. Bien qu'Oppenheim[15] me connût et pût deviner mes idées politiques, ces propos étaient d'un grand courage. Je ne lui racontai rien de ce que je venais de vivre parce que je ne voulais pas charger sa conscience avec de telles informations.

Quand je revins à Smolensk, Tresckow me dit qu'il avait suivi à la radio la retransmission de la fête à l'arsenal. En raison de l'écart de temps très faible entre l'entrée et la sortie d'Hitler de l'arsenal, il avait aussitôt compris que la réalisation d'un attentat avec un détonateur chimique de 10 à 15 minutes était parfaitement impossible. Malgré ce nouvel échec, Tresckow n'était absolument pas découragé. Avec une admirable énergie, il échafauda de nouveaux plans. Ses efforts tendaient avant tout à gagner le maréchal von Kluge à la conjuration. Kluge était un virulent adversaire d'Hitler, un opposant décidé au parti. Il était en outre assez intelligent pour voir où menaient les choses. Mais il lui manquait la grandeur de caractère et la hauteur de vue politique qui auraient pu le conduire à la haute trahison. Un soir, Tresckow et moi-même allâmes nous promener avec lui. À nouveau, Tresckow tenta de le convaincre de la nécessité d'agir. Kluge rcfusa mollcmcnt, mêmc si, sur lc fond, il donnait raison aux idées de Tresckow. Alors Tresckow lui dit : « Monsieur le maréchal, vous avez à côté de vous quelqu'un qui, il y a peu de temps, a tenté de commettre un attentat contre Hitler. » Kluge marqua un arrêt et me saisit le bras. Bouleversé, il ajouta : « Gersdorff, par la grâce de Dieu, qu'avez-vous fait ? – La seule chose qui était à faire dans les circonstances actuelles », lui répondis-je. Alors Kluge fit quelques pas en avant, écarta théâtralement les bras et dit : « Les enfants, je suis avec vous. »

---

15. Waldemar von Oppenheim (1894-1952), quoique d'origine partiellement juive, réussit à survivre au IIIe Reich en raison de son statut de *Mischling*, c'est-à-dire de personne ayant une part de sang juif et une part de sang aryen. Son immense fortune et son rôle dans l'économie de guerre lui furent également d'un grand secours.

Après cela, Kluge fit tout ce que Tresckow attendait de lui : il prit contact avec Beck[16], Goerdeler[17] et les autres dirigeants de la résistance. Il tenta même de convaincre d'autres grands chefs militaires d'agir. Malgré tout, nous perçûmes bientôt qu'il ne parvenait pas à s'arracher totalement à l'influence d'Hitler et qu'il considérait avec un grand scepticisme les projets de coup d'État ou les tentatives d'assassinat. Pire, au fond de lui-même, il s'y refusait. Malgré tout, Tresckow parvint à le convaincre d'envoyer le chef du bureau opérations du groupe d'armées centre, le lieutenant-colonel von Voss, auprès du maréchal von Rundstedt à Paris afin de le convaincre de rejoindre la conjuration. Pour ma part, j'étais envoyé avec la même mission auprès du feld-maréchal von Manstein, commandant le groupe d'armées sud. Grâce aux bonnes relations qu'il entretenait depuis longtemps avec Schmundt, Tresckow avait réussi à faire nommer notre ancien chef d'état-major opé-

16. Ludwig Beck (1880-1944), chef d'état-major en 1938, avait tenté d'organiser un coup d'État juste avant les accords de Munich. Il avait même fait savoir aux Anglais que l'armée était prête à passer à l'action contre Hitler car elle ne voulait pas de la guerre. Le *Foreign Office* n'avait pas voulu donner suite, car il se complaisait dans la politique d'*appeasement* et avait pris ce geste pour de la haute trahison… Beck, remplacé par Halder, ne joua plus aucun rôle pendant la guerre. Il fut pressenti pour devenir le chef de l'État du nouveau régime, après l'assassinat d'Hitler. Le soir du 20 juillet, il vint retrouver Stauffenberg au Bendlerblock, siège de la conjuration. Une fois l'échec consommé, il obtint de son ancien subordonné, le général Fromm, le « privilège » de se suicider d'une balle dans la tempe. Malheureusement, il se rata et reçut le coup de grâce des mains d'un sous-officier.

17. Karl Friedrich Goerdeler (1884-1945), ancien bourgmestre de Leipzig, démissionna en 1938 en raison de son opposition au nazisme. Il avait été pressenti pour devenir chancelier si le putsch Beck de 1938 avait réussi. Figure centrale de la résistance conservatrice et humaniste, il devait devenir chancelier après le 20 juillet. Arrêté le 12 août 1944, il fut décapité à la hache le 2 février 1945. Homme de haute stature morale, il semble qu'il ait souvent péché par imprudence, irénisme ou irréalisme. Au nom des valeurs chrétiennes, il refusait qu'on assassinât Hitler, préférant qu'on le jugeât.

rations, le colonel Schülze-Büttger[18] auprès de l'état-major de Manstein. Schülze-Büttger devait mettre à profit ses fonctions pour influencer le maréchal et surveiller les occasions d'utiliser le groupe d'armées sud pour organiser un attentat. Mais il nous informait régulièrement qu'il n'était toujours pas parvenu à circonvenir Manstein.

Avant que je ne m'envole pour le quartier général du groupe d'armées sud à Zaporozhye, Kluge me dit : « Faites savoir au feld-maréchal von Manstein que je l'invite après le coup d'État à prendre les fonctions de généralissime, c'est-à-dire à prendre la tête de toutes les armées de terre, de l'air et de mer. » Par là, il soulignait clairement qu'il était prêt à servir sous les ordres d'un maréchal plus jeune que lui. Tresckow me confia des lettres de Goerdeler et de Popitz[19], dans lesquelles tous les deux conjuraient les grands chefs militaires d'agir. Tresckow m'invita à ne montrer ces lettres à Manstein que si j'étais sûr qu'elles resteraient confidentielles. Tresckow m'ordonna aussi de ne rien dire au maréchal en présence de son chef d'état-major général, le général Busse.

À mon arrivée à Zaporozhye, je m'entretins d'abord avec Schülze-Büttger et avec le lieutenant Alexander Stahlberg[20], un autre fidèle de Tresckow, officier d'ordonnance de Manstein. Tous deux avaient peu d'espoir que le maréchal se laisserait

18. Georg Schulze-Büttger (1904-1944), ancien aide de camp de Beck. Il aida Tresckow autant qu'il put. Il fut pendu en 1944.

19. Johann Popitz (1884-1945), ancien ministre prussien des Finances, monarchiste conservateur, donne sa démission en 1938 après la Nuit de cristal. Animateur des « cercles du mercredi », il travailla avec Gordeler, Beck et Hassel à jeter les bases de l'Allemagne d'après. Pressenti comme ministre des Finances dans le gouvernement de l'après-20 juillet, il fut arrêté et exécuté en 1945.

20. Cousin de Tresckow, Alexander Stahlberg (1912-1995) avait été placé là en raison de deux passions qu'il partageait avec le maréchal, les échecs et le violon. Ce ne fut pas suffisant pour pousser Manstein à rejoindre la résistance...

convaincre. Ils organisèrent pour moi une rencontre en tête-à-tête avec Manstein, qui ouvrit ainsi la conversation :

« Vous venez du groupe d'armées centre. Alors je vais appeler mon chef d'état-major.

– Monsieur le maréchal, en présence du général Busse, je ne pourrai que vous faire un exposé sur la situation militaire du groupe d'armées centre. Mais je ne pourrai rien dire sur ma véritable mission. »

Manstein, me voyant assez déconcerté, m'invita à parler : « Bien. Dites ce que vous avez à me dire ».

Je tentai d'abord de gagner la bienveillance de Manstein. J'évoquai le fonctionnement du haut commandement militaire qui était vivement contesté dans tous les états-majors. J'expliquai que le feld-maréchal von Kluge exprimait les plus vives inquiétudes sur la suite de la guerre. Au regard du style de commandement de plus en plus dilettante d'Hitler, en opposition constante avec l'OKW et l'OKH, il était à craindre que la rupture du front oriental ne soit plus qu'une question de temps. On devait faire comprendre à Hitler qu'il courait à la catastrophe.

Manstein répondit : « Je suis totalement du même avis. Mais je ne suis pas l'homme qu'il vous faut pour faire passer ce message à Hitler. Sans que j'y sois pour rien, la propagande ennemie a fait de moi l'homme qui veut contester le pouvoir d'Hitler. Cela crée une vive défiance à mon égard. Il n'y a que Rundstedt et Kluge à pouvoir assumer une telle mission.

– Peut-être que les maréchaux devraient aller ensemble trouver le Führer et lui mettre un pistolet sur la poitrine.

– Les maréchaux prussiens ne se mutinent pas.

– L'histoire prussienne compte suffisamment de généraux de haut rang qui ont agi contre la volonté et les ordres de leur roi. Permettez-moi de vous rappeler Seydlitz et Yorck. En outre, les maréchaux prussiens ne se sont encore jamais trouvés dans une situation comparable à celle que nous connaissons actuellement. Une situation aussi unique exige de prendre des décisions inconnues à ce jour. Mais nous ne croyons plus qu'une action concertée des maréchaux aurait des chances de succès. Au sein du groupe d'armées centre, nous avons depuis longtemps la conviction que tous les moyens doivent être utilisés pour sauver l'Allemagne de la catastrophe.

– Vous voulez dire tuer Hitler ?

– Oui, monsieur le maréchal, comme un chien enragé. »

Manstein sauta de sa chaise, parcourut le bureau à grandes enjambées et s'écria : « Je ne ferai pas cela. Cela briserait l'armée.

– Monsieur le maréchal, vous avez reconnu que l'Allemagne allait à sa perte si rien ne se passait. Ce n'est pas l'armée, mais l'Allemagne et le peuple allemand qui sont l'essentiel.

– Je suis un soldat de première ligne. Vous ne connaissez pas le front comme moi. Chaque jour, je parle avec de vieux et de jeunes soldats, surtout avec de jeunes officiers. Je vois une flamme d'enthousiasme s'allumer dans leurs yeux quand ils parlent du Führer. Ils ne comprendraient pas une action contre lui. Une telle entreprise conduirait inévitablement à la guerre civile à l'intérieur de l'armée.

– Moi aussi je suis souvent sur le front et je parle avec de jeunes officiers. Je vous concède que la plupart sont encore aujourd'hui fascinés par Hitler. Mais j'en connais aussi beaucoup qui sont d'une autre opinion. Mais avant tout, je suis convaincu que la troupe et le corps des officiers sont d'abord d'une obéissance totale à l'égard du haut commandement militaire. Ils exécuteront tous les ordres qui leur seront donnés. Peu de temps après la mort d'Hitler, il est vraisemblable que plus personne ne parlera de lui. »

Ces derniers mots, que je lançai avec une certaine animation, étaient de trop. Manstein refusa énergiquement de nous suivre. Il campa sur ses positions, affirmant qu'il ne participerait jamais à une entreprise qui risquait de conduire au naufrage de l'armée. Manstein pouvait me faire arrêter. J'avais parlé trop ouvertement de la nécessité d'abattre Hitler. Je jugeai donc plus prudent de garder dans ma poche les lettres de Goerdeler et de Popitz. Compte tenu de l'attitude intransigeante de Manstein, il me parut trop risqué de laisser entre ses mains la vie de ces hommes.

Quand, après d'autres échanges, je constatai l'inutilité de mes efforts, j'enchaînai sur l'autre mission, plus facile, que m'avait confiée le maréchal Kluge : « Le feld-maréchal von Kluge m'a chargé de vous demander si vous seriez prêt à assumer le commandement général de la Wehrmacht après un coup d'État réussi. »

Manstein fit une légère révérence et me dit : « Faites savoir au maréchal von Kluge que je le remercie de la confiance qu'il me témoigne. Le maréchal von Manstein sera toujours à la disposition du pouvoir légal de l'État. »

La conversation s'acheva sur ces mots. Jusqu'au départ de mon avion, je m'attendis à être arrêté. En vertu des lois de la guerre, le feld-maréchal aurait pu me faire condamner à mort après une procédure expéditive et me faire aussitôt fusiller. Je dois la vie sauve à son silence, même après le 20 juillet 1944. Bien qu'il m'ait profondément déçu, je ne l'oublierai jamais. Sa posture était caractéristique de la plupart des grands chefs militaires. Le comportement de Manstein manifestait les graves manquements des plus hautes autorités militaires. À l'époque, Tresckow n'avait plus que mépris pour cette camarilla étoilée.

De mon point de vue, les commandants en chef des armées allemandes de la Première Guerre mondiale ne pouvaient pas rivaliser avec le génie stratégique d'un maréchal von Bock, von Manstein ou von Rundstedt. En revanche, en termes de force de caractère, les premiers étaient infiniment supérieurs aux seconds. Je ne sous-estime pas le fait que, pour un général, il est beaucoup plus facile de faire preuve de caractère dans un système monarchique, car on a la certitude qu'aucun ordre ne sera donné qui soit contraire à l'honneur des armes. Mais en pensant à mon père et à beaucoup d'officiers de la vieille armée que j'ai connus dans ma jeunesse, je suis convaincu que dans une telle situation, les officiers impériaux auraient réagi avec plus d'énergie et plus de résolution que les officiers de la Wehrmacht. Je crois, contrairement au plus grand nombre, que l'esprit de résistance, c'est-à-dire l'obligation de subordonner le devoir d'obéissance aux exigences de la conscience, était plus fort sous l'Empire que durant le IIIe Reich. L'histoire prussienne est pleine d'exemples où la résistance s'est concrétisée dans l'action. Le système de valeurs des généraux de haut rang a certainement été perverti par les prestations de serment à répétition à l'empereur et roi[21], à Ebert, à Hindenburg et finalement à Hitler. En prison, après la Seconde Guerre mondiale, le feld-maréchal von Rundstedt révéla que durant toutes ses années de service – il était le plus ancien général de la Wehrmacht –, pas une seule fois il n'avait reçu d'enseignement sur le droit international ou les conventions de La Haye. C'est probablement vrai et cela prouve une insuffisance manifeste dans le système de formation militaire. Pourtant, on aurait pu attendre d'un officier de haut rang, commandant en chef d'une grande unité et juge suprême des cours martiales, qu'il s'intéressât de lui-même au droit pénal militaire allemand et aux conventions internationales qui régissent le droit de la guerre. En tant que juge suprême, il n'avait pas le droit de se contenter des conseils des juristes militaires qu'il avait sous ses ordres.

Nous connûmes au printemps 1943, une certaine consolidation sur le front du groupe d'armées centre puisque, après Stalingrad, Hitler avait besoin de troupes pour soutenir le front sud et avait donc autorisé l'abandon du saillant de Rjew. Durant tout le mois de mars, dans le cadre du plan nommé opération « Buffle », l'aile gauche du groupe d'armées se retira en bon ordre sur des positions en retrait, parfaitement préparées à l'avance. Encore une fois, la troupe allemande montra toute sa valeur militaire. Le nouveau front correspondait peu ou prou à la ligne d'où était partie notre offensive pour la

21. Empereur d'Allemagne et roi de Prusse.

bataille de Wjasma-Briansk. L'opération « Buffle » permit de raccourcir la ligne de front d'environ 330 km. 15 divisions d'infanterie, 2 divisions motorisées et 3 divisions de panzers furent ainsi rendues disponibles. Mais Hitler pensait déjà à de nouvelles opérations offensives. Le 13 mars 1943, le groupe d'armées reçut les premières instructions pour la préparation de l'opération « Citadelle ». Une offensive soviétique dans la région de Koursk devait être stoppée par une attaque vers le nord du groupe d'armées sud depuis Kharkov et par une action simultanée d'une partie du groupe d'armées centre en direction du sud, depuis Orel et Briansk.

Comme toujours, Hitler était convaincu de la supériorité du commandement des troupes allemandes. Prenant ses rêves pour des réalités, il estimait le potentiel de l'Union soviétique insuffisant pour compenser les lourdes pertes de la première année de la guerre. Il négligeait toutes les informations précises transmises par les services de renseignements. Ainsi portait-il constamment un jugement erroné sur les forces ennemies.

Au printemps 1943, nos services d'écoutes radio – qui pendant la campagne de Russie allaient se révéler les moyens de renseignements les plus performants – avaient repéré entre les commandants d'artillerie soviétiques un flux d'échanges radio inhabituels qu'il était impossible d'interpréter. Il concernait les numéros de 60 régiments d'artillerie qui semblaient largement répartis le long du front soviétique.

À la différence des forces armées allemandes, où, par exemple dans la 6e division, le régiment d'artillerie portait le numéro 6, la section de renseignements le numéro 6, le régiment de reconnaissance le numéro 6, la numérotation des unités soviétiques ne semblait avoir aucun lien avec la numérotation des divisions. Un de mes officiers d'ordonnance qui coordonnait la collecte des données du renseignement, le lieutenant Conrad, était convaincu que la numérotation des unités soviétiques n'était pas arbitraire. Un système devait se cacher derrière. Après de longues réflexions et de savants calculs, il trouva une formule mathématique qui permettait de rattacher le numéro d'un régiment d'artillerie au numéro des divisions. Nous avions ainsi la clé pour déterminer, avec un haut degré de probabilité, la position d'un grand nombre de divisions soviétiques grâce à l'écoute du trafic radio. Le département « armées étrangères est » à l'OKH et les services de l'amiral Canaris validèrent nos théories après un examen approfondi. Mais Hitler rejeta nos conclusions, les estimant impensables et défaitistes. Malheureusement, quelques mois plus tard, nous rencontrâmes sur le front les nouvelles divisions soviétiques que nous nous attendions à trouver.

Pendant la préparation de l'opération « Citadelle », le dispositif ennemi avait complètement changé sans que nous fussions parvenus à convaincre Hitler de la nouvelle situation. Le 5 juillet 1943 montèrent en ligne les troupes d'assaut du groupe d'armées centre (9e armée avec 21 divisions) et du groupe d'armées sud (4e armée panzer). Les forces allemandes se heurtèrent à des forces ennemies sous-estimées qui bientôt purent passer à la contre-offensive avec de fortes réserves de chars. Le 11 juillet, l'opération dut être interrompue pour éviter une complète rupture du front allemand[22].

Au cours de cette année 1943, se produisit dans notre secteur un événement qui aurait un retentissement politique d'importance mondiale. Une petite unité de police militaire était subordonnée à mon département renseignement (IC/AO). Sa mission était d'assurer la protection du maréchal en première ligne. Comme nous occupions depuis presque deux ans le même quartier général à Smolensk, nous craignions qu'une action de commando soviétique ne fût lancée contre l'état-major du groupe d'armées. C'est pourquoi j'avais ordonné au

22. Connue sous le nom de « bataille de Koursk », ce fut la plus grande bataille de chars de tous les temps. À dater de cette bataille, l'initiative passa définitivement du côté soviétique. Les Allemands ne purent que livrer des batailles de retardement.

commandant de la police militaire, le secrétaire de police Voss, de contrôler régulièrement la population des villages voisins afin de pouvoir détecter immédiatement l'arrivée éventuelle d'étrangers.

Au printemps 1943, Voss vint un jour me rapporter ce que lui avaient raconté des paysans russes avec lesquels ses hommes avaient noué de bonnes relations : des soldats polonais, qui servaient comme Hiwis auprès d'une division allemande et qui était cantonnés chez eux, s'étaient renseignés pour savoir si des Polonais, prisonniers de guerre des Soviétiques, n'avaient pas été vus dans la région de Smolensk. Les Russes avaient répondu qu'il y avait trois ans, en avril 1940, de nombreux trains de prisonniers polonais avaient effectivement été déchargés à la gare de Gniesdowa. Les prisonniers auraient ensuite été conduits dans une petite forêt à proximité. Toute la journée, on aurait entendu des coups de feu venant de cette direction. Ayant obtenu ces informations, les Hiwis avaient entrepris de fouiller la forêt. Ils avaient trouvé des fosses communes remplies de dépouilles d'officiers polonais. Ils avaient ensuite dressé une grande croix de bouleaux sur le lieu de leur découverte.

J'ai aussitôt rendu compte de l'histoire, qui apparaissait alors assez mystérieuse, et j'ai donné l'ordre d'enquêter sur l'affaire. La forêt était toute proche d'un bâtiment appelé « le petit château sur le Dniepr ». C'était une ancienne résidence de vacances du NKVD[23] dans laquelle le commandant de notre régiment de renseignements avait pris ses quartiers. En procédant à des fouilles pour rechercher des preuves, mes hommes tombèrent sur plusieurs fosses communes dans lesquelles gisaient des milliers d'officiers polonais. Visiblement, ils avaient tous été assassinés d'une balle dans la nuque. Ayant reçu ces informations, l'OKH ordonna d'ouvrir les tombes, de constater le nombre et l'identité des victimes et de faire une enquête sur

23. L'ancêtre du KGB, les services secrets russes.

les conditions de leur assassinat. L'exhumation des dépouilles fut confiée au professeur Buhtz, médecin légiste rattaché à l'état-major de notre quartier-maître général.

Le ministère de la Propagande avait ordonné d'utiliser cette découverte de fosses communes à des fins de propagande. C'est pourquoi je recherchai une dénomination appropriée pour décrire l'affaire. Au début de notre enquête, nous constatâmes qu'à proximité directe des fosses communes, le petit village de Gniesdowa était entouré de grottes funéraires remontant à l'histoire ancienne de la Russie. Nous craignions que les Soviétiques n'utilisent ces vestiges historiques pour justifier la découverte de tombes – ce qu'ils firent plus tard d'ailleurs. Aussi cherchai-je sur la carte une localité voisine un peu plus grande qui aurait un nom facile à prononcer. À cinq kilomètres de là, je trouvai la petite ville de Katyn et je décidai d'utiliser ce nom pour décrire l'affaire.

C'est ainsi, et pas autrement, que se déroula la découverte du massacre de Katyn. Toutes les autres versions sont fausses ou inventées, y compris la légende du loup qui aurait déterré les morts.

Ensuite, nous constatâmes, sans aucun doute possible les faits suivants :

1) L'assassinat des officiers polonais eut lieu en avril 1940 et, à l'époque, ne pouvait avoir été commis que par les Soviétiques. Nous en avions pour preuves les dépositions claires et unanimes de la population russe, les arbres sur les tombes dont la dendrochronologie révélait qu'ils avaient exactement trois ans, les nombreux documents retrouvés en bon état sur la plupart des cadavres (agendas, lettres, journaux), enfin les données de la médecine légale qui permirent de déterminer la date et la cause de la mort, les armes du crime et les projectiles utilisés.

2) Dans plusieurs vastes et profondes fosses, il y avait des milliers de dépouilles qui, en raison de la bonne conservation des uniformes, ont pu être identifiées comme des officiers polonais – parmi eux, deux généraux. Après la campagne polonaise

de 1939, ils avaient été transportés par les Soviétiques au camp de prisonniers de Kozielsk près d'Orel. Au printemps 1940 – c'est-à-dire plus d'un an après le début de la campagne de Russie –, ils furent transportés à Smolensk. Tous les agendas, tous les journaux intimes s'interrompent pendant ce voyage en train ou lors de l'arrivée à la gare de Gniesdowa.

3) Toutes les victimes ont été assassinées d'une balle dans la nuque. Une partie était entravée avec du fil de fer ou avec des cordelettes typiquement russes[24].

Jusqu'à l'été 1943, environ 4 500 cadavres furent exhumés, identifiés, et enterrés à nouveau. Durant l'été, il fallut interrompre les exhumations pour des raisons sanitaires. Au début de l'automne, nous dûmes évacuer Smolensk, sans avoir pu établir le nombre exact des victimes. Les évaluations varient entre 8 000 et 12 000.

Durant les travaux d'exhumation, les fosses furent examinées par de nombreuses commissions et délégations venues de Pologne, d'Allemagne et de plusieurs pays neutres. Quelques visites me marquèrent particulièrement : l'archevêque de Cracovie, Mgr Jasinski, une délégation de la Croix-Rouge polonaise qui fut particulièrement active dans les travaux d'exhumation et d'identification, une commission de médecins légistes venus d'une douzaine de pays neutres ou occupés qui eurent la liberté d'examiner les cadavres de leur choix, une commission de journalistes originaires des pays neutres ou occupés, une délégation de prisonniers de guerre polonais, américains, britanniques et français.

---

24. Les longues explications de Gersdorff sur le sujet se justifient par la date de publication de son livre, en 1976. À l'époque, les Soviétiques niaient toujours leur responsabilité dans les massacres de Katyn. Il fallut attendre l'ouverture des archives soviétiques après la chute du rideau de fer pour que la culpabilité de l'URSS fût définitivement reconnue. En 2010, la Douma reconnut officiellement la responsabilité de Moscou dans la tragédie.

À l'époque, je m'entretins avec presque tous les visiteurs et je n'en trouvai pas un qui doutât de la culpabilité soviétique dans ce massacre. Les preuves sur place étaient si indiscutables que la découverte de douilles provenant d'une usine allemande n'avait pas semé le doute dans les esprits. Il avait en effet été facile de prouver que cette manufacture avait livré des cartouches de revolver à l'Union soviétique en 1939. Le professeur Markow[25], professeur de médecine légale en Bulgarie, m'expliqua en 1943 qu'il n'y avait pas le moindre doute sur le fait que le massacre des officiers polonais avait été commis par les Soviétiques. Au cours du procès de Nuremberg, témoin à charge de l'accusation soviétique, il affirma le contraire. Cependant, l'accusation de crimes de guerre contre l'armée allemande à Katyn fut abandonnée quand l'accusation occidentale constata à quel point elle semblait manigancée par les procureurs soviétiques. De ce point de vue, il est très révélateur que je n'aie pas été interrogé sur le cas de Katyn lorsque j'ai été entendu comme témoin au procès de Nuremberg. Les témoins qui furent entendus appartenaient tous, soit au régiment de renseignements du groupe d'armées soit à l'état-major des services de renseignements. Ils n'étaient que les spectateurs lointains de l'affaire et n'étaient pas en mesure de rapporter de témoignages concrets.

En 1952, une commission du congrès américain lança une enquête sur le dossier de Katyn. Sur la base des dépositions de tous les témoins oculaires, elle arriva à la conclusion qu'il s'agissait d'un crime soviétique. Le rapport de cette commission d'enquête se trouve dans les archives à Washington.

En aucun cas, Katyn ne pouvait nous détourner des crimes nationaux-socialistes. La persécution des juifs et les mauvais traitements réservés aux Russes et aux Polonais restaient le ressort principal de notre combat contre Hitler et son régime. Mais nous pensions aussi à la pérennité du Reich allemand, qui

25. À l'époque, la Bulgarie était occupée par les Soviétiques et des pressions ont été exercées sur lui et sa famille.

courait à sa perte. Qu'est-ce que cela signifiait d'être des tyrannicides ?

Après l'échec de l'opération « Citadelle », en août et en septembre, la contre-offensive générale des Soviétiques sur l'ensemble du front imposa au groupe d'armées centre une retraite générale. Le quartier général du haut commandement fut transféré de Smolensk à Orcha. En raison de la diminution constante de leur aptitude au combat, partout, les unités allemandes étaient réduites à la défensive. Depuis longtemps, la plupart des divisions ne représentaient plus que la puissance de combat d'un régiment renforcé. Malgré tout, suivant les instructions d'Hitler, elles étaient envoyées au combat comme des divisions disposant de tous leurs moyens. Durant cet été 1943 commença le jeu des petits drapeaux sur les cartes d'état-major qui conduisit, finalement, le haut commandement à lancer des opérations avec des divisions qui n'existaient pratiquement plus sur le terrain.

Mi-septembre 1943, je fus versé dans la *Führer-Reserve* (réserve générale) car je devais subir une opération de l'estomac. Je pris avec moi les explosifs qui restaient en ma possession et quelques détonateurs chimiques. Je cachai l'ensemble dans la maison de mon frère. Environ deux semaines après mon opération, je participai à une grande chasse au lièvre à Klein Öls, chez mon ami Yorck. Le soir, nous bavardâmes au coin du feu avec quelques amis qui partageaient nos idées. Parmi eux, il y avait mon frère aîné et le comte Sierstorpff, qui serait plus tard assassiné par le SD. Nous discutions des chances de succès d'un coup d'État. Je décrivis les mesures de sécurité raffinée qui étaient prises pour protéger Hitler. J'évoquai les difficultés qu'elles nous causaient. Quand j'abordai la manière dont tous les organes vitaux d'Hitler étaient protégés, Yorck se dressa d'un bond et cria en présence de son vieux serviteur : « Mais enfin, ce cochon a bien une gueule dans laquelle on peut tirer ! »

En janvier 1944, à Döberitz près de Berlin, je suivis un cours destiné aux généraux et aux chefs de corps, qui était dirigé par le général Brennecke. Cela me permit de renouer des liens avec des personnalités importantes de la résistance à Berlin. Je fus particulièrement impressionné par ma première et unique rencontre avec Claus von Stauffenberg, l'homme qui commettrait l'attentat du 20 juillet 1944 et avait pris la direction de tous les préparatifs du coup d'État. Je fis sa connaissance au cours d'une réunion organisée dans l'appartement de Schlabrendorff. Tresckow et mon vieux camarade de régiment Wessel von Freytag-Loringhoven[26] s'y trouvaient également. Freytag-Loringhoven était depuis quelque temps commandant de l'*Abwehr II* dans les services de l'amiral Canaris. Il s'était proposé de procurer à Stauffenberg et à Tresckow des explosifs et des détonateurs de même nature que ceux que j'avais récupérés l'année précédente. Auparavant, je n'avais entendu parler de Stauffenberg que par son camarade de l'école de guerre, mon vieil ami Adrian Pückler. Il m'impressionna d'emblée. Sa personnalité extraordinaire et son inflexible volonté le distinguait au premier regard. Avec un grand sérieux et une calme détermination, il nous fit part de la nécessité absolue d'éliminer Hitler aussi vite que possible. J'eus aussitôt le sentiment qu'Oster et Tresckow avait trouvé en Stauffenberg un partenaire de choix qui allait donner au mouvement de résistance une impulsion décisive.

Ce jour-là, je vis Tresckow pour la dernière fois. Il me dit que je devais me tenir prêt à assumer les fonctions de chef de corps sur le front de l'Ouest, auxquelles j'étais probablement destiné. En cas de coup d'État, ma mission était de venir le plus vite possible à Berlin me mettre à sa disposition. Depuis quelque temps déjà, Freytag-Loringhoven essayait de me convaincre de prendre la direction de *l'Abwehr III*, devenue vacante depuis que son chef, le colonel Heinrich, avait eu un accident de voiture. Quoique je ne fusse pas très enthousiaste, quelques jours plus tard,

26. Wessel Freytag Loringhoven (1899-1944) participa au complot et fut acculé au suicide.

l'amiral Canaris me fit la même proposition. Avec le colonel Hansen *(Abwehr I),* Freytag-Loringhoven *(Abwehr II)* et moi *(Abwehr III)*, l'amiral aurait pu réunir autour de lui des collaborateurs de confiance dans l'intérêt de la conjuration. Quand il remarqua mon hésitation, il saisit ma dragonne et me supplia de faire ce sacrifice. Je finis par accepter. À cet instant précis, Canaris fut informé que, contrairement à ce qu'on lui avait dit, le malheureux colonel Heinrich qui venait de succéder à Bentivegni à la tête de *l'Abwehr III* serait apte à reprendre le service quelques semaines plus tard. Canaris m'expliqua aussitôt que, dans ces circonstances, il devait renoncer à mes services car, pour une si courte absence, il ne pouvait pas relever de son commandement un homme de la qualité d'Heinrich. Sans cet imprévu, il ne fait pour moi aucun doute que j'aurais été du nombre des victimes du 20 juillet 1944, comme Hansen et Freytag.

Durant le temps que nous avons passé à Döberitz, les participants à notre cours ont été invités par Goebbels à un déjeuner au ministère de la Propagande. À l'entrée, on nous avait réclamé des tickets de rationnement pour 20 g de pain et 10 g de beurre, je m'attendais donc à une maigre pitance, avec un seul plat. Nous eûmes droit à un déjeuner à cinq services, luxe que nous n'avions plus connu depuis le temps de paix, qui nous semblait si loin. Un fonctionnaire du ministère placé à côté de moi m'expliqua que la plupart des mets avaient été transportés en avion depuis les territoires occupés – nous permettant ainsi de goûter des fraises fraîches en janvier. Goebbels ne semblait pas remarquer à quel point ce type de pratiques indisposait des généraux et des officiers d'état-major habitués au front. Après le repas, nous eûmes une longue conversation avec lui, qui, pour l'essentiel, roula sur la puissance de la propagande. Quand il fit remarquer ironiquement qu'il suffirait de peu de temps pour faire du Führer, avec l'aide de la propagande, l'homme le plus détesté d'Allemagne, le chef du département radio au ministère, Hans Fritzsche lança : « Monsieur le ministre, pourquoi n'essaieriez-vous pas ? » La remarque, prise sur le ton de la plaisanterie, fit beaucoup rire. Dégoûté, je quittai cette maison dans laquelle, six mois plus tard, le destin de la résistance allemande s'accomplirait. Fin janvier 1944, le cours de Döberitz se rendit à Poznan pour une session de formation organisée par le général Reinecke[27], le plus gradé du corps « des officiers instructeurs en national-socialisme[28] » (NSFO). Y participaient environ 300 généraux, amiraux et officiers de l'état-major général. Des ministres du Reich et de hauts fonctionnaires du parti nous présentèrent leurs différents secteurs d'activité. À la fin de ce séminaire de trois jours, Heinrich Himmler fit un discours sur la sécurité intérieure et extérieure. Sur un ton larmoyant, il parla de la lourde tâche que le Führer avait confiée à ses SS pour mettre en œuvre « la solution totale [*sic*] de la question juive ».

Avec des trémolos dans la voix, il expliqua que malgré le choc moral que cela avait pu leur causer, les SS avaient obéi aux ordres et totalement accompli leur mission. Il n'y avait plus de question juive. Étonnamment la majorité des auditeurs semblait n'avoir pas vraiment compris de quoi parlait Himmler. Ses propos furent salués d'inexplicables applaudissements, avant que l'orateur ne soit invité à partager notre repas.

Ce n'est que pour une petite minorité que cette expérience de Poznan fut la plus bouleversante de leur vie. Nous ne fûmes guère que six ou sept officiers à nous abstenir d'applaudir et à refuser de participer au repas. Nous nous retrouvâmes dans un restaurant à proximité. Je me rappelle qu'il y avait là mon cousin, Smilo von Lüttwitz et les généraux von Rothkirch, Krüger, von Choltitz[29] et

27. Hermann Reinecke (1888-1973), nazi fanatique, général de corps d'armée, se consacra essentiellement à l'éducation politique des recrues.

28. Corps créé par les nazis sur le modèle des commissaires politiques soviétiques. L'objectif était de développer l'esprit national-socialiste des soldats et des officiers.

29. Dietrich von Choltitz (1894-1966) est le général qui commandait à Paris lors de l'arrivée de la division Leclerc et qui refusa de faire sauter la ville malgré les ordres pressants d'Hitler. Son action a été immortalisée par le film *Paris brûle-t-il ?*

von Schwerin-Schwanenfeld. Nous, nous avions clairement compris la signification monstrueuse des mots d'Himmler.

À la fin de la session à Poznan, nous fûmes invités au quartier général du Führer en Prusse orientale. Hitler voulait faire un discours devant les généraux. Avant d'entrer dans la salle de conférence, tous, nous dûmes déposer nos armes ; nous étions discrètement contrôlés en franchissant la porte. Le discours d'Hitler fut ténébreux. L'atmosphère était celle du *Crépuscule des dieux*. Quand Hitler déclara qu'il avait toujours espéré qu'aux heures les plus graves, les généraux et les hauts gradés se rassembleraient autour de lui, il se produisit un incident avec le feld-maréchal von Manstein. L'épisode a été décrit et interprété de manière variée dans les livres d'après-guerre. D'après mes souvenirs, Manstein aurait pris la parole pour dire : « Mais mon Führer, c'est le cas ! » Hitler sembla agacé par l'interruption de son discours. Je crois qu'il répondit : « J'en prends bonne note, monsieur von Manstein. » On a plus tard interprété cet incident comme l'expression d'une opposition entre Hitler et Manstein.

Le 1er février 1944, je pris mes nouvelles fonctions de chef d'état-major général du 82e corps d'armée. Le corps d'armée était chargé de la garde du mur de l'Atlantique, de Dunkerque à Boulogne en passant par Calais. Le quartier général se trouvait à Aire-sur-le-Lys. Le corps d'armée avait sous ses ordres six divisions d'infanterie, dont trois étaient directement cantonnées sur les plages. Dans le Pas-de-Calais, nous nous attendions à être en première ligne au jour de l'invasion alliée. La construction du mur de l'Atlantique était sur cette portion infiniment plus avancée et plus solide que dans d'autres secteurs. Les divisions blindées stationnées dans l'arrière-pays étaient avant tout destinées à porter rapidement le fer dans le Pas-de-Calais.

Ma première impression fut déprimante. La plupart des unités de l'armée de l'Ouest étaient en France depuis 1940. Elles y avaient accompli un service de temps de paix. Une longue oisiveté les avait rendues médiocres. Bureaucratie et routine régnaient dans les rangs. Cela n'augurait rien de bon pour l'ardeur au combat. La plupart des divisions d'infanterie étaient des divisions de forteresse dont l'artillerie n'était que partiellement mobile. Une « division de campagne de la Luftwaffe » était composée de personnels en disponibilité d'affectation dans les forces aériennes. Une autre était une « unité de convalescents » (malades affectés de troubles digestifs, ou auditifs à la suite des bombardements). Je me heurtai parfois à des situations grotesques. Dans une cité balnéaire de la Manche, je tombai sur un sous-officier à qui on avait confié en 1940 la surveillance d'une villa et qu'on avait ensuite oublié... Entre-temps, il avait épousé une Française et vivait vraiment depuis quatre ans « comme Dieu en France[30] ».

Dans la perspective de l'invasion, on commença à remplacer les commandants en chef, les chefs de corps et les officiers d'état-major par des officiers expérimentés arrivant du front de l'Est. Mais ce n'était que partiellement possible. La nomination du feld-maréchal Rommel, le 1er avril 1944, mit de l'huile dans les rouages. Il avait été désigné commandant en chef du groupe d'armées B avec mission d'améliorer autant que possible les capacités défensives de la totalité du front ouest, du Danemark aux Alpes. Avec une immense énergie et souvent une grande brutalité, il parvint à juguler les déficiences les plus graves. Mais ses capacités d'action demeuraient limitées ; il ne pouvait pas augmenter significativement la force combative des divisions de forteresse ou des divisions de campagne de la Luftwaffe. Il ne pouvait pas non plus améliorer la mobilité d'unités dépourvues de moyens de transport. Je fis la connaissance de Rommel au cours de plusieurs de ses visites dans le secteur de mon corps d'armée. Je savais qu'il avait des liens avec la résistance et je pensais qu'il était informé que j'en étais

30. Référence à l'expression allemande : « Heureux comme Dieu en France », qui signifie la félicité absolue.

aussi, peut-être par son chef d'état-major, le général Speidel[31], qui y était activement engagé. Auprès de lui, j'eus toujours le sentiment d'une secrète unité de point de vue, même si nous n'en parlâmes jamais ouvertement. Devant moi, il tenait des propos très critiques à l'égard du haut commandement militaire. Au cours d'une conversation, il me dit qu'il doutait, contrairement à Hitler, que le principal risque d'invasion fût dans le Pas-de-Calais. L'opinion du Führer était avant tout forgée sur les analyses du haut commandement de la marine, qui pensait qu'un débarquement allié sur les côtes de Normandie était impossible, en raison des récifs qui y affleuraient. Rommel était sceptique ; il pensait qu'un débarquement entre Le Havre et Cherbourg était possible. L'infériorité aérienne manifeste des escadrilles allemandes l'incita à apporter une grande attention à l'amélioration de la lutte antiaérienne. Sur les côtes et dans les terres, là où il n'y avait pas de défenses naturelles, il fit planter de grands poteaux, consolidés par des chevalets. Surnommées « les asperges de Rommel », ces défenses étaient renforcées par des chevaux de frise en fer barbelé. Sur les plages, aux endroits propices au débarquement, il avait fait installer des obstacles sous-marins que la marée rendait invisibles et qui étaient équipés de mines. Il espérait que les péniches de débarquement ennemies seraient détruites avant d'atteindre le bord, ou du moins suffisamment retardées.

En dehors d'attaques aériennes alliées plus violentes que d'habitude, nous ne fûmes pas directement touchés par l'invasion de la Normandie, le 6 juin 1944. Comme Hitler était toujours convaincu que le débarquement principal aurait lieu dans

31. Hans Speidel (1897-1984), général proche de Beck, fut nommé chef d'état-major de Rommel en avril 1944. Il entretint des liens avec les conjurés du 20 juillet mais ne participa pas directement aux événements. Il fut néanmoins arrêté en septembre 1944 et échappa de peu à la mort. Après-guerre, il contribua à la renaissance de la Bundeswehr. De 1957 à 1963, il fut commandant en chef des forces terrestres de l'OTAN de la zone Centre-Europe.

le Pas-de-Calais, nous conservâmes nos six divisions durant les premières semaines de l'invasion. Ce n'est que le 1er juillet que la première division fut envoyée sur le front. Le passage de la Seine à Elbeuf lui causa des pertes cruelles en raison de la supériorité aérienne des alliés.

Le 16 juin 1944 commença le bombardement de Londres par les V1. Dans mon secteur, il y avait plusieurs bases de lancement, si bien que je pus voir de près « l'arme miracle ». Je constatai de mes propres yeux le manque de fiabilité de l'arme secrète. Elle partait souvent en vrille et s'abîmait quelque part dans la campagne française ; plusieurs d'entre elles avaient été descendues par la chasse anglaise. J'acquis dès lors la conviction que la nouvelle arme n'aurait pas de conséquence décisive sur l'issue de la guerre.

Le 17 juillet 1944, le feld-maréchal Rommel[32] fut gravement blessé par une attaque aérienne contre son véhicule. Ce fut un rude coup asséné à la défense du front ouvert par le débarquement. Pour la résistance allemande, à l'heure décisive, ce fut une perte irréparable car elle se trouvait privée de la personnalité la plus compétente et la plus capable qu'elle eût su gagner à sa cause.

32. Erwin Rommel (1891-1944) fut certainement un très grand chef militaire, même si l'on a parfois surestimé ses succès. Hitler l'appréciait car il était d'origine modeste et n'appartenait pas à la caste de l'aristocratie militaire. Son image était donc bonne à utiliser pour la propagande. Son opposition à Hitler et son appartenance à la résistance sont aujourd'hui contestées. Il semble que c'est la perspective de la défaite qui l'ait détourné du Führer, pas les atrocités commises. Son suicide forcé en 1944 ne prouve rien. Cf. Benoit Lemay, *Rommel*, Paris, Perrin, 2009.

6.

SOLDAT AU CRÉPUSCULE DU REICH

« Tout est perdu, fors l'honneur. »

François Ier, après la bataille de Padoue 1525

L'attentat du 20 juillet 1944[1] a montré la volonté de la résistance allemande de libérer d'Hitler et de son régime criminel

1. Le 20 juillet 1944, l'officier d'état-major Claus von Stauffenberg (1907-1944) tenta d'assassiner Hitler en déposant une bombe au pied de sa table de réunion dans la « tanière du loup », le quartier général du Führer. Stauffenberg avait également prévu la mise sur pied d'un gouvernement provisoire. L'attentat a échoué à la suite d'un malheureux concours de circonstances : Stauffenberg n'avait pu amorcer qu'une bombe sur deux ; la réunion s'est tenue dans un baraquement en plein air, ce qui a réduit le souffle de l'explosion ; la bombe avait été déplacée par hasard. Malgré les incertitudes sur la mort d'Hitler, le coup d'État, l'opération « Walkyrie », avait néanmoins été lancé. À Paris et à Vienne, les SS et les membres du SD avaient été arrêtés. Lorsque la survie d'Hitler a été rendue publique, l'opération s'est grippée et les principaux conjurés civils et militaires ont été arrêtés (Beck, Witzleben, Goerdeler, Hassel, Popitz, Olbricht, Mertz von Qirnheim, Molkte, Trott zu Solz...). Stauffenberg a été fusillé le soir même. La plupart des autres ont été pendus dans les mois qui suivirent. La répression fut féroce avec plus de 200 exécutions et près de 5 000 arrestations au nom du *Sippenhaft,* la responsabilité familiale collective. La vieille aristocratie militaire qu'Hitler détestait en fut la principale victime. L'attentat du 20 juillet 1944 fut la tentative de coup d'État la plus sérieuse et la plus proche de réussir de tout le IIIe Reich. Pour plus de précisions : Jean-Louis Thiériot, *Stauffenberg*, Paris, Perrin, 2009.

l'Allemagne et le monde. Son échec signifia non seulement la fin de l'opposition, mais aussi le crépuscule de l'esprit militaire allemand.

Dans l'action du comte Stauffenberg, il n'était pas seulement question de réussir un coup d'État. Le plus important était que les Allemands et plus particulièrement les soldats allemands révèlent au monde entier leur volonté de rétablir l'honneur de leur peuple. L'attentat du 20 juillet 1944 était le seul point positif que le peuple allemand pût présenter à sa décharge devant l'opinion mondiale, à l'heure où il allait devoir remettre son destin entre les mains des alliés vainqueurs qui le jugeraient.

Tout ce que j'ai vécu comme soldat après le 20 juillet fut marqué du sceau de ce crépuscule prochain. Après que notre combat contre l'arbitraire fut devenu sans espoir, la seule chose qui nous restait était de conserver une posture militaire convenable afin d'épargner le pire au peuple allemand et aux soldats qui nous avaient été confiés.

Ce n'est que dans l'après-midi du 20 juillet que j'appris l'attentat de Stauffenberg. Quelques heures plus tard, j'apprenais l'échec du coup d'État. Après un certain nombre d'échanges téléphoniques, contrairement aux instructions de Tresckow, je me décidai de ne pas partir pour Berlin. Une seule chose était pour moi très claire : je devais m'attendre à être arrêté dans un très bref délai. Dans la nuit du 20 au 21 juillet, je décidai de tout faire pour ne pas tomber vivant entre les mains de la Gestapo. J'étais certain de finir pendu à une potence, et je craignais de ne pas pouvoir supporter les tortures qui m'attendaient. Le 21 juillet, pour gagner du temps et de la distance, j'entrepris une tournée d'inspection des divisions placées sous nos ordres avec mon fidèle ordonnance, Paul Kühn. Avant mon départ, je dis à mon premier officier d'état-major, le major Sven von Mitzlaff, auquel m'unissait une vieille camaraderie d'équitation, que je l'appellerais chaque jour pour lui dire où je pouvais être joint. Si quelqu'un demandait à me parler, il devait me le dire par téléphone. De cette manière, j'espérais gagner le temps nécessaire pour prendre mes dispositions. J'avais à choisir entre trois solutions : le suicide, la tentative de traversée de la Manche ou, avec moins de chance de succès, la recherche d'une cachette sûre en France.

Si je me souviens bien, le premier appel que me transmit Mitzlaff fut celui du maréchal von Kluge qui venait d'être nommé commandant en chef à l'Ouest et commandant en chef du groupe d'armées B[2]. Il venait en tournée d'inspection et voulait s'entretenir avec moi. Malgré ma méfiance, je ne vis pas imédiatement le danger. Quand je revins à Aire-sur-la-Lys, je rencontrai Kluge qui venait juste d'arriver. Il expliqua au général commandant le corps d'armées, le général Sinnhuber, que nous étions de vieilles connaissances et le pria de nous laisser nous entretenir seul à seul. Kluge me dit tout d'abord : « J'ai fait tout ce qui était en mon pouvoir pour vous protéger. J'ai envoyé un rapport sur vous en haut lieu qui devrait, je l'espère, vous protéger de toute poursuite. » Puis, il demanda brusquement : « Alors que dites-vous de cette tragédie ? » Je lui répondit : « Monsieur le maréchal, je ne comprends pas comment vous avez pu envoyer votre déclaration de loyauté à Hitler[3]. » L'air profondément pensif et cherchant visiblement un acquiescement, il murmura : « J'avais le choix entre le pistolet et le stylo que Blumentritt[4] me tendait pour signer le télégramme à Hitler. J'aurais volontiers choisi le pistolet mais je n'ai pas voulu me tirer une balle dans la tête en présence de mon fils, que le service du personnel venait justement de m'envoyer à Paris. Mais vous pouvez être certain que j'en tirerai bientôt les conséquences. » Je conjurai Kluge de ne pas prendre de décision précipitée ; l'armée allemande n'avait

2. D'où le vocable employé ensuite : groupe d'armées B ouest.

3. À la suite du coup d'État, Hitler avait exigé de tous les généraux une déclaration de loyauté à sa personne.

4. Blumentritt était le chef d'état-major de Kluge au groupe B.

pas besoin d'un maréchal mort ; en raison de sa position à la tête de l'armée de l'Ouest, il était maintenant le seul à pouvoir éviter la catastrophe qui menaçait ; il était temps de prendre des décisions hardies. Kluge m'exposa brièvement qu'il avait besoin de moi et que je devais me tenir à sa disposition pour venir très vite le rejoindre. J'avais le sentiment qu'il pensait à Tresckow et qu'il voulait avoir à ses côtés un homme en qui il pût avoir une confiance absolue.

Quatre jours plus tard, le 27 juillet, je reçus l'ordre de me rendre immédiatement au quartier général du groupe d'armées B à la Roche-Guyon, sans attendre l'arrivée de mon successeur au 82e corps. Le 28 juillet, quand je pénétrai dans le magnifique château des La Rochefoucauld, le feld-maréchal était précisément en train de se promener dans le parc avec le duc. C'était une image inoubliable que ces deux hommes d'allure majestueuse déambulant côte à côte dans ce cadre médiéval. Après que je me fus fait annoncer, Kluge quitta le duc. Nous reprîmes notre conversation là où nous l'avions laissée quatre jours auparavant. Kluge me dit : « Vous parliez de décisions hardies. À quoi pensez-vous ?

– À mon avis, il n'y a plus qu'une solution. En votre qualité de chef de l'armée ouest, vous devez immédiatement engager des négociations avec les alliés occidentaux. C'est techniquement possible d'établir des liaisons radio avec le commandant du deuxième groupe d'armées américain, le général Omar Bradley. Par ce biais, il doit être possible d'ouvrir très vite des pourparlers en face-à-face avec lui et éventuellement avec le maréchal Montgomery. Les bases de la négociation devraient être : cessez-le-feu, retrait dans l'ordre de toutes les forces allemandes du front ouest derrière les frontières de 1939, libération de la France, de la Belgique, de la Hollande et du Luxembourg, garanties de renversement du régime nazi.

Ainsi, vous pourriez rapidement retirer du front des forces militaires loyales avec lesquelles vous pourriez prendre le pouvoir en Allemagne. Avec la masse des troupes qui seraient libérées par le front ouest, il devrait être possible de défendre la frontière est de l'Allemagne afin d'obtenir, là-bas aussi, un cessez-le-feu.

– Gersdorff, si cela tourne mal, alors le feld-maréchal von Kluge sera le plus grand cochon de l'histoire.

– Monsieur le maréchal, vous êtes devant une alternative que tous les grands hommes ont connue : soit être condamné par l'histoire, soit être considéré comme le sauveur qui a agi aux heures des plus grands périls. »

Kluge me mit la main sur l'épaule et me dit : « Gersdorff, le feld-maréchal von Kluge n'est pas un grand homme. »

Nous nous revîmes au dîner. Il y avait là le feld-maréchal von Kluge, son chef d'état-major général, le général Speidel, le commandant des services de renseignements, le général Gehrke, le général Elfeldt qui devait remplacer le général von Choltitz à la tête du 84e corps d'armées. Pendant le dîner, l'officier opérations du groupe d'armées, le colonel von Tempehoff, informa le maréchal que la 7e armée venait de prendre la décision de tenter une sortie vers le sud. Concrètement, cela signifiait la perte du contact avec la côte ouest de la presqu'île du Cotentin et, pour l'armée américaine la possibilité de foncer vers le sud à travers une campagne française dont la défense n'était plus assurée. Kluge était hors de lui. Il exigea d'être immédiatement mis en contact téléphonique avec le commandant de la 7e armée, le *SS-Oberstgruppenführer* Hausser[5]. Mais la ligne était si mauvaise qu'il était pratiquement impossible de se comprendre et d'avoir une conversation cohérente. Kluge vociférait : « J'interdis la percée vers le sud-est. Vous devez garder le contact avec la côte. »

---

5. Paul Hausser (1880-1972), ancien général de la Reichswehr passé dans la SS, est considéré comme le père de la Waffen-SS, le bras armé de la SS. Il commanda la division « *Das Reich* » sur le front de l'Est. À cette occasion, il a fut grièvement blessé et perdit un œil. Après-guerre, avec Sepp Dietrich, il milita pour la réhabilitation des membres de la Waffen-SS qu'il voulait distinguer des autres SS – par exemple de ceux qui organisaient l'extermination des juifs dans les camps de la mort.

Encore sous le coup de la colère, il me dit pourtant d'une voix calme : « Rendez-vous immédiatement à la 7e armée et relevez de ses fonctions le chef d'état-major, le général Pemsel. Faites tout votre possible pour que la 7e armée renonce à cette décision malheureuse. Une trouée à Avranches et c'est la perte de la guerre. » Il voulait que le général Elfeldt et moi-même partions immédiatement. Le général Speidel conseilla d'attendre jusqu'au lendemain, car durant le voyage de nuit, nous risquions de tomber entre les mains des maquisards.

Le 29 juillet, Elfeldt et moi nous rendîmes en toute hâte au Mans, où se trouvait le principal quartier général de la 7e armée. À notre grande surprise, l'état-major semblait presque sur le pied de paix, mais je n'avais pas le temps de remettre au pas tout ce petit monde. Nous repartîmes pour un trajet difficile, au cours duquel nous dûmes fréquemment chercher refuge contre les attaques aériennes à basse altitude. Ce ne fut qu'en fin de journée que nous atteignîmes le poste de commandement avancé à Chavoy (à environ 6 km au nord-ouest d'Avranches). Le général Elfeldt partit aussitôt au poste de commandement du 84e corps d'armées.

Le général Pemsel fut consterné quand il apprit son limogeage. Les transmissions du groupe d'armées étaient si mauvaises qu'il n'avait pas reçu le message l'informant de la nouvelle. Le commandant en chef Hausser me fit une remarquable impression. Toute sa personne rayonnait du calme des vieux soldats du front. Ancien général de la Reichswehr, il avait rejoint la SS après un passage par le *Stahlhelm*[6]. Il y avait acquis la réputation d'être un bon chef, d'une grande correction. Il ne fit pas d'objection à ce que je m'adresse à lui en l'appelant « *Herr Generaloberst* » et non « *Oberstgruppenführer* ». Il ne semblait attacher aucune importance au « salut

6. Organisation paramilitaire allemande durant la république de Weimar. Officiellement composée d'anciens combattants, elle rassemblait la droite conservatrice affiliée au DNVP d'Hugenberg.

allemand[7] » exigé depuis le 20 juillet. En dehors de lui et de quelques officiers d'ordonnance, il n'y avait que l'officier opérations et l'officier de renseignements dans le poste de commandement avancé, qui était totalement sous-équipé, notamment en matériel de transmission. Sans délai, j'ai essayé d'élaborer toutes les solutions possibles pour briser la percée américaine d'Avranches. Mais très vite, je compris qu'il était trop tard. Les chars américains avaient déjà pénétré dans Avranches, derrière nous. Notre QG se trouvait entre deux grandes routes, sur lesquelles roulaient vers le sud les forces motorisées de la 3e armée US. Il ne nous restait qu'à tenter de boucher les trous, ce qui ne permettrait pas, quoi qu'il en soit, de contrer très longtemps la percée que les Américains avaient réussie.

Si nous ne voulions pas être faits prisonniers, nous devions tenter de traverser vers l'est la route Saint-Lô-Avranches. Quand la nuit fut tombée, nous détruisîmes les émetteurs radio et les véhicules. Ensuite nous nous lançâmes dans une marche de nuit assez aventureuse. Les uns après les autres, nous franchîmes la route, en profitant de rares interruptions dans le flot ininterrompu des véhicules américains. Pour la première fois, je mesurai de visu la supériorité écrasante de l'armée US. Il nous fallut des heures pour retrouver des unités allemandes capables de mettre à notre disposition quelques véhicules, avec lesquels nous pûmes finalement rejoindre notre nouveau quartier général à Mortain (28 km à l'est d'Avranches). Comme nous avions disparu depuis des heures, le groupe d'armées avait considéré que nous avions été faits prisonniers et le feld-maréchal von Kluge avait pris lui-même le commandement de

7. Après le coup d'État du 20 juillet, Hitler avait exigé que l'armée abandonnât le traditionnel salut militaire au profit du « salut allemand », c'est-à-dire du bras tendu. Le fait que le général Hausser accepte d'être appelé par son grade militaire (*Herr Generaloberst*) et non par son grade SS (*Oberstgruppenführer*) signifie pour Gersdorff qu'il a pris ses distances avec les valeurs du IIIe Reich.

l'armée depuis le quartier général principal du Mans. Dès que nous eûmes fait savoir que nous étions à Mortain, il vint nous voir pour évoquer les nouvelles mesures à prendre. Compte tenu de la situation, la seule décision raisonnable eût été de faire reculer la totalité du front allemand derrière la Seine. Mais Hitler avait fermement refusé cette hypothèse. Il ne restait plus qu'une possibilité stratégique : mener au plus vite une contre-offensive dans la région de Mortain en direction d'Avranches, en jetant dans la bataille toutes les forces de panzers disponibles afin de rétablir le contact avec la côte et de couper ainsi la 3e armée US de ses arrières. Il fallait pour cela rassembler les unités de chars des 5e et des 7e armées panzers et les réunir dans la région de Mortain.

Nous aurions pu attaquer immédiatement avec le 46e corps panzer (2e et 116e divisions panzers). Mais le haut commandement nous avait ordonné d'attendre la 1re division SS panzer (*Leibstandarte*) et le 2e corps SS panzer avec deux divisions panzers. L'attaque ne put donc commencer avant le 6 août. La veille, je reçus la visite du commandant de l'aviation de chasse à l'Ouest, le général de la Luftwaffe Bülowius[8]. Après un échange de vues où j'insistai sur les risques d'une attaque des blindés dans la situation de supériorité aérienne alliée, il me répondit mot pour mot : « Demain matin, il y aura 200 chasseurs au-dessus du champ de bataille et le ciel sera vide de tout avion américain ». Malgré ces assurances, nous choisîmes la prudence et décidâmes de commencer l'attaque de nuit pour limiter les effets des attaques des escadrilles alliées. En raison d'une grosse erreur de la *Leibstandarte*, les choses se déroulèrent autrement. Les SS avaient mal préparé et mal reconnu l'itinéraire. Le nouveau régiment de panzers de la *Leibstandarte*, équipé à neuf en chars Panther et Tigres, engagea ses véhicules en file indienne dans un

8. Alfred Bülowius (1892-1968), général de la Luftwaffe, commandait la deuxième flotte en charge de l'Ouest. Comme Goering, il promettait beaucoup et tenait peu.

chemin encaissé, comme un collier de perles. Un avion ennemi qui venait d'être abattu par notre DCA, s'écrasa devant le premier char, créant un bouchon inextricable. Impossible d'avancer. Il fallut plusieurs heures au régiment pour s'extraire du chemin creux et repartir dans la bonne direction. La première division panzer SS ne fut en mesure de passer à l'attaque qu'une fois le jour levé. Entre-temps, les deux divisions panzers qui devaient attaquer à droite de la *Leibstandarte* avait déjà bien avancé, à la faveur de l'obscurité, sous le commandement de mon ancien camarade de régiment Heinrich von Lüttwitz. Il apparut tout d'abord que le flanc américain n'était protégé que par une section de reconnaissance blindée.

Dès le point du jour, nous fûmes confrontés à de violentes attaques aériennes alliées. Le soutien aérien promis par la chasse allemande était inexistant. Personnellement, je ne vis qu'une minuscule patrouille de deux avions. Pour la première fois dans l'histoire de la guerre, une forte offensive blindée fut arrêtée par une contre-attaque venue du ciel. Nos pertes en chars et en blindés furent si importantes que nous fûmes contraints d'arrêter l'attaque après deux jours. La 2e division panzer, la seule à avoir connu des succès, fut forcée de revenir à son point de départ.

Le 8 août, nous reçûmes du Führer l'ordre de reprendre l'attaque en direction d'Avranches sous la direction du général de panzers Eberbach. L'ordre mentionnait qu'après avoir atteint Avranches, l'offensive devait se prolonger vers le nord-est et repousser d'ouest en est la totalité des forces d'invasion alliées. De telles rodomontades nous aurait fait rire si elles n'avaient pas mis en jeu la vie de milliers d'hommes. Non seulement nous n'avions pas assez de carburant ni de munitions pour un projet aussi ambitieux, mais l'objectif était hors d'atteinte et relevait de la pure utopie.

À partir de ce jour et jusqu'à la fin de la guerre, je ne reçus plus un seul ordre du haut commandement qui ne fût totalement irréaliste ou chimérique. Les directives d'Hitler qui visiblement n'avait pas été discutées avec les commandants en chef du front ouest, rendaient de plus en plus probable l'encerclement de la 7e armée et de la 5e armée panzers qui la flanquait sur sa droite. Depuis la chute d'Avranches, la 3e armée américaine du général Patton, qui dirigeait ses forces blindées selon les méthodes de Rommel et de Guderian, procédait à un vaste mouvement tournant en direction du sud dans la zone Alençon-Argentan. L'encerclement final n'était plus qu'une question de temps.

Le commandant de la 7e armée, l'*Oberstgruppenführer* Hausser était totalement de mon avis. Il paraissait aussi avoir quelque idée de mes opinions sur le régime. Un jour, il me demanda à brûle-pourpoint : « N'est-ce-pas, vous n'êtes pas un partisan d'Hitler ? » Je lui répondis ouvertement : « Non, mon général, je le tiens pour le corrupteur de l'Allemagne. » Hausser resta un moment silencieux ; il ajouta simplement qu'il me comprenait ; je devais pour ma part comprendre qu'en sa qualité de SS-Führer il gardait un sentiment de fidélité à l'égard d'Hitler.

Durant ces jours-là, le feld-maréchal von Kluge vint plusieurs fois à notre poste de commandement. À chaque fois, il s'efforçait de trouver un moment pour que nous ayons une conversation entre quatre yeux. Il m'appelait la plupart du temps par mon prénom et me parlait aussi de sujets plus personnels. À chaque fois, je le conjurais à nouveau d'engager des négociations avec les alliés, de sa propre initiative ; techniquement, cela n'aurait posé aucune difficulté. Le 12 août, je reçus un coup de téléphone du chef d'état-major du groupe d'armées, le général Speidel. Il me demanda si le maréchal était chez nous. Après ma réponse négative, il m'ordonna de lui envoyer immédiatement le plus d'officiers possible pour rechercher le maréchal. Ma première pensée fut que Kluge avait finalement décidé de suivre mes suggestions. Au quartier général, on croyait assez ouvertement qu'il allait prendre contact avec l'adversaire. Les échanges téléphoniques continuèrent pour essayer de localiser le feld-maréchal. Ce ne fut que tard le soir que Kluge arriva chez nous. Il avait été bloqué dans les bouchons et avait dû constamment se mettre à l'abri des attaques aériennes. Je me rappelle encore comment il me dit avec ironie : « Représentez-vous cela, le feld-maréchal von Kluge a dû passer la journée à faire la circulation. » Il était indubitable qu'il n'avait rien entrepris pour nouer des conversations radio avec les alliés occidentaux.

Le 15 août, Kluge vint pour la dernière fois au quartier général avancé, à proximité de Flers. En tête-à-tête, il me dit qu'il venait d'être remplacé par le feld-maréchal Model et qu'il était convoqué au quartier général du Führer. Il ne se faisait aucune illusion sur le sens de cette convocation et était décidé à mettre fin à ses jours, comme il l'avait prévu depuis longtemps. Il me remit une lettre d'adieu pour sa femme et son fils. J'essayai à nouveau de le détourner de son projet de suicide et de le pousser à l'action politique. En vain. Nos adieux furent bouleversants. Trois jours plus tard, il se suicida durant son voyage vers l'Allemagne, entre Verdun et Metz.

Sur le terrain, la poche tenue par la 7ᵉ armée et une partie de la 5ᵉ armée panzer se resserrait dans la zone Falaise-Argentan. Dans la nuit du 17 au 18 août, je reçus l'ordre de me rendre au quartier général de la 5ᵉ armée panzer où le commandant en chef du groupe d'armées B, le feld-maréchal Model, voulait me parler. Le général Eberbach reçut le même ordre. Nous réussîmes à nous faufiler dans un étroit goulet pour sortir de la poche de Falaise. Au quartier général de la 5ᵉ armée panzer, qui se trouvait assez loin du front, nous exposâmes à l'*Oberstgruppenführer* Sepp Dietrich[9]

9. Sepp Dietrich (1892-1966), né dans une famille prolétaire, dut toute sa carrière au parti et à la SS. Chef des gardes du corps d'Hitler, il fut l'un des organisateurs de la Nuit des longs couteaux. Durant la guerre, il se montra un soldat valeureux, même si ses compétences stratégiques étaient limitées. Il fut l'un des SS les plus décorés (croix de chevalier avec feuilles de chêne, épées et diamants). À la tête de la *Leibstandarte Adolf Hitler*, il se rendit coupable du massacre de prisonniers de guerre américains à Malmédy (1944) pour lequel il sera condamné à 25 ans de prison. Après sa libération en 1955, il se consacra aux associations d'anciens SS. Son charisme était évident ; plus de 7 000 personnes assistèrent à ses obsèques. Gersdorff semble avoir été frappé par sa personnalité.

que nos positions étaient intenables et demandâmes l'autorisation de réaliser immédiatement une sortie. Model refusa et expliqua que le 2e corps panzer SS, entre-temps rééquipé, allait lancer une contre-offensive contre les pinces du dispositif ennemi et ainsi assainir la situation. Pendant que nous déjeunions, l'officier opérations de la 5e armée panzer vint nous annoncer que la poche était définitivement encerclée. Eberbach et moi-même déclarâmes que nous voulions immédiatement tenter de rentrer dans la poche pour rejoindre nos états-majors. Sepp Dietrich nous le déconseilla vivement, mais Model donna son accord. Il exigea au préalable qu'Eberbach se rendît à l'état-major du 2e corps panzer SS pour coordonner la préparation de l'attaque. Le détour imposé à Eberbach l'empêcha de regagner ensuite la poche.

En ce qui me concerne, je laissai la voiture de mon officier d'ordonnance au milieu des unités avancées de la division *Panzerlehr* qui assurait la défense de la poche à l'extérieur et je pénétrai dans le *no man's land*. Évitant les chemins et les hameaux, j'errai dans les bois et le bocage jusqu'à ce que j'atteignisse un village sur lequel s'abattait un fort barrage d'artillerie lourde. Je ne savais pas s'il s'agissait d'un tir ami ou ennemi, mais penchai pour un tir ennemi, compte tenu du peu de munitions qui restaient dans la poche. Je me réfugiai dans la cave d'une maison isolée. Soudain, j'entendis des voix, sans pouvoir distinguer si elles étaient allemandes, anglaises ou françaises. Pistolet au point, je bondis dans la pièce d'où venaient les voix, et tombai nez à nez avec mon ancien camarade de régiment, le comte Brühl, qui commandait un régiment de chars de la 116e division panzer et qui buvait du cidre avec quelques sous-officiers et hommes de troupe. Brühl avait encore deux ou trois chars à sa disposition. Je lui indiquai l'itinéraire à emprunter pour s'extraire sans danger de la poche avec ses chars. Je lui demandai également de mettre à ma disposition une moto avec un chauffeur afin que je pusse continuer dans la direction présumée de l'état-major de la 7e armée. Le trajet fut ponctué de scènes d'une grande cruauté. Des milliers de soldats allemands passaient devant moi, désarmés, sans chef ; les blessés graves gisaient sanglants au bord des routes, sans le moindre secours. Quand la moto fut hors d'usage, je continuai à pied, à contre-courant du flot des fuyards. Vers 21 heures, je trouvai le commandant en chef et les restes de mon état-major dans une carrière. Hausser m'embrassa ; il ne comptait plus sur mon retour.

Les conditions de vie dans la poche étaient indescriptibles. Dans un espace de la taille de Berlin, se trouvaient concentrés l'état-major de l'armée, l'état-major du groupe panzer Eberbach, quatre états-majors de corps et les restes d'environ 12 divisions. La zone était bombardée sans interruption par l'artillerie des unités américaines, britanniques, canadiennes et polonaises qui resserraient sans cesse leur étau. Tout le jour, des centaines ou des milliers d'avions américains et britanniques survolaient la poche et attaquaient tous les véhicules en mouvement ou qui n'étaient pas camouflés. Ils faisaient même la chasse aux simples fantassins.

Dans la carrière, avait été installé un hôpital de campagne pour les blessés graves, avec des médecins et des infirmières. Un troupeau de bœufs tournait en rond en faisant un bruit sourd dans un champ voisin. Durant la nuit, des obus tombaient inlassablement sur la carrière. Rien que dans mon état-major, plusieurs officiers furent blessés. Personne ne ferma l'œil, sauf le vieux soldat Hausser, qui dormît comme un bébé malgré la dureté de la pierre et la violence des tirs d'artillerie.

Le 19 août au petit matin, je réussis à convaincre Hausser qu'une sortie était la seule solution pour éviter l'anéantissement complet de son armée. Tous les deux, nous quittâmes à pied le quartier général pour donner, de vive voix, les ordres correspondants. Au poste de commandement de la 116e division panzer, un éclat de grenade m'atteignit au genou. Ce n'était pas une blessure grave, mais mon genou enfla tant que je ne pouvais plus marcher. Hausser m'ordonna d'exécuter la sortie avec le groupe panzer Eberbach en prenant place dans son command-car avec les autres blessés de l'état-major. Lui-même et les membres sains et saufs de son état-major iraient à pied avec la 3ᵉ division parachutiste.

À la tombée de la nuit, nous fîmes notre percée. Harrassé de fatigue, perdant beaucoup de sang, je m'étais presque endormi. Quand le conducteur me réveilla aux premières heures du matin, nous étions en tête d'une longue colonne, à environ 2 km du village de Saint-Lambert. Nous ne pouvions pas aller plus loin. Dès qu'un véhicule sortait du couvert, il était pilonné par un tir antichar bien ajusté. Je découvris à proximité deux chars endommagés de la deuxième division panzer qui se rendaient à la compagnie-atelier. Ils étaient encore en état de combattre. Avec les deux chars, je recherchai la position exacte des batteries antichars ennemies. Grâce à des couverts propices, ils se placèrent en position de tir et, en quelques coups, mirent les pièces adverses hors d'état de nuire. Les deux chars purent alors avancer. Les chars, les véhicules blindés, l'artillerie automotrice, les voitures et les camions se ruèrent hors du chemin et suivirent en masse. Il y avait au moins 100 véhicules auxquels étaient suspendues des grappes d'hommes. Je dirigeai la chevauchée de la main et du bras, retrouvant certaines impressions de chasse à courre [*sic*]. Nous traversâmes une petite rivière, la Dives, sans rencontrer de résistance et dépassâmes le village de Saint-Lambert. L'ennemi sembla alors se remettre de sa surprise. Un puissant bombardement d'artillerie s'abattit sur nous. Mais nous étions déjà au milieu des premières lignes d'une brigade canadienne. Des centaines d'hommes se rendirent, les mains en l'air. Comme nous n'avions pas le temps de nous en occuper, nous les désarmâmes et les abandonnâmes. Mes deux chars avaient été touchés. Je tournai à droite en direction d'un abri ; mon command-car se brisa en traversant un fossé large et profond. Je grimpai donc sur un char Tigre de la *Leibstandarte* et le conduisis dans un de ces vergers si typiques de la Normandie. Sous ce couvert, avec l'aide de quelques officiers d'état-major énergiques, nous parvînmes à réunir et à remettre en ordre de bataille tous ceux qui nous avaient suivis. Il y avait une centaine de véhicules et environ 1 500 hommes appartenant à toutes les divisions de la poche. Avec les véhicules de combat, je formai un groupe blindé. Pour le reste, je disposais de soldats de toutes armes : infanterie, arme blindée, artillerie, soutien. Je les réunis en compagnie d'environ 100 hommes sous les ordres des officiers présents encore capables de les commander – parmi eux, un officier vétérinaire et un officier comptable. Le feu ennemi s'intensifiait. Plusieurs officiers et soldats furent blessés pendant que je donnais mes ordres. Après une reconnaissance prudente, nous poursuivîmes l'attaque. Nous nous heurtâmes bientôt à des chars britanniques. Après avoir détruit une douzaine de chars Churchill, la marche en avant reprit. Nous rejoignîmes finalement les éléments avancés du 2e corps panzer SS qui venait à notre rencontre. Nous étions passés !

Je retournai aussitôt d'où je venais, d'une part pour sécuriser le site de sortie et d'autre part pour retrouver mon général en chef. Des flots de soldats allemands venaient vers nous. Aucune information ne se diffuse plus vite que celle d'une trouée dans une poche encerclée. À l'église de Saint-Lambert, je retrouvai le commandant de la 2e division panzer, le général Heinrich von Lüttwitz. Il avait reçu plusieurs éclats d'obus et était soigné sur les marches de l'autel par un médecin qui le badigeonnait de teinture d'iode. Je lui demandai de mettre à ma disposition les forces qui lui restaient afin de maintenir ouverte la trouée jusqu'à l'évacuation des dernières forces de la poche. Il donna son accord car nous ne pouvions rien faire d'autre. Avec moi, il s'y consacra jusqu'au 21 août.

Je ne retrouvai pas mon commandant en chef. D'après mes informations, il avait été gravement blessé et avait finalement effectué sa percée en camions. J'en eus la confirmation quand je le vis à notre nouveau poste de commandement, à proximité de Vimoutiers. Il tenait debout mais une grenade lui avait déchiré la mâchoire. Avant de se laisser conduire à l'hôpital il transmit au haut commandement son vœu de voir son chef d'état-major recevoir la croix de chevalier de la croix de fer[10] – *Ritterkreuz*. Elle me fut remise quelques jours plus tard par le feld-maréchal Model. Cette décoration, qui après tout avait été créée par le roi de Prusse Frédéric-Guillaume III, je l'ai portée car, grâce à mon initiative, des dizaines de milliers de soldats allemands avaient pu être sauvés de la mort et de l'anéantissement dans l'enfer de la poche Falaise-Argentan, mais aussi parce que j'avais agi contre un ordre explicite d'Hitler. Il voulait un deuxième Stalingrad.

Après le passage de la Seine, l'état-major de la 7e armée resta pendant quelques jours sans commandant. Je mis à profit cette avance pour le réorganiser complètement. J'avais déjà révoqué plusieurs officiers d'état-major pendant les combats de Normandie. Aux postes clés, il ne restait plus que le remarquable médecin général en charge des services sanitaires. Le nouveau commandant en chef, le général Eberbach[11], m'apporta son soutien absolu pour les mesures radicales que j'avais prises.

Le 30 août, l'état-major de notre armée dut reprendre en charge le commandement de la 5e armée panzer, car les officiers de cette dernière devaient diriger une grande unité panzer au Nord-Est de la France afin de « mener une attaque décisive contre les flancs de l'ennemi qui s'était avancé jusqu'à la Seine ». Cet ordre du Führer était une pure folie. Les forces blindées prévues n'existaient pratiquement que sur le papier et ne disposaient pas sur le terrain de suffisamment de carburant.

Quand Eberbach et moi-même arrivâmes au poste de commandement de la 5e armée panzer, les opérations défensives avaient pris un tour très critique. Le chef d'état-major de la

10. C'est une distinction importante. Environ 2 600 000 croix de fer furent décernées durant la Seconde Guerre mondiale, mais seulement 7 313 croix de chevalier.

11. Heinrich Eberbach (1895-1992).

5e armée, le général Gause[12], était constamment au téléphone avec ses chefs de corps sans pouvoir les aider de quelque manière que ce fût. Pendant ce temps, le commandant en chef de la 5e armée, Sepp Dietrich, vociférait dans le bureau voisin : « Écoutez donc, cela ne sert à rien. » Il insultait Hitler et tout le haut commandement en des termes on ne peut plus crus.

À la demande de Dietrich, nous prîmes le commandement à minuit précise. Gause m'informa qu'il venait d'apprendre d'un de nos corps d'armées qu'une unité blindée britannique d'une taille indéterminée avait percé nos lignes. Le corps d'armées essayait de savoir où étaient les chars. Le 30 août, vers six heures du matin, on me fit savoir au briefing que l'unité adverse avançait vraisemblablement en direction de notre poste de commandement. J'entendis des tirs nourris à l'extérieur mais crus d'abord qu'ils venaient d'avions amis. À ce moment-là, Eberbach bondit dans mon bureau et s'écria : « Nous devons partir tout de suite. Les chars britanniques sont déjà partout dans le village. » Je rassemblai mes cartes et sortis en courant de la maison. Eberbach m'attendait dans sa voiture. Il m'informa que nous ne pouvions emprunter qu'une seule direction car, à l'autre sortie du village, Dietrich venait d'être tué par des tirs de chars. Je m'engouffrai dans une autre voiture. En dehors du chauffeur, j'avais mon ordonnance, Kühne, et un officier d'état-major avec moi. À la sortie du village, nous tombâmes au détour de la route sur six chars britanniques Churchill, qui, à environ 300 m, ouvrirent le feu de toutes leurs pièces. Les deux voitures furent touchées et s'enflammèrent. Nous nous jetâmes dans une prairie à droite de la route qui ne nous offrit qu'une maigre protection. Avec ma blessure au genou, je n'étais pas en mesure de courir. Tous les autres parvinrent à se mettre à l'abri derrière un repli de terrain distant d'environ cinquante mètres. Je m'aplatis sur place en attendant le coup libérateur.

Les balles au phosphore tombaient continuellement autour de moi. Alors, surgissant de son couvert, Paul Kühn courut

12. Alfred Gause (1896-1967).

vers moi. Je lui ordonnai de s'allonger mais il n'en fit rien : « Je dois bien aller chercher mon colonel. » Il me prit dans ses bras et me tira à l'abri, sous une grêle de balles. Je me demande encore comment nous nous en tirâmes. Derrière le talus de la route, j'ôtai de ma vareuse ma croix de fer de première classe et l'épinglai sur la poitrine de mon caporal. À ma grande colère, l'administration refusât de reconnaître cette attribution de décoration au feu ; il fallut que je menace de rendre mes propres décorations pour que la décoration de mon caporal soit avalisée.

Nous nous faufilâmes jusqu'à un village abandonné. À travers une grange ouverte, je vis mon général en chef, manifestement indemne, qui faisait les cent pas sur la route dans son uniforme noir des panzers. Nous tentâmes de le rejoindre mais fûmes capturés par des tankistes britanniques et conduits sur la place du village, qui était entourée de quatre ou six chars. Je tentai immédiatement de détruire les cartes d'état-major que j'avais encore sur moi, et qui comportaient l'emplacement de toutes les unités, de tous les postes de commandement et de tous les postes de ravitaillement de notre armée, ainsi que ceux des armées voisines. Pendant que j'essayais de mettre le feu aux cartes d'état-major qui ne voulaient pas brûler, je vis un lieutenant britannique de belle allure qui m'observait avec attention. Quand le feu eut pris, il vint vers moi à petits pas et me dit fort courtoisement : « Je crois que c'est interdit. » Je lui répondis que je regrettais de ne l'avoir pas su, mais qu'il était déormais trop tard. Je lui demandai à quel moment nous devions être évacués. Selon lui, on ne pouvait pas transporter un commandant en chef d'armées sur un char. C'est pourquoi il avait fait demander des voitures particulières qui n'arriveraient pas avant plusieurs heures.

Je glissai à Eberbach que je saisirais la première occasion pour tenter de m'évader. Je lui proposai de se joindre à moi mais il secoua la tête avec résignation. Il avait naturellement raison, mais je me faisais un défi sportif de m'échapper de cette captivité honteuse. Dans ma situation, c'était aussi fou que dangereux. Je demandais pourtant à Paul Kühn de rester sur ses gardes et de m'observer.

Pendant ce temps, des groupes de soldats allemands et quelques véhicules tentaient encore de s'échapper. Assez vite, la fusillade fut nourrie. Un sous-officier allemand gravement blessé fut amené, criant de douleur. Les Anglais le déposèrent à nos pieds et fournirent une seringue de morphine au général Eberbach. L'attention des Anglais et des Allemands étant accaparée par ce général allemand qui essayait de faire une piqûre de morphine, je disparus sans attirer l'attention en passant par une petite porte de la grange qui bordait la place. J'en sortis par une autre issue et atteris dans un jardin, où je me cachai entre des plans de haricots. Au bout de quelques minutes, un paysan français, alerté par le bruit, vint jeter un rapide coup d'œil, mais ne me remarqua pas. Paul Kühn, qui avait suivi le même chemin que moi, émergea de la grange. Je lui fis un signe et nous restâmes tous deux sous nos haricots. Au bout de plusieurs heures, Kühn me traîna à travers le jardin et la haie jusqu'à un chemin creux. De là nous constatâmes que les chars anglais, postés à environ cinq cent mètres autour du village, l'encerclaient. Il devait être possible d'atteindre la forêt distante d'environ 1 km en se faufilant entre deux chars. Nous avisâmes un fossé, malheureusement guère profond, dans lequel nous rampâmes péniblement. Enfin, après plusieurs heures, nous atteingnîmes la forêt protectrice sans que les Anglais nous aient remarqués. Utilisant tous les couverts, nous continuâmes à nous traîner. Dans une ferme abandonnée, Kühn trouva une petite charrette avec laquelle il me tira. Quelques heures plus tard, nous rencontrâmes mon officier de renseignements, le major Hirche qui était lui aussi parvenu à s'échapper. Nous fîmes route ensemble vers l'est et nous atteignîmes la Somme dans la région d'Amiens. Nous nous apprêtions à traverser le fleuve à la nage, sur au moins quarante mètres, quand un paysan nous indiqua à proximité un pont qui était encore occupé par des soldats allemands. Notre évasion avait réussi.

Au château d'Havrincourt, où se trouvait le quartier général du groupe d'armées B, dans le bureau du feld-maréchal Model, je trouvai Sepp Dietrich, que nous croyions mort, en train d'écrire. Il venait d'annoncer à Model qu'Eberbach et moi avions été tués ou faits prisonniers. Dans son style de vieux lansquenet[13] qui tutoyait ses camarades, il me salua en me disant : « Maintenant, tu peux me tutoyer aussi. » Cet homme reste pour moi une figure ambiguë. Je ne veux pas passer sous silence les fautes qu'il commit du temps où il était le garde du corps d'Hitler, durant la période de l'accession au pouvoir. Mais c'était un soldat courageux au front qui avait fini par reconnaître la nature criminelle de la dictature. Un jour, je lui parlai d'un oncle de ma femme qui avait été déporté par le SD au camp de concentration d'Auschwitz en raison de son amitié pour un juif ; il avait été condamné au paiement d'une amende de plus de 3 millions de Reichsmark avant d'être libéré ; il avait malheureusement contracté le typhus dont il devait mourir quelques semaines plus tard. Dietrich eut seulement ces mots : « Ah, les cochons ! » Je l'entendis dire une autre fois : « Je crois que j'aurais pu commander une compagnie ou un régiment, mais qu'Hitler m'ait nommé à la tête d'une armée est une pure idiotie. » Après la guerre, on a rapporté que Rommel lui avait demandé s'il obéirait à n'importe lequel de ses ordres. Dietrich aurait répondu : « Vous êtes mon supérieur et j'obéirai à chacun de vos ordres. » Encore aujourd'hui, je reste convaincu que du moins le *SS-Oberstgruppenführer* Hausser et

13. Mercenaires de la fin du Moyen Âge à la guerre de Trente Ans qui ont joué un rôle important dans l'imaginaire allemand, depuis le XIXe siècle jusqu'à la fin du IIIe Reich. Les lansquenets représentaient des valeurs de camaraderie, de joie de vivre, d'esprit de corps, mais aussi de courage et d'ardeur au combat. Ils ont inspiré de nombreux corps francs. Certains de leurs chefs célèbres comme Georg von Frundsberg ont donné leur nom à des divisions SS.

l'*Oberstgruppenführer* Bittrich[14] auraient fait de même. C'est pourquoi je crois que la proposition que j'avais faite à Kluge après le 20 juillet n'était pas irréaliste.

À Havrincourt, le chef d'état-major du groupe d'armées, le général Speidel, me glissa à l'oreille qu'il était convoqué à Berlin et s'attendait à être arrêté. À partir de ce moment-là, je compris dans quelle situation je m'étais mis en m'évadant de chez les Anglais.

La plus grande partie de l'état-major de la 7e armée nous avait rejoint sans perte, mais pour la seconde fois, le haut commandement dut être réorganisé. Arrivant du front de l'Est, le général Brandenberger[15] succéda à Eberbach. C'était un opposant résolu au régime et un homme d'une grande droiture. Au bout de quelques jours, nous étions en ordre de marche pour donner des instructions. La retraite à travers la Belgique se transforma en une course-poursuite pour échapper aux chars ennemis. Notre quartier général fut à plusieurs reprises forcé de s'enfuir comme un poste avancé. Le 10 septembre, nous touchâmes le sol allemand. Après un court séjour à Monschau, nous nous installâmes dans l'ancien quartier général de l'OKH, « Felsennest » près de Münstereifel.

Notre appréciation de la situation était claire : si les alliés réussissaient à résoudre leurs problèmes d'approvisionnement et s'ils passaient rapidement à l'attaque, la guerre serait finie dans quelques semaines. L'état des forces allemandes arrivant de France, de Belgique et de Hollande était catastrophique. Je me rappelle que le 1er corps panzer SS ne disposait plus que

14. Wilhelm Bittrich (1894-1979), général SS, a été poursuivi pour des crimes de guerre commis dans la région de Nîmes. Il a été prouvé qu'il n'avait eu connaissance des exactions commises par ses troupes qu'après coup. Il demanda des sanctions lourdes contre les coupables. C'est pourquoi les juridictions françaises écartèrent sa responsabilité personnelle dans cette tragédie. Il fit partie du petit nombre de généraux SS qui, durant les hostilités, respectèrent globalement les lois de la guerre.

15. Erich Brandenberger (1892-1955).

de 10 chars aptes au combat et que le 74e corps d'armée, qui était composé des restes de plusieurs divisions, n'avait plus qu'une seule pièce d'artillerie à peine en état de fonctionner car le système de freinage du tube était endommagé. Sur la frontière allemande, les troupes de forteresse avaient de faibles capacités combatives. Elles étaient composées de réserves fraîchement levées, d'hommes âgés, de malades et de soldats à peine aptes au service. La plupart des installations de la ligne Siegfried avaient été dégarnies de leurs armes, les blindages, les appareils de mesure, les postes de radio et autres matériels de combat au profit du mur de l'Atlantique. De Düsseldorf à Cologne, les ponts sur le Rhin n'avaient pas été correctement minés en raison des bombardements aériens qui bloquaient l'acheminement des charges explosives. L'ennemi n'avait pratiquement qu'à avancer pour atteindre Berlin, Dresde, Prague et Vienne.

Alors se produisit le surprenant « miracle de la ligne Siegfried ». Les alliés restèrent l'arme au pied et nous offrirent des semaines décisives pour bâtir une défense efficace. Dans les livres d'histoire, ce miracle est essentiellement expliqué par les difficultés logistiques des troupes alliées. Mais la vraie raison était autre : le maréchal Montgomery avait l'ambition de terminer la guerre avec une grande victoire anglaise. Il pensait avec raison que la campagne de France était presque exclusivement une victoire américaine. Pour y remédier, il avait imaginé une stratégie ambitieuse qui consistait à engager le groupe d'armées britannique sur Arnehm, à traverser ensuite la Reichswald, franchir le Rhin par le nord et finalement couper le front allemand de ses arrières dans un vaste mouvement tournant. Pour une telle opération, la plus grande partie des approvisionnements disponibles devait être mise à la disposition de Montgomery, ainsi que la 1re armée US qui opérait dans le secteur d'Aix-la-Chapelle. Il réussit à convaincre Churchill du bien-fondé de son plan. Son opération supposait la mise en sommeil de toute offensive américaine. Cette erreur grossière du haut commandement allié prolongea la guerre de presque six mois[16].

Le dernier fait d'armes des Américains, à l'époque, avait été la prise d'Aix-la-Chapelle. Parmi les événements secondaires grotesques des derniers mois de la guerre, l'un des plus fameux fut l'ordre du Führer, le *Führerbefehl,* de changer en pleine bataille le commandant militaire d'Aix-la-Chapelle. Il ne pouvait pas supporter que l'officier en poste fût le beau-frère du général Halder. On avait informé Hitler que l'échange n'était plus possible puisque la région d'Aix-la-Chapelle avait entretemps été investie. Qu'importe ! Le Führer fit donner l'assaut par une unité de panzers nouvellement reconstituée. Elle devait percer le front pour amener le nouveau commandant à Aix-la-Chapelle et en ramener son prédécesseur. L'action fut menée avec un puissant soutien d'artillerie et réussit grâce à l'effet de surprise. La passation de commandement se déroula sur la célèbre place des tournois d'Aix-la-Chapelle.

Raisonnablement, le nouveau commandant ouvrit la ville aux Américains deux ou trois jours plus tard. Je ne sais plus combien de pertes a coûté l'entreprise qui n'avait ni objectif stratégique ni objectif tactique, mais était seulement le fruit d'une marotte d'Hitler.

Quelques nuits plus tard, je reçus un appel du quartier général d'Hitler m'informant que le commandant de la 116e division panzer, le général von Schwerin[17], était un traître à arrêter et exécuter immédiatement. Nous devions rendre compte au Führer de l'exécution de cet ordre dès le lendemain matin. Ne

16. C'est l'opération *Market Garden.* Les historiens militaires sont loin d'être unanimes. Les thèses de Gersdorff sur cette opération sont contestées et contestables.

17. Gerhard von Schwerin (1899-1980), général de cavalerie, avait décidé d'ouvrir les portes d'Aix-la-Chapelle pour éviter sa destruction. Il finit la guerre comme commandant du 76e corps d'armées en Italie. Certains membres de sa famille étaient impliqués dans l'attentat du 20 juillet et furent exécutés.

sachant plus si je rêvais ou non, me fiant à mes réflexes de soldat, je me recouchai et me rendormis. Le lendemain matin, je racontai l'épisode à mon commandant en chef, lorsque l'ordre fut donné à Brandenberger de se rendre immédiatement au poste de commandement du 85e corps d'armée où l'attendait le maréchal Model. Le général Schwerin était lui aussi convoqué à la réunion. Quelques heures plus tard, Brandenberger revint et m'expliqua les dessous de l'ordre du Führer. Avant l'encerclement définitif d'Aix-la-Chapelle, Schwerin avait fait un tour de la ville en voiture et constaté que la situation y était invraisemblable. Le *Kreisleiter*[18] du parti avait ordonné l'évacuation de la ville et s'était enfui avec ses collègues de la région vers une destination inconnue. Un vieux professeur, agissant de sa propre initiative, s'étaient retrouvé la seule autorité civile de la ville. Il n'y avait plus aucune organisation du parti à Aix-la-Chapelle en dehors d'une section de lutte anti-incendie de la *Hitlerjugend* autour de la cathédrale. Schwerin fit savoir par haut-parleur que l'évacuation était interrompue et que la population devait retourner dans les abris antiaériens. Ensuite, il se rendit au central téléphonique, qui était l'un des plus importants de Rhénanie. Les employés lui indiquèrent qu'ils avaient reçu l'ordre de paralyser les installations avant l'arrivée des Américains, sans les détruire totalement. Alors le comte Schwerin écrivit sur un morceau de papier le message suivant, parfaitement raisonnable : « Je suis le dernier commandant militaire d'Aix-la-Chapelle. J'ai ordonné de mettre un terme à l'évacuation absurde de la ville. Je recommande la population à votre protection. » Il adressa ce message au général commandant les troupes américaines qui faisaient route vers Aix-la-Chapelle. Le message fut traduit en anglais et confié à un employé qui avait l'intention de rester sur place. Schwerin le chargea de le remettre à l'officier américain le plus gradé qu'il

18. Haut fonctionnaire du parti responsable d'un district. Les *Kreisleiter* étaient soumis à l'autorité des responsables régionaux, les *Gauleiter*.

pourrait trouver. Convaincu que les troupes américaines allaient occuper Aix-la-Chapelle quelques heures plus tard, il rejoignit son poste de commandement à Kohlscheid. Il apparut le lendemain que les Américains avaient stoppé leur assaut. Schwerin tenta de récupérer la lettre, mais l'employé s'était enfui à Cologne et avait transmis le message au *Gauleiter* Grohé, qui en avait informé le quartier général du Führer.

Brandenberger me dit que Model avait relevé Schwerin de son commandement de la 116e division panzer et lui avait ordonné de se présenter devant une cour martiale de la 7e armée. Alors Brandenberger m'ordonna de constituer la meilleure cour martiale possible, c'est-à-dire la plus susceptible de sauver Schwerin. Ainsi fut fait, mais Schwerin ne se présenta pas. Il s'était rendu au quartier général de sa division pour y faire ses adieux. Toutes les heures arrivaient des demandes comminatoires du quartier général du Führer sur l'avancement de l'affaire. Je fis savoir que le comte Schwerin était injoignable, en espérant secrètement qu'il ait été entre-temps capturé par les Américains. Le même jour, un *SS-Standartenführer* nommé Przybilsky se fit annoncer. Son nom trahissait des origines silésiennes. Avec une escouade SS, il avait reçu mission de chercher « le traître » et de s'en saisir mort ou vif. Jouant sur nos origines communes pour le convaincre d'attendre douze heures, je promis sous ce délai de mettre la main sur le général. Entre-temps, le chef d'état-major du corps d'armées, le colonel Wiese, qui avait espéré la disparition de Schwerin, me fit savoir qu'il l'avait retrouvé dans sa division. Une heure plus tard, Schwerin arriva à notre quartier général et expliqua qu'il était resté avec ses troupes. Il rejoignit ensuite un bâtiment qu'il occupait en ville. Quand je transmis l'annonce de son arrivée, l'ordre me fut donné de lui faire rendre immédiatement son arme. Je confiai cette mission à un de mes officiers d'état-major, un colonel d'infanterie très convenable. Peu après, il me rendit compte qu'il n'avait pu le faire car Schwerin était protégé par des sous-officiers lourdement armés de sa division. De surcroît, un de ses véhicules blindés avait pris position devant l'immeuble où il se trouvait. Je m'y rendis en personne et leur fit comprendre que je voulais seulement aider leur chef. Ils ne me laissèrent entrer qu'à contrecœur. Le comte Schwerin me tendit en souriant son pistolet et ordonna à ses hommes de regagner leur division.

La cour martiale que nous avions convoquée lava de toute charge le général Schwerin. Je crois n'avoir jamais vu cour martiale trancher si vite une affaire ni un général en chef apposer si prestement sa signature sur une décision pour la rendre exécutoire. Naturellement, nous devions faire connaître en haut lieu l'issue de la procédure. Model était furieux ; il se refusait à transmettre ce jugement au Führer et demandait sa révision séance tenante. Froid et impassible, Brandenberger expliqua qu'il était le chef de la juridiction et qu'il faudrait lui passer sur le corps pour obtenir un autre jugement. J'avais pris pour ma part contact avec le chef d'état-major général du groupe d'armées B ouest, le général Siegfried Westphal[19], qui me recommanda d'envoyer le général Schwerin se mettre sous la protection de son général en chef, le feld-maréchal von Rundstedt. Ainsi Schwerin partit-il avec un major au quartier général du groupe armé B ouest à Ziegenhain. Quand le major revint, il nous rapporta que le véhicule blindé de protection convoyant les sous-officiers de la 116e division panzer avait pénétré en même temps que lui à Ziegenhain. Là, Rundstedt avait rendu à Schwerin son arme et lui avait fait savoir que le Führer venait de le nommer à la tête d'un corps panzer en Italie ! Qu'est-ce qui s'était passé ? Le ministre de l'Armement, Albert Speer[20],

19. Siegfried Westphal (1902-1982), dernier général allemand à avoir été élevé par Hitler au grade de général d'armée en février 1945.

20. Albert Speer (1905-1981), architecte de formation, fut le confident et l'architecte préféré d'Hitler avec lequel il partageait des projets grandioses. C'est lui qui a notamment dessiné les plans de la chancellerie du Reich et élaboré un vaste projet d'embellissement de Berlin. Nommé ministre de l'Armement en 1942, il contrôlait tout l'effort de guerre. En 1945,

avait fait une tournée d'inspection dans les environs d'Aix-la-Chapelle et avait constaté sur place les défaillances crasses de l'administration du parti. Speer avait fait un rapport à Hitler et totalement justifié le comportement de Schwerin. À la suite de quoi, Hitler avait pris la décision surprenante de nommer Schwerin en Italie et d'envoyer les deux *Kreisleiter* d'Aix-la-Chapelle ville et d'Aix-la-Chapelle campagne comme tirailleurs ordinaires dans une unité du front de la 7e armée.

Cet ordre connut un autre épilogue. Un jour que je revenais du front, je trouvai mon quartier général entouré d'unités SS. Je me cachai et j'envoyai Kühn, mon ordonnance, se renseigner au quartier général. Il me rapporta que Grohé[21], le *Gauleiter* de Cologne voulait me voir à propos des deux *Kreisleiter* qui étaient sous ses ordres. J'allai à sa rencontre, ordonnant aussitôt que les SS se retirent, ce qui fut exécuté immédiatement. Quand le *Gauleiter* me demanda de lui rendre ses deux *Kreisleiter* pour qu'ils fussent versés dans un bataillon d'instruction à Cologne, je lui répondis que je « regrettais » de ne pouvoir satisfaire ses désirs. Les deux *Kreisleiter* avaient été mis à disposition de la 2e division d'infanterie du général Engel. Or, en sa qualité d'ancien aide de camp d'Hitler, il avait fréquemment le Führer au téléphone et il ne manquerait pas de l'informer des petits arrangements qui étaient pris pour contrevenir à ses ordres.

Je proposai alors à Grohé de m'accompagner en voiture pour aller voir Engel. Quand nous arrivâmes au quartier général de la 12e division, qui était tout près du front, je m'entretins en tête-à-tête avec Engel. Il était assis devant un ersatz[22] de

il refusa d'obéir à « l'ordre Néron » de destruction systématique de l'Allemagne. Condamné à une peine de réclusion à Nuremberg, libéré en 1966, il essaya de minimiser sa responsabilité en jouant de son statut d'artiste. En 1969, il publia ses mémoires : *Au cœur du Troisième Reich*.

21. Joseph Grohé (1902-1988) fut *Gauleiter* de Cologne de 1928 à 1945.

22. En raison des rationnements et des restrictions en vigueur en Allemagne.

café, des gâteaux et de la crème fraîche que les propriétaires de la maison lui avaient préparés. Il m'invita à se joindre à lui. À proximité commençait un fort pilonnage d'artillerie, si violent que je demandai où était la cave. Engel rit et m'expliqua que, stupidement, les Américains bombardaient toujours le même objectif, un croisement qui se trouvait à proximité. À moins qu'un artilleur américain ne fît par hasard une erreur, nous étions parfaitement tranquilles. Nous bûmes donc notre café, oubliant complètement le *Gauleiter*. Quand sa présence nous revint à l'esprit, nous constatâmes qu'il avait pris ses jambes à son cou à la première explosion. Je n'en entendis plus jamais parler.

Le comportement des alliés permit la réorganisation de la 7e armée, si bien qu'au milieu d'octobre 1944 nous avions retrouvé une vraie capacité défensive. Nous avions réussi à rééquiper partiellement nos hommes en armes et en matériel, grâce à notre nouveau quartier-maître général, le colonel Fussenegger[23], qui se révéla un excellent officier d'état-major général. Il avait envoyé des officiers d'état-major dans les principaux sites de production d'armes de la Ruhr, avec mission de prendre les armes, les véhicules et les pièces d'équipement dont nous avions besoin, sans en référer au haut commandement. Le général Westphal, chef d'état-major général de l'armée B ouest, me fit remarquer le caractère illégal de ces réquisitions, tout en m'avouant qu'il n'aurait pas agi autrement.

La 7e armée avait été déchargée du secteur d'Aix-la-Chapelle, confié à l'armée qui se trouvait sur notre droite. Au point de jonction des deux armées, le front paraissait particulièrement menacé parce que le grand barrage qui se trouvait

23. Erwin Fussenegger (1908-1986), Autrichien d'origine, fut intégré dans la Wehrmacht après l'Anschluss. Après la Seconde Guerre mondiale, il rejoignit l'armée autrichienne dont il fut commandant en chef de 1956 à 1970. Cf. chapitre 5.

au sud-ouest pouvait constituer un objectif limité pour la 1re armée US. En effet, les Américains devaient être intéressés à empêcher l'inondation d'une zone susceptible de servir de base à des attaques à venir. C'est pourquoi le maréchal Model avait ordonné l'organisation d'un *Kriegspiel* portant sur la jonction entre les deux armées. Il eut lieu au château de Schlenderhan, propriété de Waldemar von Oppenheim[24], et fut dirigé par le général des troupes panzers, Hasso von Mantteufel[25]. Il se produisit là une coïncidence comme il doit y en avoir peu dans l'histoire militaire.

Avant que le général Brandenberger et moi-même ne prissions la route pour Schlenderhan, le chef d'état-major avait indiqué que le 74e corps d'armée sur l'aile droite de notre armée était soumis à une forte préparation d'artillerie, qui pouvait être le prélude à une attaque. Nous avons donc ordonné au général commandant le corps d'armée et au commandant des unités qui se trouvaient à l'aile droite de ne pas venir au *Kriegspiel.* Juste après mon arrivée à Schlenderhan, j'appris que les Américains passaient à l'assaut sur toute la largeur du front dans la forêt de Hürtgenwald. Model décida malgré tout de maintenir le *Kriegspiel.* « Nous allons jouer pour de vrai. » J'étais pendu au téléphone pour donner l'évolution de la situation en temps réel. Comme elle évoluait très défavorablement, Model mit à la disposition de la 7e armée la 116e division panzer qui constituait la réserve du groupe d'armées. Le général von Waldenburg[26], commandant de la division, et son chef d'état-major opérations, le major von Holstein[27], étaient présents. Ils

24. Gersdorff avait rencontré Oppenheim au Herrensclub, le jour de la tentative d'attentat à l'arsenal de Berlin.

25. Hasso von Manteufel (1897-1978), brillant officier de chars, joua un rôle décisif durant la bataille de Kharkhov et de Jitomir. Après-guerre, il fut député du parti libéral (FDP) au Bundestag.

26. Siegfried von Waldenburg (1898-1973).

27. Friedrich-Ferdinand von Schleswig-Holstein-Sonderburg-Glücksberg (1913-1989).

reçurent leurs ordres de marche sur place et purent ainsi transmettre leurs instructions aux unités mises en alerte grâce aux émetteurs radio qui se trouvaient dans la cour du château. De cette manière, en quelques minutes, la division put passer à l'attaque. Elle réduisit à néant une division US qui avançait en direction de Schmidt. La grande majorité des chars américains, qui s'étaient télescopés, furent détruits. Ce ne fut qu'après la guerre que le commandement de la 1re armée US apprit par quel hasard la réaction allemande avait été aussi rapide.

À cette époque, Albert Speer nous rendait souvent visite lorsqu'il allait voir les usines d'armement qui produisaient encore dans la région d'Eschweiler, tout près du front. Au cours de longues conversations durant lesquelles il parlait très librement, il apparut évident qu'il s'était libéré de l'influence d'Hitler. Sa principale préoccupation était d'empêcher la mise en œuvre de « la politique de la terre brûlée » ordonnée par Hitler qui aurait abouti à une destruction durable de toutes les infrastructures et de toute l'industrie allemande. Speer cherchait le soutien de l'armée, qui lui était complètement acquise.

Je ne peux pas me rappeler la date exacte où, en octobre 1944, je fus engagé dans la préparation de l'offensive des Ardennes par le général Krebs, chef d'état-major du groupe d'armées B. Le commandement allemand avait l'intention d'engager un gros « paquet » de divisions panzers rééquipées et de nouvelles divisions, tout juste constituées de *Volksgrenadieren*[28]. Grâce à une attaque massive, il s'agissait de donner un tournant décisif à la guerre. Cela n'était possible que sur le front ouest grâce à un nouveau « coup de faucille » comparable à celui de 1940, qui s'étendrait des Ardennes à Anvers. Posant

28. Divisions d'infanterie nouvellement constituées. Le terme de « Grenadiers du peuple » avait été choisi car il sonnait bien pour les opérations de propagande et rappelait les milices de grenadiers qui s'étaient constituées lors de la guerre de libération contre Napoléon (1813).

la question de la couverture aérienne, qui était décisive, nous nous entendîmes répondre que l'attaque aurait lieu par un temps défavorable à l'aviation et que tous les avions allemands disponibles seraient engagés pour soutenir l'opération. Malgré les pronostics optimistes, je mesurais le caractère illusoire de l'entreprise. Pour des raisons de discrétion, la 7e armée avait été chargée de la préparation des trois armées d'assaut sur toute la largeur du front. Ainsi, le caractère irréaliste et incroyablement dilettante de la dernière grande offensive allemande me sauta aux yeux.

Pendant que l'offensive décisive serait menée à droite par la 6e armée panzer SS et à gauche par la 5e armée panzer, la 7e armée serait chargée de la couverture du flanc sud de l'attaque. Pour cela, seules quatre divisions (trois divisions de *Volksgrenadieren* et une division parachutiste) seraient mises à notre disposition. Je fis remarquer à Krebs que la 7e armée ne pourrait pas, avec des moyens aussi faibles, assurer la protection d'un flanc qui irait en s'allongeant et contre lequel de puissantes contre-attaques américaines étaient à prévoir. Même en cas de succès de l'attaque des panzers, la menace sur notre flanc sud risquait d'être fatale. Krebs en était conscient, mais il dut se contenter de nous promettre que nous recevrions de nouvelles unités au cours de l'offensive, sans pouvoir donner plus de précisions. Nos objections conduisirent probablement le groupe d'armées B à s'opposer au grandiose plan initial – surnommé le Grand Chelem – et à proposer une opération beaucoup plus modeste dans la région d'Aix-la-Chapelle – le Petit Chelem. Mais Hitler tenait à son plan et refusa violemment toutes les autres propositions. L'offensive des Ardennes serait la dernière grande erreur de commandement de cette guerre, après Dunkerque, Moscou, Stalingrad, l'Afrique du Nord et la Normandie.

À l'occasion d'une réunion des quartiers-maîtres généraux des différentes armées et du groupe d'armées B, le colonel Fussenegger, quartier-maître général de la 7e armée, put démontrer que les besoins en carburant avaient été mal calculés. On n'avait pas pris en compte la consommation des divisions blindées et des divisions motorisées depuis leur lieu de cantonnement jusqu'à leur point de rassemblement à l'est du Rhin. Cette erreur monumentale forcerait les troupes à se ravitailler dans les magasins de carburant laissés par l'adversaire…

J'appris par hasard que la 6e division panzer SS devait, avant l'assaut, effectuer une préparation d'artillerie dans le *no man's land* au milieu duquel se trouvait la petite ville historique de Monschau. Le pilonnage, qui devait être effectué avec une batterie de 600 mm surnommée « le Gros Karl », décimerait la population allemande de la ville et réduirait à néant un site historique particulièrement riche. Le plan de feu adopté sur les instructions d'Hitler était en outre absurde sur le plan militaire, parce que la destruction de Monschau aurait bloqué le passage étroit que les unités blindées allemandes devaient emprunter pour leur marche en avant. Fort de cet argument, je réussis à convaincre les responsables de la préparation d'artillerie que l'offensive allemande serait gênée par un bombardement de Monschau.

L'offensive allemande n'avait naturellement pas atteint les buts espérés. Elle aurait certainement connu un plus grand succès si la protection des flancs par la 7e armée avait été plus efficace. Nos divisions atteignirent leurs premiers objectifs, sans avoir les moyens de protéger un front de 50 km qui avaient à soutenir l'assaut des forces blindées américaines du général Patton. Et dire que les plans initiaux prévoyaient un front de 300 km jusqu'à Anvers ! Nous passâmes la nuit de Noël 1944 dans notre poste de commandement avancé de Wiltz, au Luxembourg. Toute la nuit, nous subîmes un violent tir d'artillerie. Les deux maisons voisines furent détruites par un coup direct. Malgré tout, nous passâmes la soirée autour d'un arbre de Noël très convenablement décoré. Nous avions conseillé aux membres de l'état-major de chercher refuge dans la cave. Mais Brandenberger et moi restâmes au premier étage. Fatalistes, nous avions compris depuis longtemps que l'offensive avait échoué.

Durant ces journées, une « brigade d'accompagnement du Führer » fut placée sous nos ordres. C'était une unité blindée bien équipée qui n'avait pas encore connu le feu. Leur chef était Otto Ernst Remer[29], qui s'était fait connaître pour son rôle le 20 juillet 1944 et qu'Hitler avait élevé au grade de général par gratitude. Remer n'apparut sur le front qu'un ou deux jours après que ses troupes furent lancées dans la bataille en raison de la gravité de la situation. Il ne trouva que les restes fumants de son unité, novice au feu et jetée sans chef dans une mission défensive sanglante.

Dans les premiers jours de janvier 1945, nous étions revenus à notre point de départ sur la Sauer, que l'ennemi avait franchie en plusieurs points. Le quartier général de la 7e armée avait été installé au château de Merkeshausen près de Bitburg. Là, le 20 février, le général Brandenberger fut relevé de son commandement par Model dans des conditions indignes. Le général Felber, son successeur, se montra comme lui une personnalité de qualité, dotée d'une grande force de caractère.

Le lendemain, aux premières heures, quatre bombes lâchées par des bombardiers à basse altitude tombèrent à proximité de notre maison, ne causant que des dommages matériels. Manifestement, la position de notre quartier général bien camouflé avait été dévoilée par l'un des nombreux travailleurs étrangers qui y venaient. Comme nous nous attendions à d'autres

29. Otto Remer (1912-1997) commandait « le bataillon de la Garde » à Berlin le 20 juillet 1944. Dans le cadre de l'opération « Walkyrie », il avait ordre d'arrêter Goebbels. Croyant qu'Hitler était mort et que ses instructions émanaient bien des autorités nazies, il s'apprêtait à se saisir du ministre quand ce dernier lui passa le Führer au téléphone. Hitler lui dit qu'il s'agissait d'un coup d'État qu'il devait réprimer par tous les moyens. Nommé immédiatement commandant militaire de Berlin, il força Stauffenberg à la reddition en attaquant le quartier général de la conjuration au Bendlerblock. Après-guerre, il devint une figure emblématique des mouvements néonazis.

attaques, tous les civils qui travaillaient sur le domaine, particulièrement les femmes et les enfants, furent envoyés dans la forêt qui entourait le château. Le général Felber attendait dans sa voiture devant la maison pour partir au front. Nous, les membres de l'état-major, avions rejoint nos postes de travail. Dans mon bureau, au premier étage, le lieutenant-colonel Voigt-Ruschewey, mon officier opérations, me donnait les nouvelles du matin. Paul Kühn était dans la même pièce et s'occupait de mes affaires. Quatre bombes de 50 kg frappèrent le bâtiment, qui s'effondra comme un château de cartes. J'avais été projeté dans la cave, sous les décombres. Conscient malgré le choc, j'appelai au secours et fus entendu par le général Felber, témoin de la scène. En 30 minutes, j'étais libéré. Mon uniforme était en lambeaux. Ma croix de chevalier et mon livret militaire me furent rendus de nombreuses années plus tard, lors des travaux de déblaiement. Tous les autres membres de l'état-major qui se trouvaient dans la maison furent tués ou grièvement blessés. Une bombe dut exploser directement dans mon bureau ; mon fidèle Paul Kühn eut la tête arrachée et un éclat de bombes ouvrit le dos du lieutenant-colonel Voigt-Ruschewey. Moi-même, j'avais une sérieuse blessure à la tête, qu'un médecin soigna. Je fis accrocher un appareil téléphonique à un arbre afin de pouvoir continuer ma mission de commandement. Je priai le général Felber d'aller au principal poste de commandement de l'armée, à Eisenschmidt près de Wittlich, pour réorganiser, là-bas, un nouvel état-major. Tard le soir, je le suivis, avec une ambulance transportant les morts. Les femmes et les enfants de Merkeshausen était assis sur les dépouilles. Nous les déposâmes au monastère d'Himmerod. Quoique Model m'eût ordonné d'aller à l'hôpital, je décidai de rester à mon poste. Je m'y sentais encore plus en sécurité. Le 25 février, nous enterrâmes les morts dans le jardin du monastère d'Himmerod. Voigt-Ruschewey était un bon ami ; sa mort m'avait profondément atteint, mais rien ne me bouleversa tant que la mort de Paul Kühn. Nous étions tous les deux originaires de Lubin en Silésie. Depuis 1941, il m'avait accompagné à travers toutes les vicissitudes de la guerre et, quelques mois plus tôt, m'avait sauvé la vie. En janvier 1945, je lui avais proposé de partir en voiture à Lubin pour mettre sa famille à l'abri des Russes ; mais il ne voulut pas me laisser seul. Ce jour-là, je dis adieu à mon meilleur camarade de combat.

Jour après jour, l'atmosphère devenait plus pesante en raison de l'évolution de la situation sur le front de l'Est. J'étais profondément déprimé à cause de la perte de ma chère patrie silésienne, de l'incertitude où j'étais sur le sort de ma fille, de mes frères et sœurs, et aussi de mes soucis quotidiens sur le front. Depuis quelques semaines, j'avais observé un changement radical chez Model. Désormais, le soir venu, il me faisait souvent venir à son quartier général pour s'épancher. Sa foi dans le national-socialisme et en Hitler avait cédé le pas à la conviction qu'il avait servi une mauvaise cause et un mauvais maître. Son suicide, dans la poche de la Ruhr, le 17 avril 1945, ne fut donc pas vraiment une surprise.

Le 4 mars commença notre retraite vers l'Est de l'Allemagne, qui s'achèverait à la frontière tchécoslovaque. Je brosserai à grands traits la situation dans laquelle nous nous trouvions. Depuis longtemps, nous avions franchi la Moselle en direction du sud.

Le 16 mars, à l'occasion d'un changement de poste de commandement, nous fûmes encerclés par un groupe de chars américains qui avait percé les lignes des armées voisines par le sud. Le général en chef et moi-même fûmes contraints de nous cacher des heures durant derrière une meule de foin, jusqu'à ce que la nuit nous permît de trouver, sur l'autre rive, dans une ferme, un abri contre le feu roulant des chars et de l'artillerie. À la faveur d'une accalmie, je récupérai les restes de mon nouvel état-major – le combientième ? – à Nieder-Olm, près de Mayence. J'installai mon poste de commandement dans un bureau de poste afin que mes subordonnés pussent entrer en contact avec moi par téléphone. À minuit arriva le nouveau commandant en chef ouest, le feld-maréchal Albert Kesselring[30]. Je lui exposai la situation catastrophique de l'armée ; il m'interrompit et exigea que j'exécute son ordre « de pendre les déserteurs à l'arbre le plus proche ». Il se plaignit que durant son périple dans la zone des armées, il n'eût pas vu un seul pendu. Il me quitta en exigeant que j'exécute désormais mieux ses ordres. Cette rencontre fut la plus choquante que j'ai jamais eue avec un maréchal allemand. Après-guerre, Kesselring prétendit ne plus se souvenir de cet incident…

Le 22 mars, l'autorisation nous fut enfin donnée de traverser le Rhin à Ludwigshafen. Dès le départ, il était clair que la position sur le Rhin ne pourrait pas être tenue. Deux jours plus tard, je quittai mon quartier général de Bensheim près de Wiesbaden pour aller voir le 12e corps d'armée qui venait de nous être rattaché. Le chef d'état-major, le général Fäckenstedt, m'invita à déjeuner dans sa maison sur le Neroberg ; c'était une belle journée de printemps ; nous étions assis sur le balcon et, à côté de chaque couvert, une longue-vue permettait aux convives d'observer les combats de chars sur la rive ouest du Rhin. Fäckenstedt avait une liaison téléphonique avec la championne hippique bien connue, Irmgard von Opel, qui habitait Westerberg. Elle nous indiquait le nombre et le type des chars qui passaient devant chez elle. Ce n'était pas une expérience courante à la guerre.

Le 25 mars, nous fûmes chassés de notre poste de commandement de Bensheim par les chars américains qui avaient franchi le Rhin. En route pour le prochain poste de commandement, nous fûmes violemment attaqués par des bombardiers

30. Albert Kesselring (1885-1960), fils d'instituteur, général d'aviation, dut son ascension sociale au IIIe Reich et fut l'un des fondateurs de la Luftwaffe. Fidèle parmi les fidèles d'Hitler, il se forgea une réputation de stratège sur le front de Méditerranée et d'Italie. En mars 1945, il remplaça le maréchal Rundstedt à la tête du front Ouest. En 1947, il fut jugé comme criminel de guerre pour son rôle dans le massacre des fosses Ardéatines.

en rase-motte. Nous parvînmes à atteindre une petite forêt. Abrités derrière un tas de bois, nous observâmes les coups qui s'abattaient sans cesse sur la forêt. Guettant avec inquiétude les lourdes détonations et les échanges de tirs, j'examinai avec circonspection le tas de bois sur lequel nous avions pris place. Je découvris que nous étions sur un stock de munitions camouflé.

Le 26 mars, nous installâmes notre poste de commandement dans une auberge à Heigenbrücken. C'est là que nous apprîmes que le général Felber avait été relevé de son commandement pour l'échec de sa défense du Rhin. Le nouveau commandant en chef, le général von Obstfelber[31], était mon cinquième supérieur en six mois. Il arriva au cours de la journée. Le soir, nous nous retrouvâmes avec Felber pour un verre d'adieu. Soudain nous entendîmes des bruits de chars qui approchaient rapidement. Dans le secteur de la 7e armée, nous ne possédions plus ni char, ni véhicule à chenilles. Nous nous retirâmes prudemment derrière la porte de l'auberge qui longeait la grande rue du village. Nous avons alors vu passer les premiers véhicules de la quatrième division blindée américaine, une vieille connaissance de Normandie. Sans se soucier de nous, ils roulaient à environ 20 m de notre poste. J'envoyai tous les membres de l'état-major se cacher dans la forêt juste derrière l'auberge et invitai le général Felber à les suivre, oubliant complètement le nouveau général en chef qui dormait à l'étage. Les appels téléphoniques passés à nos unités de première ligne me confirmèrent qu'un groupe de combat d'une division blindée américaine avait fait une percée en direction de l'est. Je savais que dernière nous, à Hammelburg, il y avait un grand camp de prisonniers pour officiers. Supposant que les Américains voulaient tenter de libérer leurs prisonniers, j'appelai le camp et demandai à parler au commandant de la place. On me passa un major qui se trouvait là par hasard. Je lui expliquai la situation et lui donnai l'ordre de créer aussitôt une ligne de défense

31. Hans von Obstfelder (1886-1976), dernier chef de Gersdorff.

avec tous les moyens disponibles. Une section antichar fraîchement rééquipée venait d'être débarquée à Hammelburg. Je le mis à sa disposition et je lui confiai les pleins pouvoirs pour conduire le combat. Le major, qui avait l'expérience des combats à l'Est, mena si bien son affaire que le raid des chars américains mené dans le style Rommel fut un échec total et subit de nombreuses pertes.

À l'époque, c'est ainsi que je vécus ces événements passionnants. Dans les publications américaines d'après-guerre, on peut lire à peu près le compte rendu suivant : le 26 mars, le général Patton, commandant en chef de la 3e armée US, envoya une *Task Force* de combat de la taille d'une brigade en avant de la 4e division blindée. Elle était composée de 307 hommes, 10 chars Shermann, 6 chars légers, trois pièces de 105 mm, 27 half-tracks et une ambulance. Elle était placée sous le commandement du capitaine Abraham Baum et avait pour mission de faire une percée d'environ 100 km en territoire ennemi pour libérer les prisonniers de l'OFLAG XIIIB d'Hammelburg. Les sources américaines mentionnent que la principale raison de Patton pour engager cette opération était de libérer son propre beau-fils, John Waters. La *Task Force* franchit l'étroite ligne de défense allemande à Aschaffenburg et, au cours d'une marche de nuit, avança en direction d'Hammelburg. Elle ne rencontra aucune résistance significative et, dans beaucoup de localités, captura des soldats allemands dont un général. Quelques kilomètres avant Hammelburg, les Américains tombèrent sur trois panzers allemands. Après de violents combats, quelques chars américains pénétrèrent dans le camp et emmenèrent avec eux une partie des prisonniers de guerre américains. Les autres s'enfuirent dans différentes directions en groupes isolés. Pendant ce temps, la *Task Force* de Baum subit de lourdes pertes dans des combats contre les forces antichars allemandes. Quand Baum décida de faire demi-tour, il disposait encore de plus de 100 soldats aptes au combat, de 3 Shermann, de 6 chars légers et de 14 half-tracks. Mais la retraite fut bloquée par un fort parti allemand qui réussit à encercler les Américains et à les anéantir. Baum lui-même fut fait prisonnier. Le gendre de Patton, John Waters, fut grièvement blessé. Aucun soldat américain ne regagna les lignes américaines. Patton dut s'expliquer au cours d'une conférence de presse : « Nous avons tenté de libérer le camp de prisonniers parce que nous craignions que les prisonniers américains ne fussent assassinés par les Allemands en retraite. » Le petit nombre d'officiers américains qui connaissaient les vraies motivations de Patton ne brisèrent le silence que vingt ans après la guerre.

La retraite de la 7e armée vers l'est continua sans interruption. Il n'était plus possible de résister durablement. Ce ne fut que la prudence des Américains qui rallongea la phase finale de la guerre. Il était clair que notre seul intérêt était d'attirer les Américains le plus loin possible vers l'est. À cette époque-là, nos troupes se laissaient déloger de n'importe quelle position. Je savais exactement comment interpréter un rapport m'indiquant que « face à un adversaire supérieur en nombre, une unité s'était repliée sur une nouvelle ligne de défense ». Les ordres que nous donnions ne correspondaient même plus à la réalité. Quand nos subordonnés les recevaient, la plupart étaient déjà dépassés. Les commandants qui étaient sous nos ordres avaient compris que l'exécution des ordres était soumise à leur appréciation et dépendait de leurs possibilités et de l'évolution de la situation, mais qu'ils devaient faire preuve de prudence parce qu'une parole libre pouvait encore être dangereuse.

À quelques exceptions près, tous les chefs s'efforcèrent de limiter les pertes et de ne pas exécuter les ordres absurdes – destructions de ponts, de centrales électriques et de centraux téléphoniques – qui en aucun cas ne pouvaient freiner l'avance des Américains, techniquement si bien équipés. La durée relativement longue de la retraite à travers l'Allemagne tient exclusivement au comportement du commandement américain qui, à la moindre résistance, arrêtait la marche en avant et ne reprenait l'attaque qu'après avoir sécurisé la zone, avec le soutien de l'artillerie et de l'aviation. Ainsi, quelques malheureuses mitrailleuses suffisaient à bloquer des divisions entières pour des heures, voire des jours.

Il est étonnant que, du côté allemand, l'organisation ait aussi bien fonctionné jusqu'à la fin, tant pour l'approvisionnement que pour les transmissions à longue distance. Il y eut des défaillances individuelles ; elles étaient plus que compréhensibles. Si près de la fin, le désir de survivre se faisait de plus en plus fort.

À cette époque, de ma propre initiative, j'empêchai la destruction de nombreux ponts et déclarai plusieurs villes « ville hôpital ». Je sauvai notamment Bad Kissingen qui ne fut presque pas endommagée. Durant ces semaines, nous vécûmes des expériences tragicomiques avec les hauts fonctionnaires du parti. Un jour, le *Gauleiter* Sauckel[32] vint nous voir pour obtenir une affectation militaire. Nous l'envoyâmes au 85e corps d'armée. Il partit avec une nombreuse suite et plusieurs voitures pour « une mission au front », mais il n'y parvint jamais.

Après que, dans sa retraite, la 7e armée avait atteint la frontière tchèque, les combats avec les forces américaines reprirent de plus belle. Une situation de plus en plus critique se développait derrière l'aile droite de l'armée, car les forces soviétiques se préparaient à attaquer l'Erzgebirge et à menacer notre flanc nord. Le 19 avril, le poste de commandement de la 7e armée fut installé à Platten dans l'Erzgebirge. Le commandant en chef de l'armée qui se battait dans le dos de la

32. Fritz Sauckel (1894-1946), *Gauleiter* de Thuringe, fut condamné à mort à Nuremberg pour crimes de guerre et crime contre l'humanité. Les rodomontades des hauts fonctionnaires du parti et leur absence totale d'expérience militaire, voire de courage, exaspéraient les militaires. Compte tenu des privilèges dont ils avaient joui sous le IIIe Reich, la population les appelait souvent « les faisans dorés » en référence à leur uniforme brun.

7e armée contre les Soviétiques, le feld-maréchal Schörner[33], exigea que la 7e armée fût placée sous son autorité afin de coordonner la défense d'une « forteresse du protectorat de Bohême Moravie ». Certes, nos deux ailes avaient perdu le contact avec les armées voisines et, d'un point de vue militaire, la demande de Schörner n'était pas absurde, mais nous nous battîmes pour rester sous les ordres du haut commandement B ouest et ne pas être rattachés au front de l'Est en cas de capitulation.

Le 23 avril, la rupture entre le Sud et le Nord de l'Allemagne était définitivement consommée. Après une violente percée soviétique à l'ouest de Meissen, la 7e armée était engagée dans une bataille sur deux fronts. À Passau, la 3e armée US avait dépassé l'aile sud de notre armée et fonçait vers Vienne. Durant ces jours-là, un officier de haut rang de l'OKW me rendit visite, alors qu'il était en route pour « la forteresse des Alpes[34] ». À mon grand étonnement, il croyait encore à la victoire finale. Il s'attendait à une rupture imminente entre les alliés occidentaux et l'Union soviétique. Il m'expliqua que l'essentiel était de défendre avec le plus de succès possible les zones qui étaient encore sous contrôle allemand pour pouvoir les utiliser comme monnaie d'échange dans les négociations qui allaient s'ouvrir. Je lui expliquai que je ne pouvais pas partager ses vues et que, dans l'intérêt des troupes que j'avais sous mes ordres, je les tenais pour criminelles. Il roula de gros yeux et tourna les talons.

---

33. Ferdinand Schörner (1892-1973), surnommé « Ferdinand le Sanglant », fut le dernier général à être promu feld-maréchal par Hitler en avril 1945. Il fut condamné par les tribunaux allemands pour le meurtre de ses propres soldats.

34. C'était une des lubies stratégiques d'Hitler. Le projet était de transformer les Alpes en redoute où se réfugieraient toutes les troupes allemandes disponibles et où, compte tenu de la nature du terrain, elles pourraient tenir presque indéfiniment. En pratique, nuls travaux sérieux ne furent entrepris pour assurer sa mise en œuvre.

Le 28 avril, je fus convoqué à la Kommandantur de Teplitz-Schönau pour m'entretenir avec le feld-maréchal Schörner. Avant de partir, je me fis confirmer par radio notre statut d'unité dépendant du groupe d'armées B ouest. J'arrivai à Teplitz-Schönau avant Schörner. Le commandant de la place qui me reçut vit dans ma voiture un fox-terrier que son propriétaire m'avait offert dans l'une des nombreuses haltes de notre retraite à travers l'Allemagne. Il m'expliqua que si Schörner voyait le chien, il me ferait arrêter sur le champ et probablement exécuter. Nerveux, agitant les mains, le malheureux me pria de faire disparaître l'animal. Curieux de voir ce qui allait se passer, je garai la voiture et le chien un peu à l'écart de la Kommandantur. Mais Schörner ne vint pas car des unités de la division Vlassov lui barrait la route entre Reichenberg et Teplitz. Les négociations avec les généraux des unités Vlassov[35] retardèrent tant le voyage qu'il annula notre rendez-vous.

J'en profitai pour me rendre au château du prince Clary à Teplitz-Schönau[36], espérant trouver là-bas des réfugiés de Silésie. J'y retrouvai mon plus jeune frère qui, par miracle, avait survécu à l'enfer de Dresde. Il y avait aussi un grand nombre de parents et d'amis de notre terre natale. Je leur conseillai de profiter de la nuit pour continuer leur fuite vers l'ouest. La maîtresse des lieux, la princesse Clary, refusa tout net, sous prétexte qu'elle avait encore une réunion à diriger en qualité de présidente de l'association des femmes nazies. Voilà qui permet de mesurer quel niveau d'aliénation régnait alors parmi les soldats et les civils ! La mort d'Hitler, que nous apprîmes le

35. Les soldats de Vlassov craignaient d'être livrés aux Russes parce qu'ils avaient combattu aux côtés des Allemands contre leur propre patrie. La plupart furent effectivement livrés aux Soviétiques et condamnés à mort.

36. C'était un des hauts lieux de la culture allemande en terre slave. Goethe y avait séjourné.

1er mai fut pour la plupart d'entre nous une libération, et une fable le récit de sa mort au combat[37].

Le calme relatif qui régnait alors sur le front ne fut troublé que par quelques attaques américaines ponctuelles. Un parlementaire que j'avais envoyé de l'autre côté des lignes pour décanter la situation revint avec une nouvelle surprenante. Le général Patton avait entendu dire qu'étaient rassemblés à Hostau, au sud-ouest de Pilsen, tous les chevaux des haras autrichiens, qui l'intéressaient vivement. Nous lui fîmes aussitôt savoir qu'il pouvait se rendre à Hostau[38], en voiture ou en avion, et que nous nous engagions à mettre en place le corridor sécurisé nécessaire. Le fait est que Patton se rendit plusieurs fois à Hostau, loin derrière le front allemand. Malheureusement, nous ne pûmes pas amener les chevaux dans son secteur, comme il le souhaitait, car la plupart des juments venaient de mettre bas. Mais notre attitude compréhensive nous aida grandement dans la négociation de la capitulation. Le 7 mai, je profitai de l'absence du commandant en chef de l'armée, le général von Obstfelder, pour envoyer chez les Américains mon officier de renseignements, le major von Mutius, afin de commencer les négociations de capitulation. Il revint avec un message du général Patton annonçant qu'il attendait, pour le lendemain, le commandant de notre armée dans son quartier général d'Elbogen, au sud-ouest de Carlsbad. Quand j'en informai Obstfelder qui revenait d'une visite sur notre front nord, il entra dans une colère folle, menaçant de me faire arrêter et de me traduire devant un conseil de guerre. Je lui répondis qu'il ne trouverait personne dans mon état-major

37. Comme le prétendait la propagande du Reich.

38. L'objectif était d'arracher aux Soviétiques les étalons inestimables qui faisaient la richesse de l'élevage équin en Tchécoslovaquie et en Autriche. Une opération de grande envergure fut menée après la fin des hostilités sous le nom d'opération « Cowboy ». Elle permit en particulier de sauver les Lipizans de l'école espagnole d'équitation de Vienne.

pour m'arrêter. Si besoin, je pouvais aussi bien le faire arrêter. Obstfelder se résolut à l'inévitable, mais refusa d'aller lui-même rendre visite au général Patton. En vain, je lui représentai qu'il devait le faire dans l'intérêt des soldats qui étaient sous ses ordres.

Le 8 mai, je partis en voiture en direction d'Elbogen avec le *Rittmeister* von Deichmann et le *Rittmeister* Gescher qui parlait un anglais parfait. Dans le *no man's land* entre les deux fronts, nous fûmes accueillis par un général américain. Après un salut militaire dans les formes, il me confirma qu'il avait reçu mission de me conduire à Patton. Sur la place du marché d'Elbogen, nous passâmes en revue une garde d'honneur qui avait pris position devant l'hôtel où logeaient Patton et son chef d'état-major, le général Hobart Gay. Patton sortit de l'hôtel avec ses officiers. Il fit un petit discours dans lequel il expliqua qu'il regrettait de faire ma connaissance dans des conditions aussi pénibles pour moi. En tant que soldat, il comprenait parfaitement ce que je pouvais ressentir. À ces mots, je compris qu'il croyait s'adresser au commandant en chef de la 7e armée. Je me présentai donc comme le chef d'état-major et excusai l'absence du général en chef, « souffrant ». Patton répondit après une courte réflexion que, dans ces conditions, il laissait à son chef d'état-major le soin de mener à bien les négociations.

Le général Gay mena les négociations avec tact et dignité. L'essentiel pour moi était de convaincre les Américains de prendre en charge autant de prisonniers de guerre allemands que possible, pour que la captivité dans les prisons soviétiques fût évitée non seulement aux soldats de la 7e armée, mais aussi aux troupes qui refluaient du front de l'Est. Quand Gay m'interrogea sur les effectifs de la 7e armée, je lui donnai le chiffre d'un million. Il me répondit alors avec un sourire ironique : « Alors, vous êtes trois fois plus forts que la 3e armée US. » Manifestement, il avait percé à jour mon stratagème. Malgré tout, il se déclara prêt à prendre en charge un million de prisonniers de guerre allemands. J'obtins également que le gros des soldats allemands soit libéré aussi vite que possible. Enfin, nous nous accordâmes sur le fait que tout l'état-major de l'armée resterait en fonction pour commander et contrôler la suite des événements. À cette fin, il fut arrêté que le siège du quartier général déménagerait à Karlsbad, à l'hôtel Pupp.

À mon retour au quartier général de Welchau, l'offre de reddition de l'amiral Dönitz avait été rendue publique, si bien qu'Obstfelder n'éleva plus aucune objection. Le 8 mai, les services d'état-major du commandement de la 7e armée furent conduits dans des camps de prisonniers pendant que les services du quartier-maître général restaient provisoirement responsables de l'approvisionnement des unités allemandes. Mais les Américains mirent un terme à ce mode de fonctionnement[39].

La fin de la guerre se déroula sans drame et sans indignité. J'étais reconnaissant à la Providence d'avoir épargné à des milliers de soldats allemands les geôles soviétiques. Malheureusement, en dehors des troupes qui se trouvaient sur place, cela ne pouvait concerner que les unités motorisées qui avaient réussi à rejoindre les lignes américaines à travers la Tchécoslovaquie. D'après son chef d'état-major, le commandant en chef du groupe d'armées, le feld-maréchal Schörner, s'était enfuit avec une valise pleine d'argent dans un petit avion Storch pour rejoindre, habillé en *Tracht* bavarois, « la forteresse des Alpes ». Un peu plus tard, il y fut fait prisonnier.

Dans le crépuscule de l'Allemagne, les soldats connurent des destins très différents. La chance et la malchance jouèrent un grand rôle. Je me fis un devoir d'accepter la captivité qui m'attendait, dès lors que les soldats qui servaient sous mes ordres allaient retrouver leur liberté. Pour tout homme qui avait l'esprit militaire, la dernière année de la guerre fut particulièrement déprimante. L'avenir ne pouvait pas être pire.

Dans ce triste contexte, deux évidences me consolaient : je n'aurai pas à répondre de mon engagement dans la résistance

39. En violation des conditions de capitulation.

devant un tribunal populaire ; je n'avais pas eu, de toute la guerre, à utiliser une arme contre mon prochain. Naturellement, le fait que je fusse officier d'état-major m'avait donné beaucoup moins l'occasion de faire usage d'une arme qu'un soldat du front. Mais je m'étais trouvé assez souvent en position inconfortable en première ligne. J'aurais pu être forcé d'ouvrir le feu pour assurer ma sécurité. J'ai toujours ressenti comme une grâce du destin de n'avoir pas la conscience chargée de la mort d'un soldat ennemi innocent, que j'aurais été contraint de tuer en raison des nécessités de la guerre.

7.

SOLDAT EN CAPTIVITÉ

« Dans des centaines d'années,
le monde se souviendra encore
de ce que nous avons fait. »

Henning von Tresckow, 1941

J'avais à l'esprit le jugement très sévère d'Henning von Tresckow sur la responsabilité allemande avant même le début de la campagne de Russie. C'est donc dépourvu de toute illusion que j'entamai ma captivité le 9 mai 1945. Contrairement à ce qui s'est passé dans d'autres secteurs du front, et en violation de l'accord originel passé lors des négociations avec la 3e armée US, mon état-major ne fut pas maintenu en fonction pour assurer la démobilisation de nos troupes. Je ressentis donc avec une violence particulière la perte de ma liberté. Le commandant en chef et moi-même fûmes d'emblée mis à part et séparés du reste de l'état-major de l'armée. Nos officiers d'ordonnance, nos voitures personnelles et nos chauffeurs ne nous furent laissés que durant les premiers jours.

Au début, nous craignions même d'être livrés aux Soviétiques car avec une trentaine d'autres généraux et membres de l'état-major général, nous fûmes placés sous la garde vigilante d'un officier d'état-major américain qui nous emmena vers l'est en direction d'Eger. Le 11 mai, nous stationnâmes des heures sur la place du marché de Pilsen[1], sans savoir ce qui nous attendait. Nos voitures découvertes étaient entourées d'une foule de Tchèques qui nous injuriait et nous couvrait de crachats. Comme nos geôliers américains n'intervenaient pas et laissaient manifestement faire, nous ne pûmes que nous taire et rester assis stoïquement. Je me remémorai les événements de 1939, quand la Wehrmacht avait pénétré en Tchécoslovaquie, soumettant les Tchèques à l'arbitraire allemand. La roue avait tourné. Nous subîmes encore plusieurs heures ces vexations, avant d'être installés dans un hôtel relativement confortable. J'y mesurai les incertitudes qui pesaient sur notre futur destin. Le général américain commandant le corps d'armée dans le secteur duquel nous étions emprisonnés avait son quartier général à Pilsen et était curieux de connaître les généraux allemands. Il nous reçut très chaleureusement, poussant la courtoisie jusqu'à organiser une sorte de cocktail. Le lendemain, nous étions transportés dans un camp à Regensburg.

Avec ces premières expériences de la captivité, j'eus un avant-goût de ce qui m'attendait : la haine, le mépris, la curiosité et l'arbitraire. Par ailleurs, il était clair que je devais être reconnaissant à la Providence de ne pas être tombé dans un camp de prisonniers soviétiques. En ma qualité d'ancien officier de renseignements du groupe d'armées centre, les Soviétiques m'auraient sans aucun doute condamné à vingt-cinq ans de travaux forcés dans les camps de Sibérie, sans avoir aucun grief particulier à développer contre moi. Dans les mains américaines, cela ressemblait davantage à une grande aventure dont on ne pouvait deviner ni la durée ni la variété. Je ne voulais tirer aucun privilège de mon activité dans la résistance allemande. Je comptais n'en parler que si on m'interrogeait sur le sujet. Il apparut très vite que tous les officiers d'état-major général seraient emprisonnés et qu'il n'y aurait aucune exception à la règle. La tentative que je fis de me faire libérer en rai-

1. Aujourd'hui Plzen.

son d'une grave opération à l'estomac en 1943 échoua, non pas du fait des Américains, mais parce que le médecin-chef allemand de l'hôpital de Regensburg refusa de me délivrer le certificat requis. D'un point de vue médical, il avait sans doute raison, mais du point de vue humain, son comportement était incompréhensible. Je me préparai donc à une longue captivité. L'essentiel pour moi était de conserver, même en prison, attitude et dignité militaires. Pendant les trente-et-un mois de mon incarcération, j'essayai de rester fidèle à ces principes malgré les vicissitudes et les déménagements dans quinze camps différents.

Après les premiers jours totalement chaotiques, durant lesquels je fus dépouillé de la plupart de mes objets personnels par des Américains chasseurs de souvenirs de guerre, je pris le temps de réfléchir aux changements terrifiants qui, depuis la fin de la guerre, bouleversaient ma vie personnelle, ma patrie et le peuple allemand.

Le Reich allemand s'était écroulé dans un enfer de sang, de larmes et de ruines. La partition du pays en une zone est et une zone ouest se profilait à l'horizon. La réunification et le retour de la souveraineté nationale paraissait inenvisageable. Mais avant tout, il était clair que l'Est de l'Allemagne, la Prusse orientale et occidentale, la Poméranie, la Marche[2] et ma propre patrie, la Silésie, étaient tombées pour toujours sous le joug de la puissance russe[3]. Comme des millions de compatriotes, je devais accepter la perte de tout ce qui jusque-là avait rempli ma vie : ma terre natale, ma propriété, mon cercle d'amis et, ce qui pour moi n'était pas rien, mes chevaux. Je pensais au destin des réfugiés qui en 1918 étaient arrivés en Silésie après avoir été chassés des pays baltes, à l'exode des Français, des Polonais et des Russes. C'est alors que je commençai vraiment

2. La Marche de Brandebourg.

3. En 1976, Gersdorff ne peut envisager que treize ans plus tard, en 1989, le mur de Berlin tombera.

à les comprendre. Je me disais que je ne pourrais plus jamais me recueillir sur la tombe de mes parents et de ma femme, que je ne pourrais plus jamais revoir les endroits où j'avais été si heureux, que je ne pourrais plus jamais respirer l'air de ma petite patrie silésienne.

Ce fut ma volonté de connaître ce que ce futur incertain me réservait qui me permit de résister à la tentation du suicide. Le devoir de me présenter toujours dignement et élégamment, même dans les circonstances les plus difficiles, m'aida aussi « à ne pas amener le pavillon ». La volonté de survie qui pendant les derniers mois de la guerre avait habité la plupart des soldats allemands était plus forte que mes doutes. N'avais-je pas survécu à des périls bien plus graves, les dangers de la guerre et les menaces de la Gestapo ? Outre la perte de ma terre natale, mon principal souci était le destin de ma famille avec laquelle je n'avais plus aucun contact. Je savais qu'elle était en sécurité dans un camp de réfugiés en Franconie que j'avais pu visiter brièvement au cours de ma retraite à travers l'Allemagne. J'étais conscient qu'ils allaient devoir partager la misère de millions d'autres réfugiés.

En revanche, la fin de la guerre ne fut pas pour moi un choc particulier, car je m'étais préparé depuis longtemps à la catastrophe. En 1941, Henning von Tresckow nous avait prédit le destin de l'Allemagne s'il ne parvenait pas à libérer le pays et la nation d'Hitler et de son régime. Il avait prédit à peu près tout ce qui arriverait, de façon détaillée. Après le 20 juillet 1944, quand se fut évanoui tout espoir de chasser la dictature par un soulèvement du peuple allemand, ce que j'avais le plus craint était une victoire d'Hitler, aussi invraisemblable qu'elle fût. La disparition complète du régime national-socialiste protégea l'Allemagne et l'humanité tout entière de la chute la plus terrible de l'histoire. Du fond de mon désespoir, j'étais reconnaissant à Notre Seigneur Dieu tout-puissant de nous avoir épargné l'épreuve du triomphe d'Hitler. Les hommes et les femmes de la résistance allemande avaient craint par-dessus tout une victoire du IIIe Reich. Nous, en tant qu'officiers, nous avions accompli notre devoir vis-à-vis des soldats qui nous étaient confiés, y compris jusqu'à la fin la plus amère. Nous avions tenté de sauver ce qui pouvait l'être avec un succès tout relatif. Je ne connais aucun officier exerçant des responsabilités qui se soit livré au sabotage. La figure du saboteur dans la pièce de Carl Zuckmayer, *Le Général du diable*[4], est une licence dramatique qui n'a rien à voir avec la réalité.

Autant j'étais heureux de la fin du IIIe Reich, autant j'étais désolé du destin de l'empire bismarckien et de la fin sans doute définitive de la Prusse[5]. Pour nous, Allemands de l'Est, l'un et l'autre furent infiniment plus douloureux que pour les autres citoyens de notre pays. Aujourd'hui, malgré toutes les aides qui leur ont été apportées, les réfugiés demeurent mal compris[6]. Il est extrêmement difficile de se représenter ce que cela signifie pour un homme de devoir renoncer d'un seul coup à tous les biens matériels ou spirituels qu'il avait l'habitude de dire siens. Rebâtir une vie totalement neuve, dans un environnement étranger, sans aucune ressource, est un indéfinissable défi. À l'époque, de telles idées me torturaient jour et nuit.

Quand je commençai ma captivité, le peuple américain était pour moi à peu près inconnu. Jusque-là, je n'avais connu les Américains que comme des adversaires qui s'étaient comportés en soldats, au meilleur sens du terme, malgré leur grande différence de style de commandement et l'utilisation démesurée

4. Karl Zuckmayer (1896-1977), écrivain allemand à succès, prix Nobel de littérature en 1952, écrivit une pièce de théâtre intitulé *Le Général du diable* dans lequel un officier antinazi sabote des bombardiers. La pièce est adaptée au cinéma en 1955. Cürd Jurgens y tint le premier rôle.

5. Dans l'Allemagne réunifiée, la Prusse n'existe pas comme land. Mais le passé prussien est partiellement réhabilité comme le montra une grande exposition à Berlin dès 1981 : *Preussen, Versuch einer Bilanz.*

6. C'est le drame des *Vertriebenen.* Pour plus de détails on peut consulter le chapitre sur l'Exode et l'Expulsion in Étienne François et Hagen Schulze, *Memoires Allemandes*, Paris, 2007.

de leur supériorité matérielle. Le contact permanent avec les officiers interrogateurs, les gardiens et les visiteurs curieux me permit de découvrir une surprenante variété de type et de caractère au sein de l'armée américaine. Je ne pense pas aux différences de race et d'origine. J'ai été davantage étonné par la diversité des profils de l'armée US, en particulier au sein du corps des officiers. C'était tout le contraire de la grande homogénéité qui était de règle au sein de l'armée allemande.

Après notre capture, nous apprîmes dans un premier temps à connaître la troupe américaine. Les GI's faisaient preuve de camaraderie, presque sans haine ni mépris. En revanche, ils dérobaient tout ce qui leur tombait sous les yeux, montre-bracelets ou croix de fer… Ils n'y voyaient rien d'interdit ; c'était à leurs yeux un droit légitime de rapporter du butin ou des souvenirs. Comme dans l'armée allemande, les officiers, y compris les généraux, étaient majoritairement des officiers de réserve, mais ils n'avaient manifestement reçu qu'une éducation militaire très sommaire. Après ma libération, je fis deux longs séjours aux États-Unis et je retrouvai ce type d'officier de troupe chez beaucoup de cadres appartenant à la bourgeoisie. Le premier jour de notre captivité, mon commandant en chef et moi-même fûmes reçus sous la tente d'un général de division. Mon commandant en chef avait le même rang que le général Patton, le supérieur de notre hôte. Pourtant, ce dernier resta assis dans son pliant, les pieds sur la table. Ces manières mises à part, il était fort aimable. Il nous offrit à boire et nous expliqua combien il compatissait à notre situation. Lorsque nous nous séparâmes, il ne jugea pas plus nécessaire de se lever. À l'époque, je trouvai l'incident de fort mauvais goût. Je sais aujourd'hui qu'il ne cherchait pas à nous blesser, mais se comportait simplement comme il le faisait dans la vie civile. Pendant la guerre, nous avions adopté une attitude très différente. À chaque fois qu'un général français ou un général soviétique était tombé entre nos mains, il avait eu droit à tous les honneurs militaires, selon les usages internationaux de la courtoisie.

Comme dans toutes les armées du monde, il y avait dans l'armée américaine des « brutes » qui, nourris de la propagande et avertis des crimes que nous avions commis, perdaient souvent la maîtrise d'eux-mêmes.

Avant que le médecin-chef allemand de l'hôpital de Regensburg eût indiqué aux Américains que mon état de santé était compatible avec la détention, je faillis être libéré de manière imprévue. Le 26 juin 1945, avec 25 soldats allemands gravement blessés – pour la plupart amputés des jambes ou des bras –, je fus conduit en camion à un camp de démobilisation situé sur le champ de manœuvres d'Hohenfels. À l'entrée du camp, nous fûmes reçus par un lieutenant et quelques soldats de la 4e division blindée US dont j'avais pu mesurer en Normandie la vigueur au combat. Avec un pistolet, le lieutenant nous fit signe de descendre du véhicule. Les Américains se précipitèrent alors sur notre pauvre bagage. Les GI's s'emparèrent de tout ce qui leur paraissait avoir quelque valeur, valises, sacs à dos, sacoches, baluchons divers. Je fus scandalisé par ce comportement à l'égard de grands blessés qui voulaient sauver le peu qui leur restait. J'agonis d'injures l'officier américain comme, de toute ma carrière je ne l'avais jamais fait avec un subordonné. Visiblement, l'Américain fut d'abord impressionné. Ensuite, il agita son pistolet sous mes yeux de façon fort menaçante. Un interprète juif en uniforme américain me supplia, en allemand, de me taire. Peu de temps auparavant, le jeune officier avait tué sur place un officier allemand qui refusait de se soumettre à son arbitraire. Je m'exécutai et le sympathique interprète promit de faire tout ce qui était en son pouvoir pour nous aider. Le lieutenant nous conduisit dans un baraquement en bois et nous ordonna de nous installer dans une petite pièce où nous ne pouvions tenir qu'à genoux. Il nous montra alors deux sentinelles avec des mitrailleuses, qui avaient ordre de tirer sans sommation si l'un d'entre nous cherchait à s'échapper du baraquement. Ni ce jour-là ni le lendemain, nous ne reçûmes la moindre nourriture. Ce ne fut que le troisième jour qu'on nous jeta une petite caisse de fromage pourri, dans lequel grouillaient des milliers d'asticots blancs. Le seul à s'occuper de nous fut l'interprète juif. Il nous conjurait de nous tenir tranquilles car nous devions être libérés au bout de quelques jours. Les camarades gravement blessés furent effectivement rendus à la liberté cinq jours plus tard. Quoique l'interprète eût ardemment plaidé ma cause, je fus ramené dans un camp de prisonniers. Les autorités de libération avaient en effet constaté, après enquête, une erreur dans mon cas, une de ces innombrables erreurs qui influeraient si souvent sur mon destin de prisonnier.

Durant la première année, nous découvrîmes chez les officiers interrogateurs et les officiers pénitentiaires un nouveau type de soldat américain. Dans la plupart des cas, c'était des juifs allemands qui étaient étonnamment bien informés dans les moindres détails sur chacun d'entre nous. Leur comportement variait en fonction de ce qu'il savait de nous. Ils en savaient beaucoup sur moi, informés par Allan Dulles[7], le résident de l'OSS à Bern qui, pendant la guerre, avait été en contact avec des représentants de la résistance allemande, en particulier Adam Trott zu Solz[8] et Bernard Gisevius[9]. Les officiers interrogateurs n'étaient intéressés ni à la chose militaire

7. Allan Dulles (1893-1969) était en Suisse le responsable de l'OSS (*Office of Strategic Services*), l'ancêtre de la CIA. Il fut ensuite directeur de la CIA de 1953 à 1961.

8. Adam Trott zu Solz (1909-1944), membre du cercle Kreisau, avait pris contact avec les services américains pour examiner les conditions de sortie de la guerre. Il fut exécuté après l'échec du putsch Stauffenberg.

9. Bernd Gisevius (1904-1974), juriste et haut fonctionnaire a d'abord adhéré au parti nazi et travaillé à la Gestapo jusqu'en 1937. Collaborateur informel de l'*Abwehr* de l'amiral Canaris, il fut envoyé à Zurich, officiellement pour faire de l'espionnage au profit des Allemands. En fait, il y représentait les intérêts de la résistance. De retour à Berlin, il échappa de peu à une arrestation. La parution de ses mémoires, *Jusqu'à une fin amère*, Paris, 1947, donna lieu à une polémique tant le personnage est ambigu.

ni particulièrement à la résistance. Ce qui les motivait principalement, c'était d'éclaircir les arrière-plans historiques de l'évolution politique de l'Allemagne. Ainsi revenait toujours la question de savoir si nous étions des Prussiens et surtout des junkers[10] prussiens, qui à leurs yeux étaient plus dangereux que les nazis eux-mêmes. Bien que ma famille provînt originellement de Lusace et que nous eussions ensuite fait souche dans de nombreux pays, j'affirmai invariablement être prussien, tout en tentant d'expliquer que la noblesse prussienne avait joué un rôle exceptionnel dans la résistance contre Hitler. Il n'y avait pratiquement que les juifs allemands, les juifs berlinois surtout, pour mesurer combien les préjugés américains étaient faux. Au printemps 1946, un officier de renseignements américain m'amena un mémorandum en langue anglaise sur la résistance allemande. Le travail portait la signature de Franz Joseph Trautmannsdorf, capitaine. C'était manifestement un rejeton des Trautmanssdorf, famille bien connue de l'aristocratie autrichienne, dont une partie avait émigré aux États-Unis. Son texte était révoltant. À partir d'informations incomplètes, de semi-vérités et de complets mensonges, il parvenait à la conclusion que les conjurés du 20 juillet 1944 appartenaient pour la plupart à des familles de junkers prussiens qui, en raison de leur fierté blessée et de leur vanité outragée, avaient voulu prendre le pouvoir pour leur propre compte et instaurer une dictature encore plus grave que celle d'Hitler. À peu près à la même époque, à la chambre des Communes, Churchill tenait en ces termes un grand discours : « En Allemagne, il existait une opposition qui est allée s'amoindrissant en raison du nombre de ses victimes et d'une politique internationale tout en faiblesse. Mais les actes de ces gens font partie des choses les plus nobles et les plus grandes qui se soient jamais produites dans l'histoire

10. L'aristocratie terrienne et militaire de Prusse et plus généralement d'Allemagne de l'Est.

politique des peuples. Ces hommes combattaient sans aide ni de l'intérieur ni de l'extérieur. Ils ont souvent été déchirés par le trouble de leur conscience. Aussi longtemps qu'ils ont vécu, ils ont été inconnus de nous car ils devaient se cacher. Mais par leur mort, la résistance est devenue visible. Ces morts ne peuvent pas racheter tout ce qui s'est produit en Allemagne. Mais leurs actes et leurs sacrifices sont les fondements indestructibles d'une nouvelle renaissance. Nous espérons que viendra le temps où dans l'histoire intérieure de l'Allemagne, ces hommes-là trouveront leur juste place. »

Je fis la connaissance du type le plus sympathique d'officier américain lorsque je collaborai avec le département d'histoire militaire du ministère américain de la Guerre. Après des mois de famine et de traitement dégradant dans différents camps de prisonniers, après un détour par la prison municipale de Freising, je fus transporté le 1er octobre 1945 dans les geôles d'Oberursel près de Francfort-sur-le-Main, la prison la plus scandaleuse dans laquelle je me fusse jamais trouvé. Mais comme il s'agissait d'un camp que Goering avait installé pour les pilotes alliés capturés, j'étais malvenu de me plaindre. Après une dizaine de jours, il apparut que mon déplacement dans ce camp était une erreur administrative. Je fus alors conduit à la villa « Alaska », dans la même ville. Dans cette ancienne villa d'industriels étaient réunis une trentaine d'éminents prisonniers, le régent hongrois, l'amiral Horthy[11], l'ancien ministre

11. Miklos Horthy (1868-1857), amiral, régent de Hongrie après la chute de la monarchie austro-hongroise, refusa à deux reprises de restituer son trône à l'empereur Charles alors qu'il était probablement en position de le faire. Il soumit ensuite le pays à une dictature conservatrice. Il s'allia aux Allemands pendant la Seconde Guerre mondiale afin de récupérer les régions limitrophes qui avaient été retirées à la Hongrie en 1920. Horthy n'approuvant pas le jusqu'au-boutisme hitlérien, refusant notamment de livrer des juifs hongrois et envisageant un renversement d'alliance dès 1942, fut renversé par Szalasy, leader des Croix Fléchées, avec le soutien de l'armée allemande. Horthy finit sa vie en exil au Portugal.

des Finances du Reich, le comte Schwerin-Krosigk[12], le général Lindenmann[13] qui avait été le commandant de mon escadron à Breslau en 1924, le général Heusinger, le comte Schwerin, mon cousin, le colonel von Bonin[14], le général von Epp, la pilote d'essai Hanna Reitsch[15] ainsi qu'un grand nombre d'anciens ambassadeurs ou d'anciens membres du ministère des Affaires étrangères. Les Américains vinrent m'y trouver pour que je les aide à écrire l'histoire de la guerre. Après avoir beaucoup réfléchi, j'adoptai le point de vue du général Heusinger, selon qui c'était le seul moyen d'avoir une influence sur l'historiographie de la guerre et de promouvoir, à terme, une historiographie allemande sur le sujet. C'est à Heusinger que l'on doit aujourd'hui une historiographie allemande de plus en plus riche. L'entreprise n'était possible que si les chefs de corps directement engagés et les officiers d'état-major vivaient encore.

Des groupes de 15 à 30 officiers allemands furent formés, d'abord à Saint-Germain-en-Laye, et ensuite à nouveau à Oberursel. Leur principale mission était de faire des commentaires sur l'histoire rédigée par les Américains. Nous pûmes ainsi mettre en lumière les résultats exceptionnels des troupes allemandes lors des difficiles combats de 1944-1945 contre un adversaire infiniment supérieur en nombre et en matériel. La collaboration se fit sans

12. Lutz Schwerin von Krosigk (1887-1977), ministre des Finances en 1932. Il le resta jusqu'à la fin de la guerre, sans avoir adhéré au parti nazi. Sa famille n'a rien à voir avec celle du général von Schwerin qui commandait la 118e division d'infanterie durant la retraite Allemagne (cf. chapitre précédent).

13. Georg Lindenmann (1884-1963), ancien gouverneur du Danemark sous occupation nazie.

14. Bogislaw von Bonin (1908-1980), colonel à l'état-major général de l'OKH, ordonna la retraite des défenseurs allemands de Varsovie en 1945, en violation des ordres formels d'Hitler. Il fut envoyé en camp de concentration.

15. Hanna Reitsch (1912-1979), nazie fanatique, aviatrice la plus célèbre du Reich. Son plus grand exploit fut d'avoir fait atterrir au coeur de Berlin en feu, en avril 1945, le dernier avion à transporter un message pour Hitler. L'épisode apparaît dans le film *La Chute.*

friction, et même amicalement. Cela tenait au fait que les officiers de la « division historique » étaient sans exception d'excellents soldats et de parfaits gentlemen qui se distinguaient par leur correction, leur vaste culture et leur gentillesse. Beaucoup d'entre eux étaient des officiers d'active, formés à West Point, qui auraient parfaitement eu leur place dans les régiments de la garde d'Angleterre ou de Prusse. Malgré le fossé qu'il y avait entre nous, ils se montrèrent toujours serviables et jamais insultants. À Saint-Germain, nous déjeunions ensemble ; nous fêtâmes ensemble la fête de Noël. C'est probablement à cette occasion que furent prononcés les premiers discours de réconciliation entre vainqueurs et vaincus. En tant que porte-parole des officiers allemands, je nouai de très bonnes relations avec les Américains, dont certaines subsistent encore aujourd'hui. Le général de Gaulle ayant exigé le départ de France d'un certain nombre d'unités américaines, nous fûmes renvoyés à Oberusel. En violation de toutes les procédures, le commandant de notre groupe, le major Howard P. Hudson, autorisa mon frère aîné à me rendre visite et à m'apporter quelques effets civils sauvés de Silésie.

L'expérience la plus passionnante, mais aussi la plus pénible, de ma captivité fut ma convocation comme témoin au procès de Nuremberg. Le 15 mai 1946, je me rendis au procès, sans savoir si j'étais convoqué comme témoin de l'accusation ou de la défense. À mon arrivée au palais de justice de Nuremberg, je fus d'abord reçu très aimablement au bureau d'accueil. Des policiers militaires casqués de blanc me prirent en charge derrière une porte en acier. Je les suivai le long d'interminables couloirs coupés de portes blindées. J'arrivai dans l'aile photographiée par tous les journaux où se trouvaient « les principaux accusés »[16]. Devant chaque cellule, un policier militaire observait le prisonnier par une petite fenêtre ; je lus les noms de

16. Il y eut plusieurs procès de Nuremberg. Les « principaux accusés » étaient les 24 membres du premier cercle ayant joué un rôle déterminant dans les crimes du IIIe Reich, Goering, Keitel, Ribbentrop.

Goering, Ribbentrop, Keitel et Speer. On me conduisit alors dans une grande cellule dans lequel plusieurs officiers et GI's s'assurèrent de ma personne en me fouillant au corps. Je dus me déshabiller complètement. Toutes mes affaires, y compris ma ceinture et mes lacets, me furent enlevées pour être placées dans une enveloppe. Dans le lot, il y avait un lourd étui à cigarettes en or qui m'était particulièrement précieux, car indépendamment de sa valeur, c'était un cadeau de ma femme disparue en 1942. Quand je vis l'étui disparaître dans la poche d'un Américain, je protestai violemment, mais le feld-maréchal von Manstein et le général qui se trouvait là par hasard m'incitèrent à me taire. Toute protestation ou toute demande de délivrance de reçu était vouée à l'échec. Deux policiers militaires me conduisirent ensuite dans une cellule individuelle et fermèrent la porte derrière eux.

Pendant les 15 jours qui suivirent, on m'apporta deux fois par jour un repas de prisonnier fort peu appétissant. Mes gardiens refusèrent de transmettre au poste de garde la plainte que j'avais rédigée au dos du règlement intérieur de la prison qui se trouvait dans ma cellule. Les surveillants américains avaient l'interdiction absolue d'échanger un mot avec nous. Au bout de 10 jours, je reçus la visite d'un aumônier militaire protestant américain avec lequel je pus enfin parler. Il me déconseilla vivement de demander mon transfert dans ce qu'on appelait « l'aile des témoins ». Dans ma cellule actuelle, au moins, j'avais la paix.

L'aile des témoins, j'y fus conduit quelques jours plus tard. C'était un quartier de la prison de Nuremberg. Dans ces cellules, on avait amené quelques centaines de prisonniers de guerre. Il y avait le feld-maréchal von Brauchitsch, le feld-maréchal von Rundstedt, von Leeb, List, von Kleist, von Manstein, plusieurs généraux d'armée et d'autres officiers d'état-major de moindre importance. Mais la plupart des prisonniers étaient des membres de la SS et du SD, des fonctionnaires du parti ou de l'État.

Le commandant de la prison était le colonel US Andrus, que l'on disait d'origine lituanienne. Il incarnait tous les défauts des officiers américains. Il était incroyablement vaniteux, arrogant, colérique et cruel. Avec son casque d'acier verni vissé sur la tête et le stick à la main, il venait souvent dans l'aile des témoins. Dès qu'il arrivait, les prisonniers, qui dans la journée avaient le droit de se déplacer librement, devaient se figer là sur place et se mettre au garde-à-vous. Il avait ordonné que plusieurs maréchaux partagent leur cellule avec des membres du SD et des fonctionnaires du parti au dossier particulièrement chargé. Souvent, il avait fait venir dans notre aile des visiteurs, américains, anglais ou français, accompagnés de créatures féminines. Dans ce cas, il leur présentait à haute voix « le criminel » Rundstedt ou « le gangster » Manstein. Moi-même, je partageais ma cellule avec un général. L'ancien chef d'état-major du groupe d'armées B ouest, le général Westphal, me demanda si je pouvais l'aider à trier des documents que l'accusation avait transmis à la défense. Je tombai ainsi sur le rapport que j'avais rédigé et qui avait été transmis par le groupe d'armées centre à l'OKH, sur le monstrueux massacre de juifs commis par la SS à Borissow, à l'automne 1941. Le même jour, je me présentai au feld-maréchal von Brauchitsch, l'ancien commandant en chef de l'OKH qui partageait sa cellule avec son ancien chef d'état-major, le général Halder. Il me demanda, si en tant qu'ancien officier de renseignements du groupe d'armées centre, je savais quelque chose des persécutions contre les juifs pour lesquelles l'accusation poursuivait l'état-major général allemand.

Brauchitsch parut étonné de mon « oui » franc. Je lui montrai le document qui attestait de la vérité de mon témoignage et qui mentionnait qu'il en avait pris connaissance. Il prétendit qu'il ne se souvenait plus de l'incident. Je lui objectai qu'il était impossible d'oublier un document au contenu aussi monstrueux ; il me répondit brutalement qu'à l'époque, il avait d'autres soucis en tête. Halder qui, à la différence de Brauchitsch n'avait vraisemblablement jamais lu mon rapport, déclara n'avoir jamais rien su de cette affaire de Borissow.

Cette conversation me conduisit à attirer l'attention de Westphal sur le danger des « trous de mémoire » des généraux de haut rang qui, à mon avis, mettait en cause la défense de l'état-major général[17]. La plupart des généraux avec lesquels je m'étais entretenu faisaient preuve d'une amnésie totale. Convaincu par Westphal, Manstein, qui jouait un rôle moteur dans l'aile des témoins, convoqua les détenus les plus éminents pour une réunion durant laquelle j'évoquai mon expérience au groupe d'armées centre et exposai mes réserves sur la stratégie de défense suivie jusque-là. Je soulignai l'effet catastrophique qu'auraient les principaux témoins niant avoir eu connaissance des crimes de la SS derrière le front allemand alors que l'accusation était en mesure de prouver le contraire, documents à l'appui. Mon argumentation fit mouche. Manstein ordonna à Laternser, l'avocat qui défendait l'état-major général en qualité « d'organisation criminelle », de changer sa tactique de défense. L'effort principal de la défense devait porter sur le combat mené par presque tous les généraux allemands de haut rang contre les ordres criminels d'Hitler et d'Himmler. Cette stratégie aboutit à l'acquittement de l'état-major général pour le chef d'accusation d'organisation criminelle. Après ma libération, Laternser m'assura que ce succès aurait été à peu près impossible sans mon initiative.

Une nuit, je fus brutalement réveillé ; plusieurs policiers militaires me forcèrent à m'habiller aussi vite que possible et à les suivre. Je fus conduit au palais de justice par de longs corridors et de nombreux escaliers. Là, on m'installa dans une grande pièce. Plusieurs projecteurs étaient braqués sur moi, si bien que je fus dans un premier temps complètement aveuglé. Une avalanche de

17. Le procès de Nuremberg avait pour mission de juger non seulement des hommes mais aussi des organisations qualifiées de criminelles, comme le parti national-socialiste. L'« état-major général » fut poursuivi et acquitté.

questions me cueillit à froid du fond de la pièce plongée dans l'obscurité. Je ne peux pas en redonner aujourd'hui la teneur exacte. Mais, après quelques questions sur ma personne, la plupart des chefs de l'acte d'accusation furent évoqués : la question de la guerre d'agression, l'ordonnance des commissaires, les sévices sur la population et l'extermination des juifs. Peu à peu mes yeux s'habituèrent à l'éclat des projecteurs. Dans l'ombre de la pièce, je distinguais face à moi une longue table où avaient pris place des secrétaires en uniforme. Derrière la table, se tenait un nombre indéterminé de personnes dont je ne pouvais reconnaître les visages. Il était clair que j'étais devant les procureurs des quatre puissances victorieuses qui voulaient faire de moi un témoin clé. Je me suis forcé à la plus grande concentration et j'ai répondu aussi brièvement et lentement que possible. Me gardant du moindre mensonge, je veillai à ne pas dire un mot de trop. Je ne dissimulai pas avoir eu connaissance de crimes avant la fin de la guerre. Mais j'insistai sur les innombrables exemples de récriminations de l'état-major général allemand contre les ordres violant manifestement le droit international. Je ne me rappelle plus combien de temps a duré mon interrogatoire – une heure tout au plus. À l'époque, j'eus le sentiment qu'il avait duré une éternité. Lors d'une pause me parvinrent ces mots : « Pas très bon. » Peu de temps après, mon interrogatoire fut suspendu et je retournai dans ma cellule en sueur.

Plus tard, je jugerai significatif de ne pas avoir été entendu sur l'affaire de Katyn, alors qu'elle faisait encore à l'époque partie des chefs d'accusation. Les procureurs savaient certainement que personne mieux que moi ne pouvait donner des renseignements de première main, mais ils savaient que mes réponses pourraient mettre en cause les Soviétiques. Par la suite, je ne fus jamais interrogé sur Katyn. Contrairement à mon témoignage oculaire, les autres témoignages ne pouvaient fournir d'informations substantielles, même avec la meilleure volonté du monde.

En raison de mon comportement durant mon interrogatoire nocturne, on renonça à mon témoignage dans ce qui a été appelé le procès principal de Nuremberg. En 1948, je fus à nouveau appelé comme témoin. L'accusation tenta de faire de moi un de ses témoins dans le procès dit du « Sud-Est ». Après que j'eus réfuté des accusations et des griefs dépourvus de fondements, la défense des généraux allemands procéda à un contre-interrogatoire. L'avocat Laternser me fit parler de mon engagement dans la résistance pour prouver que, du côté de la Wehrmacht, il y avait eu une réelle résistance aux ordres criminels d'Hitler, y compris parmi les généraux qui se trouvaient au banc des accusés. Pendant une suspension d'audience, le procureur général américain vint ostensiblement à moi pour me témoigner devant tout le monde sa haute estime.

En 1946, lorsqu'il apparut que j'étais devenu inintéressant comme témoin, je fus renvoyé à la division historique à Oberursel. Quand on me restitua les objets saisis lors de mon placement sous écrou, je remarquai tout de suite que mon étui à cigarettes en or n'était plus là. Protestant vivement, je refusai de monter dans un camion ou se trouvaient vingt-cinq anciens SS. Finalement, les Américains m'y contraignirent sous la menace d'une arme. Après une mauvaise nuit dans le camp de prisonniers SS de Langwasser près de Nuremberg, je fis la connaissance du commandant du camp, un homme aussi sympathique qu'alcoolique. Il constata qu'il y avait erreur d'affectation et me fit renvoyer à Oberursel.

Au début de l'été 1946, j'étais au camp d'Allendorff près de Marbourg. Dans des baraquements d'un ancien dépôt de munitions, les Américains avaient réuni quelques centaines de généraux allemands pour commencer une rédaction systématique de l'histoire de la guerre. Outre de nombreux commandants en chef, commandants d'unité et officiers généraux de haut rang de l'armée de l'Ouest, il y avait aussi là les deux anciens chefs de l'état-major général, le général Halder et le général Guderian. Nos anciens adversaires avaient aussi convoqué des experts spécialisés dans des domaines particuliers, comme le général d'aviation Galland pour la conduite de la guerre aérienne, ou mon cousin Hyacinthe von Strachwitz, surnommé « le comte panzer » pour la conduite tactique de l'arme blindée. Leur présence n'était sans doute pas étrangère au fait qu'ils portassent tous les deux la plus haute décoration allemande, la croix de chevalier de la croix de fer avec feuilles de chêne, glaives et diamants. Les Américains semblaient éprouver un plaisir particulier à les héberger dans leur camp. Ils collectionnaient les soldats allemands les plus décorés comme d'autres les timbres-poste.

À l'intérieur du camp se formaient des groupes de camarades qui avaient servi dans le même régiment ou qui avaient fait la guerre ensemble. En dehors de ces petits groupes, les contacts entre les officiers prisonniers étaient très restreints. Des prisonniers de guerre SS avaient été mis à notre disposition pour de menus services mais, en vertu d'un accord tacite, nous n'en profitâmes guère.

Un jour, quelque temps après notre arrivée à Allendorff, en me promenant dans les allées du camp, je constatai avec étonnement que mes codétenus ne me rendaient plus mon salut. Un général qui était debout devant une baraque m'interpella : « Savez-vous que vous êtes dans le journal ? » Je lui répondis que je l'ignorais. Il m'invita à entrer dans son baraquement. Sur une grande table, un journal portant en une un article souligné. C'était un papier suisse de Gero von Gaevernitz sur le livre de Fabian von Schlabrendorff, *Officiers contre Hitler*. L'auteur racontait par le menu, sur un ton sensationnel, la tentative d'attentat de mars 1943 à laquelle mon nom était explicitement associé. Jusque-là, je n'avais jamais entendu parler ni de la rédaction ni de la parution de ce livre. J'affirmai alors aux officiers stupéfaits qui s'étaient rassemblés autour de moi : « Oui, tout cela est exact » et je sortis.

Après cet incident, je fus tenu en quarantaine par la grande majorité des occupants du camp. On ne me saluait plus ; on ne me tendait plus la main ; il n'y avait que mes camarades de régiment et mes frères d'armes pour continuer à me voir. Je demandai au général Hollidt, doyen du camp, de m'autoriser à lire une déclaration lors du prochain appel, confirmant simplement les assertions de Schlabrendorff. Hollidt refusa me disant : « Vous n'êtes pas au courant de la situation. Il y a peu, une délégation de généraux est venue me voir pour exiger votre éloignement immédiat du camp, sans quoi ils vous feraient exécuter par les SS du camp. – Les Américains et les SS, parmi lesquels une partie appartenait à la cavalerie, savent tout de mon passé, ai-je alors répondu. De ce côté-là, il n'y a aucun danger ». De fait, au cours de parties de tennis de table ou de handball, j'eus à plusieurs reprises l'occasion de m'entretenir avec des SS sur le passé récent et de leur expliquer mes choix et mon activité dans la résistance. Tous manifestèrent de la compréhension ; pas un n'aurait été prêt à obéir aux ordres monstrueux de quelques irréductibles anonymes. Les tentatives de médiation de mes amis restèrent sans effet. Eu égard à notre situation de prisonniers de guerre, exiger réparation sur le pré était impossible. Il ne me restait donc qu'à garder la tête haute en traversant le camp et à rompre les derniers liens avec ceux qui étaient encore manifestement des nationaux-socialistes convaincus.

Quelques jours plus tard, le général Guderian sortit des rangs lors de l'appel et déclara que les allégations contenues dans le livre de Schlabrendorff sur son propre rôle dans les décisions stratégiques de juillet-août 1941 étaient absolument fausses. Il attaqua violemment Schlabrendorff. Je pris la parole pour dire qu'en tant que témoin oculaire des événements, je pouvais confirmer dans leur ensemble les faits rapportés dans le livre *Officiers contre Hitler*. Je rappelai au général un certain nombre de détails survenus en sa présence au quartier général. Il ne voulut rien savoir, jamais.

La situation dans le camp devenait de plus en plus tendue. Je ne m'étais jamais fait d'illusions. Je n'avais jamais pensé que notre conspiration nous vaudrait des couronnes de lauriers. Mais, après la mise au jour de l'ampleur des crimes nazis et la catastrophe de la fin de la guerre, je croyais que nous serions compris par la majorité de la population, et tout particulièrement par les soldats. J'avais sous-estimé la mauvaise conscience qui travaillait ceux qui étaient aux affaires et qui auraient pu décider d'agir contre la tyrannie. En nous blâmant, ils cherchaient des excuses et des justifications à leurs propres faiblesses.

Il y eut malgré tout des exceptions. L'ancien chef d'état-major général, le général Halder, avec lequel j'avais régulièrement de longs entretiens, m'invita à rencontrer un M. Böhm-Tettelbach de Wuppertal pour éclaircir des faits, datant de 1938, dans lequel il avait joué un rôle. Peu de temps après qu'il avait succédé à Beck à la tête de l'état-major général, Halder avait accepté la proposition du colonel Oster d'envoyer Böhm-Tettelbach en Angleterre. Il devait mettre en garde le gouvernement britannique contre les plans belliqueux d'Hitler. Böhm-Tettelbach avait été un officier pendant la Première Guerre mondiale ; en tant qu'homme d'affaires, il avait par la suite noué de bonnes relations avec des personnalités britanniques importantes. Halder le chargea d'entrer en contact avec des membres du gouvernement britannique pour leur faire prendre conscience que seule une attitude ferme de la Grande-Bretagne était en mesure d'empêcher une guerre mondiale. Les Américains venaient justement de m'accorder une autorisation de sortie, j'allai donc à Wuppertal. Böhm-Tettelbach confirma qu'il était bien allé à Londres le 2 septembre 1938. Il y avait rencontré le sous-secrétaire d'État au Foreign Office, Sir Robert Vansittart, auquel il avait transmis avec l'insistance nécessaire le message d'Halder. Vansittart lui avait répondu en ces termes : « Que Dieu vous bénisse[18] ! »

Tout comme les autres mises en garde allemandes, ce message du chef d'état-major allemand n'a pas empêché le Premier

18. Note de l'auteur : dans le livre *Aufstand und Gehorsam*, la comtesse Schall-Riaucour raconte que Böhm-Tettelbach n'aurait pas rencontré personnellement Vansittart. En 1947, Böhm-Tettelbach m'a confirmé la version qui figure dans ce livre.

ministre britannique de se rendre quelques jours plus tard, le 15 septembre 1938, à Berchtesgaden pour trouver un terrain d'entente avec Hitler.

Le célèbre écrivain militaire britannique Liddell Hart a tenté de raconter cet épisode lourd de conséquences dans un grand journal anglais. La publication fut empêchée à la dernière minute par les autorités britanniques. Personne ne voulait assumer la responsabilité de cette faute aux heures décisives[19].

Un autre événement se produisit dans le camp. Nous fûmes transférés des baraquements en bois d'Allendorff à des constructions en dur dans le camp de Neustadt. Les Américains libérèrent alors beaucoup de généraux et d'officiers d'état-major allemands, parmi lesquels l'ancien aide de camp d'Hitler, le général Gerhard Engel, qui pendant des années avait été à son service au quartier général et qui passait pour un fidèle parmi les fidèles. Je l'avais connu, dans le ressort de mon armée, alors qu'il était commandant de division lors de l'offensive des Ardennes. J'avais constaté qu'au contact du front son jugement sur le national-socialisme avait beaucoup changé. Quelques jours après la libération d'Engel, le commandant américain du camp qui portait un nom juif allemand me convoqua pour me demander ce que je pensais de cette libération. Je lui répondis que je me réjouissais pour lui de tout cœur, mais que j'étais étonné que des résistants aussi convaincus que le général von Falkenhausen[20] ou moi-même fussent maintenus en détention. Le commandant du camp m'expliqua : « Je vous ai fait venir pour vous expliquer cela. Voyez-vous, le général Engel a montré dans toute sa carrière militaire que la

19. Note de l'auteur : informations transmises personnellement par Liddell Hart à l'auteur.

20. Alexandre von Falkenhausen (1878-1966), gouverneur militaire de Belgique, proche de Goerdeler et de Stülpnagel, gouverneur de Paris, joua un rôle actif dans le putsch Stauffenberg. Déporté en camp de concentration, il survécut par miracle.

seule chose qu'il savait faire, c'était d'obéir aux ordres. C'est pour cela que dans la vie civile, il ne montrera aucune résistance et ne sera pas un danger pour nous. Mais vous, qui avez montré que vous suiviez votre conscience, vous pourriez dans certains cas refuser nos instructions. C'est pourquoi des gens comme vous ou le général Falkenhausen sont dangereux et doivent rester sous surveillance. »

Cette logique diabolique mais terriblement efficace me coupa le souffle ; je ne pus que lui répondre : « Dans ces conditions, c'est un honneur de rester encore un peu en prison. »

Peu à peu toutefois, ma captivité approchait de sa fin. Depuis longtemps notre régime avait été allégé et amélioré. Les dimanches et jours fériés, nous avions le droit de recevoir de la visite dans le camp. À partir de l'été 1947, nous fûmes autorisés à sortir sur parole pour de courtes vacances. Ainsi pour la première fois, je pus revoir ma fille de 10 ans et reprendre contact avec mes amis. En dehors de quelques vêtements usagés, je ne possédais plus rien. Après ma libération, j'allais devoir subvenir à mes besoins et à ceux de ma fille. La chose la plus importante pour moi était de trouver une profession civile. Personne ne pensait que les militaires de carrière pourraient un jour recevoir leur pension[21].

Fin novembre 1947, je fus libéré avec les derniers généraux prisonniers de notre camp. Malgré beaucoup d'expériences négatives, je ne regrette pas ces années de captivité, qui m'ont beaucoup appris sur l'humanité. Les valeurs militaires m'avaient préservé. J'étais bien décidé à les cultiver dans la vie civile bien incertaine qui s'ouvrait devant moi.

---

21. Ce que fit le chancelier Adenauer en 1961.

ÉPILOGUE

« Ceux qui ne se souviennent pas du passé sont condamnés à le répéter. »

Georges Santayana

Pourquoi n'avais-je pas fini à une potence ? J'attendis d'être revenu de captivité pour prendre vraiment le temps de me poser cette question. Le premier à qui je dois la vie est sans aucun doute Fabian von Schlabrendorff. Durant son incarcération au siège de la Gestapo Prinz Albrecht Strasse, lors d'interrogatoires où il fut torturé jusqu'au quatrième degré, il a sans cesse été interrogé sur mon cas. Malgré la douleur inhumaine, il parvint à taire mes liens avec les hommes de la résistance. Quand les souffrances devenaient insoutenables, il y échappait en s'évanouissant. À ma connaissance, ce fut le seul qui, malgré des méthodes de torture moyenâgeuses, n'eût jamais lâché un seul nom.

Tresckow et mon camarade de régiment Freytag-Loringhoven avaient choisi le suicide, car ils savaient ce qui les attendait. Ils craignaient de ne pas être capables de résister aux supplices. Je dois encore la vie aux feld-maréchaux von Kluge et von Manstein qui connaissaient non seulement mes opinions politiques mais aussi ma tentative d'attentat et mes autres activités dans la résistance. Un seul mot d'eux aurait suffi à me jeter dans les griffes de la Gestapo.

Enfin, je fus aussi sauvé par les officiers et sous-officiers de l'*Abwehr* qui me fournirent et donnèrent quittance d'une grande quantité de détonateurs et d'explosifs. Lorsqu'après le 20 juillet 1944 il fut de notoriété publique que Stauffenberg avait commis son attentat avec le même matériel, un simple signalement des hommes de l'*Abwehr* aurait suffi à faire peser sur moi les plus lourds soupçons.

Au cours d'un interrogatoire par Freisler, le célèbre procureur du *Volksgerichthof*, Schlabrendorff avait remarqué une pièce de procédure sur laquelle figurait mon nom. Peut-être a-t-elle été détruite quand, peu après, Freisler[1] fut tué avec ses dossiers dans un bombardement.

Avec Schlabrendorff, qui survécut grâce à son admirable résistance, nous ne sommes que 15 à 20 membres de la résistance active à avoir échappé au massacre et à la boucherie des pendaisons de Plötzensee[2] qui ont suivi le 20 juillet.

À la place qui est la mienne aujourd'hui, je considère comme nécessaire de souligner au moins une fois le fort pourcentage d'aristocrates qui se sont engagés contre Hitler et le national-socialisme et qui, pour la plupart d'entre eux, sont morts pour leurs convictions.

Dans le *Manchester Gardian,* R. T. Clark écrivit le 15 juillet 1947 : « Ils ont sauvé la réputation de leur classe. La liste des morts du 20 juillet 1944 se lit comme un extrait de l'almanach de Gotha. Et ils ont su bien mourir. » À ma connaissance, personne n'a jamais aussi bien exprimé cette réalité-là. Naturellement, à côté de

1. Roland Freisler (1893-1945), magistrat nazi, fut nommé en 1942 à la tête du *Volksgerichthof*, chargé notamment des dossiers de haute trahison. À la suite de l'attentat du 20 juillet 1944, c'est lui qui fut chargé de requérir contre les accusés. Il se fit remarquer par un comportement indigne, injuriant les accusés, les privant de tout droit à un procès équitable et exigeant sans cesse la mort. Le 3 février 1945, il mourut fortuitement dans un bombardement. Hitler l'appelait avec gourmandise « notre Vichinsky », en référence au procureur soviétique des procès de Moscou.

2. Nom de la prison de Berlin où furent pendus les auteurs du coup d'État. Les exécutions à la chaîne furent filmées à la demande d'Hitler qui souhaitait pouvoir les visionner.

familles aristocratiques provenant presque exclusivement de l'*Uradel*[3], il y avait des syndicalistes et des sociaux-démocrates comme Leber[4], Leuschner[5] et Mierendorff[6], ainsi que de nombreux officiers, hauts fonctionnaires et savants d'origine bourgeoise. S'il y a une justification à la noblesse allemande, c'est bien dans la résistance à Hitler qu'elle l'a trouvée. J'ai souvent entendu dire cela à l'étranger. En Allemagne, la mauvaise conscience jette encore une chape de plomb sur ces événements.

J'ai toujours eu conscience que mon rôle personnel dans la résistance active avait été réduit. Mais faisant partie du petit nombre de survivants, après la guerre, je me suis fait un devoir d'honorer la mémoire des morts du 20 juillet 1944, de combattre par tous les moyens les attaques contre notre résistance et de poursuivre le combat spirituel pour le renouveau du peuple allemand que des hommes comme Beck, Oster, Tresckow, Stauffenberg et Leber avait inscrit sur leurs étendards. C'est pourquoi j'ai saisi toutes les occasions de m'exprimer dans les médias pour donner une juste idée du IIIe Reich et des idéaux de la résistance allemande. J'ai tout particulièrement cherché à briser la légende d'un Führer « chef de guerre

3. L'équivalent de la noblesse immémoriale en France.

4. Julius Leber (1891-1945), d'origine ouvrière, fut promu officier durant la guerre de 1914-1918 en raison de sa magnifique conduite au feu. Député SPD en 1924, il devint le spécialiste socialiste des questions de défense. Plusieurs fois arrêté sous le IIIe Reich, il se rapprocha du cercle de Kreisau et devint très proche de Stauffenberg. Il était pressenti pour occuper le poste de ministre de l'Intérieur après le coup d'État. Arrêté en juillet 1944, il fut exécuté en 1945.

5. Wilhelm Leuschner (1890-1944), député SPD et président de la Confédération générale des syndicats allemands en 1933, rejoignit Stauffenberg. Il était prévu de lui confier le poste de vice-chancelier en cas de succès. Il fut exécuté en septembre 1944.

6. Karl Mierendorff (1897-1943), militant socialiste, écrivain, député SPD, fut incarcéré en camp de concentration de 1934 à 1937. Mis en contact avec Helmut James von Moltke, il devint un membre actif du cercle de Kreisau. Il fut tué lors d'un bombardement allié en 1943.

génial ». J'ai reçu de solides soutiens ; j'ai aussi été confronté à de vives oppositions et aux accusations injustes proférées contre les hommes de la résistance.

Il existe une forme de « complexe du 20 juillet ». Dans mon intérêt personnel et professionnel, on m'a souvent recommandé de passer sous silence mon engagement dans la résistance, mais cela m'aurait fait l'effet d'une trahison. Ces conseils ne pouvaient que renforcer ma volonté de tout faire pour briser l'étau de la mauvaise conscience allemande, en particulier celle des *Mitläufer*[7] qui souhaitaient qu'on fît silence sur ces heures sombres. Je n'ai jamais partagé le point de vue si souvent exposé qu'on devait tirer un trait définitif sur le passé. Je l'ai combattu non pas en souvenir du passé mais dans l'intérêt de l'avenir.

Comme dans mon combat contre le national-socialisme, le nombre de ceux qui partagent mes idées est resté très faible. La politique de l'après-guerre s'est progressivement éloignée de l'esprit du 20 juillet 1944, quoiqu'il ne fasse pas de doute que la résistance allemande à Hitler et à son régime représente le seul point positif qui puisse être avancé pour sauver l'honneur du peuple allemand vis-à-vis de lui-même et du monde. Aujourd'hui comme hier, à Berlin, à Bonn et ailleurs, on organise chaque année des commémorations. Hélas, elles sont perçues comme des obligations protocolaires, pas comme des exhortations nécessaires. Aucun gouvernement, aucun parti de la république fédérale n'a cherché à s'identifier aux hommes qui ont sauvé l'honneur de l'Allemagne. En dehors de quelques hommes politiques directement concernés, Eugen Gerstenmaier[8], Jakob

7. Terme qu'on peut traduire par « compagnons de route ». Il est très employé dans l'historiographie allemande pour décrire ceux qui, sans adhérer au NSDAP, ont contribué aux agissements du national-socialisme.

8. Eugen Gerstenmaier (1906-1986), théologien protestant, participa aux réflexions du cercle de Kreisau. Devenu député chrétien démocrate (CDU), il présida le Bundestag de RFA de 1954 à 1969.

Kaiser[9] et Joseph Müller, le premier président de la république fédérale, Téodor Heuss[10], est le seul à avoir donné à leur combat sa juste place. Le discours inoubliable qu'il tint à l'université libre de Berlin pour le 10e anniversaire du 20 juillet 1944 s'achevait par ces mots exigeants : « Le testament est toujours valable. Les exigences sont toujours là. » Sans un miracle, je crains que tout cela ne reste lettre morte. En Allemagne, trop de gens ont intérêt à rabaisser les valeurs de la résistance allemande et à cacher sa signification pour les plus anciens, mais aussi pour les plus jeunes. Il y a ceux qui ont intérêt à cacher leur propre faute. Il y a ceux qui cherchent à faire de la basse politique, il y a ceux aussi, dans une moindre mesure, qui ont choisi l'émigration pendant le IIIe Reich.

Dès avant la reconstitution de la Bundeswehr, j'ai tenté de faire profiter les futurs chefs de nos forces armées de l'esprit et de l'expérience de la résistance allemande. L'occasion m'en a été donnée grâce à ma participation aux débats organisés par l'*Arbeitgemeinschaft demokratischen Kreise*. D'anciens chefs de corps et d'anciens officiers d'état-major de la Seconde Guerre mondiale ont travaillé ensemble pour poser les principes de la vie militaire dans la Bundeswehr. Ce travail, à mon avis valable, n'a malheureusement pas recueilli les applaudissements des « colonels de la première heure[11] » qui, sur tous les sujets, ont

9. Jakob Kaiser (1888-1961), ancien député du Zentrum catholique, se rapprocha de Goerdeler et de Leuschner. Évitant de peu l'arrestation après le 20 juillet 1944, il devint ministre du premier gouvernement Adenauer.

10. Theodore Heuss (1884-1963), homme politique libéral, a siégé au Bundestag avant 1933 sous les couleurs du DDP – parti démocrate allemand. Après-guerre, il contribue à la renaissance d'un parti libéral, le FDP. Il devint le premier président de la RFA. La qualité de son magistère moral a été saluée alors par tous les partis.

11. Les officiers qui ont saisi l'occasion de la création de la Bundeswehr pour faire une carrière accélérée.

voulu imposer leurs vues. Au lieu de reprendre les bonnes traditions des armées allemandes et de les adapter aux exigences de la guerre moderne, plus technique, ils ont préféré choisir le modèle américain qui, à mon avis, ne doit pas être copié. Au nom de la démocratisation et de la prise de distance avec les principes éternels du commandement allemand, c'est l'image du « citoyen en uniforme » qui a été promue. Le style militaire allemand a été américanisé et dénaturé. Depuis le début du XIXe siècle, le soldat allemand a été « un citoyen en uniforme », mais un citoyen avec une responsabilité particulière, une éthique singulière et des exigences hors normes. En s'extrayant par le haut des règles qui régissent la masse, il était un modèle et un exemple à suivre pour les autres citoyens.

L'héritage des soldats de la résistance allemande assassinés par les nationaux-socialistes n'a pas été assez pris en compte. On craignait les réactions négatives de jeunes officiers et sous-officiers qui, avant de servir dans la Bundeswehr, avaient servi dans la Wehrmacht. On se contenta donc de débats sans conséquences, de belles paroles et de discours de circonstance lors des commémorations du 20 juillet.

Le clivage qui existe dans toute la population d'Allemagne fédérale sur les événements du 20 juillet 1944 a été reproduit dans la Bundeswehr en raison de prises de position trop prudentes et trop pusillanimes.

On pensera peut-être que j'exagère et que je me trompe, mais mon expérience personnelle parle pour moi. Le 7 mai 1952, le secrétaire d'État à la chancellerie, Otto Lenz[12], me proposa d'exercer de hautes responsabilités dans la mise en place de la Bundeswehr. Son attention avait été attirée sur moi par

12. Otto Lenz (1903-1957), juriste, ancien membre du Zentrum, proche de Goerdeler, échappa de peu à la mort en 1944. Il fut un des fondateurs de la CDU et, après son élection au Bundestag, fut le premier secrétaire d'État à la chancellerie de Konrad Adenauer.

Otto John[13] et mon ami Yorck. En sa qualité d'opposant résolu au nazisme, Lenz voulait ancrer dans la troupe l'esprit du 20 juillet 1944. Son successeur, Hans Globke[14], éleva des objections procédurales à ma nomination. Lenz m'assura qu'il les aplanirait par une simple conversation avec le chancelier. Je n'en entendis plus jamais parler. Je note simplement que pour Globke, je devais être un reproche vivant. Il a certainement réussi à convaincre Lenz de me tenir à l'écart.

La même année, Waldemar von Oppenheim intervint auprès du premier ministre de la Défense de RFA, Theodor Blank[15], pour que je puisse servir dans la Bundeswehr. Au cours d'un dîner en petit comité qu'Oppenheim avait organisé dans sa maison de Schlenderhan près de Cologne, Blank me proposa spontanément un poste de direction dans la Bundeswehr. Il invita Oppenheim à me libérer dans les quinze jours de mes obligations sportives sur les hippodromes. Il scella notre engagement réciproque par une solide poignée de main. Il n'y eut, là encore, aucune suite. Je suis certain que, malgré ses bonnes intentions, le ministre fut convaincu par ses conseillers qu'il n'était pas convenable de faire entrer dans la Bundeswehr un

13. Otto John (1909-1997) prit une modeste part au complot du 20 juillet. Interprète au procès de Nuremberg, il fut un des personnages les plus singuliers de la jeune RFA. Nommé en 1950, directeur de l'Office fédéral de protection de la constitution – l'ancêtre des services spéciaux allemands –, il fit défection à l'Est en 1954 au motif que la politique d'ancrage à l'Ouest d'Adenauer empêcherait la réunification. En 1955, il repassa à l'Ouest, fut arrêté pour trahison et condamné à 4 ans de prison. Il proclama toujours son innocence et prétendit avoir été enlevé par le KGB.

14. Hans Globke (1898-1973), ancien membre du Zentrum, conseiller ministériel, se fit connaître sous la période nazie par un rapport « scientifique » sur le statut des juifs résultant des lois de Nuremberg et la signature d'un décret léguant au Reich les biens des Juifs assassinés. De 1953 à 1963, il fut secrétaire d'État à la chancellerie. Adenauer refusa de s'en débarrasser malgré les révélations sur son passé. Globke fut certainement l'homme politique le plus controversé de l'ère Adenauer.

15. Théodor Blank (1905-1972).

membre actif de la résistance, qui s'était comporté en criminel de haute trahison contre le « commandant en chef Hitler ».

À cette époque, le ministère de la Défense prit attache avec les organisations caritatives pour former des secouristes en cas de guerre. Le chancelier de l'ordre de Saint-Jean, Wolf-Werner von Arnim, proposa mon nom comme agent de liaison avec la Bundeswehr car j'étais responsable des services de secourisme de l'ordre. Un officier de l'état-major général lui répondit qu'un représentant du 20 juillet 1944 ne pouvait être accepté comme agent de liaison. Je me suis plaint très vivement au ministère. Le colonel qui était responsable de mon éviction fut contraint de s'excuser, mais je n'ai jamais été chargé de la liaison avec la Bundeswehr.

Après que le premier inspecteur général de la Bundeswehr, le général Heusinger, m'a plusieurs fois assuré qu'il souhaitait que je puisse réintégrer l'armée, j'ai été convoqué à l'été 1957 devant la commission du personnel. Chaque général pressenti devait présenter un petit exposé devant la commission. On m'avait imposé le thème suivant : « la signification du 20 juillet 1944 pour le corps des officiers la Bundeswehr ». La veille de l'exposé, le 25 juillet 1957, je reçus un coup de fil m'annonçant que ma prestation était reportée à une date indéterminée. En réponse à mes questions insistantes, on m'expliqua qu'une plainte avait été déposée contre ma réintégration et qu'elle devait d'abord être examinée. Les accusations lancées contre moi, qui pour une part concernaient mon activité dans la résistance, étaient si dépourvues de fondement qu'elles furent balayées sans que j'eusse besoin d'être entendu. Le 28 août, j'étais reconvoqué devant la commission. Le président me fit savoir que mon exposé était le meilleur que la commission eût jamais entendu. Peu de temps après, je fus reçu au ministère de la Défense. Le ministre en personne me demanda quelles fonctions je souhaitais exercer. Mais je notai l'hostilité manifeste du secrétaire d'État Gumbel[16], un

16. Karl Gumbel (1909-1984).

ami personnel de Globke. Je n'ai donc guère été étonné que le dossier soit classé sans suite.

Ces expériences personnelles montrent qu'on ne souhaitait pas la présence des survivants de la résistance allemande dans les forces armées, par crainte de tensions entre les adversaires et les partisans du 20 juillet 1944. Aujourd'hui, la question n'est plus d'actualité ; quelques casernes de la Bundeswehr ont été baptisées du nom de résistants assassinés, comme Julius Leber ou Claus von Stauffenberg. La formation au sein de la Bundeswehr intègre la promotion des valeurs et des traditions de la résistance, mais la mission invoquée par Theodor Heuss le 19 juillet 1954 perdure.

Fin 1951, l'ordre de Saint-Jean[17] m'a chargé de créer le *Johanniter Unfall Hilfe,* destiné à former la population aux premiers secours. Jusqu'en 1945, l'ordre millénaire fondé au temps de la première croisade, s'était occupé d'autres activités caritatives. La formation aux premiers soins était en Allemagne le monopole de la Croix-Rouge[18]. Le *St John Order* de Grande-Bretagne, qui a les mêmes racines que l'ordre de Saint-Jean allemand, avait depuis toujours partagé cette mission avec la Croix-Rouge. Quand les membres de l'ordre britannique étaient venus en Allemagne après la fin de la guerre comme officiers d'occupation, ils avaient introduit en Basse-Saxe une formation aux premiers secours. Ils prirent ensuite contact avec leurs confrères allemands et leur demandèrent de continuer à accompagner les quelques centaines de secouristes formés et, le cas échéant, d'en instruire d'autres. Le prince Oscar de

17. L'ordre de Saint-Jean, grand baillage de Brandebourg, est la branche protestante de l'ordre hospitalier de Saint-Jean de Jérusalem, de Rhodes et de Malte, plus couramment appelé ordre de Malte. Lors de la Réforme, l'ordre s'est divisé en deux rameaux, l'un catholique, l'autre protestant. Le grand maître de l'ordre de Saint-Jean a été statutairement confié à la famille de Prusse alors que le grand maître de l'ordre de Malte est élu.

18. La Croix-Rouge allemande ayant été fortement compromise avec le nazisme a été très contestée après-guerre.

Prusse[19], grand maître de l'ordre de Saint-Jean, décida de saisir l'occasion et d'en faire un nouveau secteur d'activité pour l'ordre. Diffamé par les nationaux-socialistes, l'ordre avait perdu la majorité de ses 56 installations en Allemagne de l'Est – hôpitaux, maisons de retraite, orphelinats. La plupart des immeubles subsistant à l'Ouest avaient été détruits ou réquisitionnés par les autorités d'occupation. Les dirigeants de l'ordre s'étaient efforcés de prendre en charge autant de réfugiés que possible malgré la perte d'importantes propriétés. Ils voulaient reconstruire l'ordre et ses activités caritatives.

Dans cette situation, développer un nouveau secteur d'activité pour l'ordre et le mettre sur pied aussi vite que possible, était un défi immense qui m'a tout de suite séduit. L'argent manquait. Pour trouver des collaborateurs, j'ai dû faire appel aux chevaliers qui se trouvaient en Allemagne de l'Ouest et qui, pour la plupart, étaient des réfugiés. L'alternative s'offrait à moi de créer d'abord un cadre bien organisé ou de me lancer tout de suite dans l'action avec une part d'improvisation. J'ai choisi la seconde option. Avec le magnifique soutien du chancelier de l'ordre, Wolf Werner von Arnim, et appuyés sur les bases que les Britanniques avaient jetées à Hanovre, nous avons démarré l'activité de formation partout où c'était possible, avec des moyens très rudimentaires. Grâce à un incroyable effet boule de neige, elle se développa très vite. Je m'efforçai parallèlement d'obtenir le soutien de l'État – cela a pris beaucoup de temps – et de l'Église protestante. Au début, les autorités étatiques et communales et les autres associations caritatives observèrent notre expérience avec attention et réserve, pensant qu'elle n'avait aucune chance de réussir.

Dès le départ, il était clair pour moi que c'était à la jeunesse que nous devions faire appel. Nous devions la motiver par un défi passionnant. Le slogan de l'ordre depuis tant de siècles, « lutter contre les ennemis du Christ, aider ceux qui sont dans

19. Oscar de Prusse (1888-1958), fils de Guillaume II.

la maladie ou la peine », pouvait constituer un projet de vie adapté aux temps modernes. Compte tenu de la situation en Allemagne dans les premières années d'après-guerre, les possibilités étaient infinies. Ce que peu de gens croyaient possible advint : après quelques années, nous étions actifs dans presque tous les Länder de la république fédérale et à Berlin-Ouest. Victoire plus importante, la jeunesse est venue à nous dans une proportion telle qu'avec le petit nombre de collaborateurs que j'avais, il fut difficile de répondre à la demande. Nous fûmes bientôt en concurrence avec la Croix-Rouge qui menait ses activités de formation avec des personnels et des méthodes un peu dépassés. Après quelques difficultés initiales, la coopération se mit en place de façon très satisfaisante. Ce fut une grande joie quand, en 1953, nos frères catholiques de l'ordre de Malte suivirent notre exemple et fondèrent le *Malteser Hilfsdienst*. Avec le soutien déterminé de leur Église, ils firent immédiatement un travail remarquable.

Bien que mes collaborateurs et moi eussions tout fait pour intéresser les étudiants à notre travail, nous échouâmes. De fait, les intellectuels sont la plupart du temps très repliés sur eux-mêmes et ne portent aux actions caritatives qu'un intérêt théorique. Dans la plupart des cas, ce sont les enfants d'ouvriers et les jeunes de la petite bourgeoisie qui se montrèrent les plus enthousiastes. Les grandes régions industrielles nous offrirent nos plus belles réussites.

Le travail avec ces jeunes fait partie des plus belles expériences de ma vie. Leur ardeur et leur engagement au service du prochain sont presque incroyables. Quand nous avons eu suffisamment de secouristes, nous avons été l'une des quatre premières organisations à intervenir pour les premiers secours sur les autoroutes. Ensuite, nous avons tenu des postes de secours sur les plages ou à la demande lors de grandes manifestations comme les synodes évangéliques. L'ordre de Saint-Jean a ainsi été engagé dans l'organisation des services de lutte contre les grandes catastrophes.

En 1963, pour des raisons professionnelles, j'ai dû déménager de Cologne à Munich. J'ai alors été contraint d'abandonner la direction des services de secours de l'ordre de Saint-Jean. Les organes de direction devaient rester à proximité du siège du gouvernement et du siège de l'ordre à Bonn. Les onze années de mon activité dans l'ordre consacrées à la lutte contre l'incroyance et au service du prochain m'ont permis de remplir mon dernier devoir de soldat. Je ne l'ai pas fait sous les armes, mais je l'ai fait avec un état d'esprit de soldat.

Je peux donc affirmer que je fus soldat de 18 à 65 ans, dans une période d'immenses bouleversements politiques, techniques et militaires. En 1923, j'étais entré dans une caserne en Silésie où je faisais des exercices à la lance. Cinquante ans plus tard, j'étais un réfugié en Allemagne de l'Ouest et je me préoccupais des moyens d'éviter une guerre nucléaire. Le contraste peut paraître immense, mais les valeurs fondamentales du soldat sont restées les mêmes.

Postface

RUDOLPH-CHRISTOPH VON GERSDORFF, MON PÈRE

Pour décrire mon père, Rudolph-Christoph von Gersdorff, je dois faire retour dans un lointain passé. C'est d'autant plus vrai que notre destin a été de ne jamais vivre sous le même toit, sauf pour quelques mois. Malgré tout, beaucoup d'événements restent gravés dans ma mémoire.

Le 9 février 1945 – j'étais âgée de sept ans –, j'ai été forcée de quitter le château de Matzdorf en Silésie avec quatre cousins, mon oncle (le frère aîné de mon père) et ma tante. Nous fuyions devant les Russes. Le village de Matzdorf[1] se trouvait dans ce qui était alors la province prussienne de Silésie, à quelques kilomètres de la ville de Hirschberg[2].

Je me souviens encore de la scène, soixante ans plus tard. Devant le manoir attendait un attelage sombre mené par deux chevaux d'ébène Max et Moritz. C'était un magnifique paysage d'hiver, avec le parc couvert de neige derrière lequel se découpait à l'horizon la chaîne du Riesengebirge. Notre objectif était d'atteindre le château de Thurnau en Haute Franconie, à l'ouest de l'Allemagne. Une tante éloignée habitait là-bas. Elle était prête à nous accueillir comme réfugiés. Au tout dernier moment, mon père réussit à nous trouver des

1. Aujourd'hui Maciejowiec, dans l'Ouest de la Pologne
2. Maintenant Jelena Gora

places dans un train-hôpital de la Croix-Rouge qui traversa Dresde moins d'une semaine avant le bombardement qui transformerait la cité en champ de ruines. Après deux jours de voyage, nous arrivâmes sains et saufs à destination.

Parmi les réfugiés, il y avait le célèbre pianiste Wilhelm Kempf et sa famille. Quelques temps plus tard, le château et le village furent envahis par l'armée américaine. Les troupes américaines d'occupation, qui étaient souvent composées de Noirs nous firent, à nous les enfants, une très forte impression. Ils mâchaient du chewing-gum et avaient une peur panique du fantôme du château.

Je n'ai que de vagues souvenirs de mon père durant ces années. À chaque fois que quelqu'un m'interrogeait à son propos, je répondais qu'il était à la guerre, plus tard qu'il était prisonnier des Américains.

Une petite histoire de cette période mérite d'être racontée : je partageais avec mon père une vraie passion pour un bonbon allemand appelé le massepain de Lübeck. Ma nurse Gretel connaissait ce point faible. Elle savait aussi que je découvrais très facilement les friandises cachées dans ma chambre. Elle mettait donc hors de portée ce que je n'étais pas supposé manger.

Un soir, après m'avoir fait dire mes prières, elle me quitta et revint pour ouvrir l'armoire. Au-dessus, il y avait un paquet enveloppé de papier. Toute mon imagination se fixa sur le paquet : du massepain, des pralines, des bonbons, du chocolat. Ce souvenir ne m'a jamais quitté.

De nombreuses années plus tard, alors que je rendais visite à mon père pour Noël et que je lui avais apporté une boîte de massepain de Lübeck, je lui ai raconté cette histoire. Il me regarda longuement et me confia : « Tu sais, Lory, c'étaient des détonateurs que je croyais en sécurité au-dessus de l'armoire de ta chambre. » Ces détonateurs étaient du matériel de guerre anglais qui avait été parachuté en France et saisi. Ils avaient le grand avantage de ne pas faire de bruit après avoir été amorcés.

Ils étaient considérés comme les mieux adaptés pour les tentatives d'attentat contre Hitler. Ils furent utilisés pour les opérations du 23 mars 1943 et du 20 juillet 1944. Un jour ou l'autre, ils auraient probablement été découverts dans ma chambre d'enfant.

Berlin fut notre lieu de résidence jusqu'au début de 1942, date à laquelle ma mère mourut. Les permissions trop rares et trop brèves de mon père l'avaient plongé dans une profonde dépression (l'annonce de l'arrestation et de la déportation de ses amis juifs qui habitaient à proximité la traumatisa gravement). Le 15 janvier 1942, après avoir écrit une lettre d'adieu désespérée à mon père, elle se pendit dans le grenier d'une maison d'amis à Rehberg, une petite ville à proximité de la capitale. Je n'avais que quatre ans à cette époque et on ne m'a rien dit de la mort tragique de ma mère.

Ma mère passait pour avoir été une très belle femme qui aimait la vie. Quand elle épousa mon père au château de Matzdorf en 1934, ils étaient considérés comme le couple idéal. Lui était un jeune officier couronné de succès, un cavalier passionné, un magicien de la danse, grand, mince, élégant, raffiné. Elle était jeune, splendide et riche. Ils assistaient ensemble à tous les événements importants de la saison mondaine de Berlin. C'étaient des habitués de l'hôtel Adlon, le plus élégant de Berlin.

Ma mère venait d'une famille très aisée. Elle possédait d'importantes usines textiles en Silésie, de vastes domaines agricoles et de belles propriétés. Le château de Matzdorf où résidait ma grand-mère polonaise était considéré comme le joyau de la couronne. Le long des arbres centenaires du parc se trouvaient des serres remplies d'orchidées, d'orangers ou de citronniers. Il y avait une glacière – luxe très rare à l'époque – où le champagne pouvait être gardé au frais toute l'année. Ce petit détail permet d'imaginer les fêtes fabuleuses données à Matzdorf.

De 1933 à 1939, malgré les vicissitudes de l'heure, mes parents vécurent une vie confortable et aimante. Ce que mon père eut à faire et à vivre ensuite sur le front russe contrastait d'une manière saisissante avec sa vie précédente. Comment aurait-il pu décrire à ma mère ce qu'il voyait sur le champ de bataille ? Le contraste fut tel que ma mère se renferma sur ses obsessions et ses angoisses. Elle fut incapable de s'occuper de moi et elle me confia à toute une série de nurses.

J'ai alors à peine connu mon père. Ce n'est que lorsque je lui ai rendu visite dans le camp de prisonniers d'Allendorf près de Marburg, que j'ai commencé à avoir une certaine intimité avec lui. Il y avait des centaines de généraux allemands à Allendorf, enfermés dans des baraquements. J'ai vu ces hommes dans leurs vieux uniformes élimés, assis ou allongés dans des châlits. Les Américains y avaient rassemblé tous les généraux de l'ancienne Wehrmacht. Il n'y avait pas beaucoup à manger. Je vois encore mon père me montrer un morceau de fromage grouillant d'asticots.

Plus tard, j'ai réalisé que ces mois à Allendorf avait été parmi les plus pénibles de sa vie. En sa qualité de membre de la résistance – la rumeur s'en était rapidement répandue dans le camp après la publication d'un article sur le sujet –, il était considéré comme un traître par beaucoup des hommes qui étaient là, y compris par certains de ses vieux amis. Pour ses camarades de captivité, un général prussien qui tente d'assassiner Hitler était une chose inimaginable. Lorsque je traversais les rangées de baraquements avec mon père, je sentais, sur moi aussi, les regards hostiles.

Mon pauvre père ! Une fois encore, il était déchiré entre deux camps. Il dut avoir le même sentiment au procès de Nuremberg. Convoqué comme témoin, dès le départ, il fut traité comme un criminel de guerre. Ma mère lui avait offert un porte-cigarettes en or, le dernier cadeau qu'il reçut d'elle. Il s'était arrangé pour le garder sur lui en toutes circonstances, mais un soldat américain le lui vola dans la prison de Nuremberg.

Ce genre d'incidents laissait mon père très abattu. Au fond, c'était un grand sentimental. Sous la rude carapace qu'il s'était forgée pendant la guerre, il conservait une belle sensibilité musicale et montrait assez facilement ses sentiments. Il adorait la musique, pleurant chaque fois qu'il écoutait la 5e symphonie de Tchaïkovsky. Sur sa table de nuit, il y avait toujours des livres et des vers de poètes renommés.

Il semble s'être toujours fait du souci pour moi. « Qu'est-ce que je vais faire de ma fille ? Je n'ai pas de maison ; je n'ai plus d'argent ; je ne peux pas me contenter de l'avoir avec moi. » De tels soucis l'accompagnaient constamment. Après l'école primaire, que j'ai suivie avec mes cousins dans le village de Thurnau, j'ai été envoyée dans différents internats.

Quand j'ai atteint 17 ans, mon père m'envoya à Ashridge College, à Berkhamsted dans le Hertfordshire, près de Londres. C'était un internat pour jeunes filles venant de tout le Commonwealth. À mon époque, l'établissement était dirigé par une certaine Mme Neville-Rolfe. Quand j'arrivai à Ashridge, elle me demanda quelle était la profession de mon père. Je lui répondis que mon père était un officier de carrière qui attendait d'être rappelé par le service actif et qui avait joué un rôle dans la résistance allemande et les plans d'assassinat d'Hitler. Mme Neville-Rolfe tourna les talons en me lançant : « Alors, votre père était un traître. »

Contre les insultes, mon père répétait souvent les mots d'Henning von Tresckow : « Dans des centaines d'années, le monde se souviendra encore de ce que nous avons fait. » Je le vois encore me répéter cette phrase après que je lui avais raconté l'incident survenu à New York, en 1960. Je travaillais pour les Nations Unies. Il y avait une confiserie à côté de notre appartement. J'y avais fait plusieurs fois des achats. Une de mes colocataires m'expliqua un jour qu'on lui avait dit que « la femme allemande » n'était pas la bienvenue dans le magasin.

Durant les années 1950, j'ai vécu quelques fois avec mon père à Cologne. Il essayait de redémarrer une nouvelle vie. Chaque jour, il espérait être rappelé dans l'armée. Plusieurs personnalités influentes en politique ou dans les affaires ont essayé d'intervenir en sa faveur, toujours en vain. Sa présence n'était pas désirée dans les nouvelles forces armées.

Aussi est-il passé à autre chose. Il a loué un petit appartement au centre de Cologne. Je me rappelle combien il avait de succès avec les femmes. Le téléphone n'arrêtait pas de sonner. En dépit de son costume usé et de ses souliers éculés, on trouvait sa taille et sa ligne extrêmement élégantes. Il est rapidement devenu un célibataire très convoité, fêté dans les plus riches demeures. Ainsi ai-je fait la connaissance d'une série de belles-mères potentielles, jusqu'à ce qu'il se marie à nouveau en 1953. La femme qu'il épousa n'était pas riche, mais elle était très belle – Eva von Waldenburg, une autre réfugiée silésienne. Hélas, ce mariage ne dura que trois ans.

Je vois encore mon père, durant ces années-là, assis à son bureau dans une maison de la banlieue de Cologne. Il écrivait des rapports pour Reinhard Gehlen, son collègue des années de guerre qui avait dirigé le département armées étrangères Est de l'*Abwehr* et qui était alors le chef des services de renseignements d'Allemagne de l'Ouest. Sur le bureau de mon père, il y avait quatre cadres de cuir vert avec les photos des quatre hommes qui lui avaient servi de modèle dans la vie : Hans Oster, Fabian von Schlabrendorff, Ludwig Beck et, évidemment, Henning von Tresckow. « C'est le meilleur homme que j'aie jamais connu », me dit-il un jour à propos de Tresckow.

Mon père gagnait sa vie durement. En raison de son intérêt pour les courses de chevaux, il occupa des fonctions de direction à la ligue allemande d'équitation à Cologne. Même après la guerre, il est resté un cavalier passionné. Chaque matin, il se levait à six heures pour rejoindre l'hippodrome de Cologne où il faisait quelques tours de piste au galop. Le week-end, il passait la plus grande partie de son temps sur les différents champs de course d'Allemagne. Je n'oublierai jamais l'importance qu'il attachait à ce que je baise la main des vieilles dames de la société que nous rencontrions à ces courses. Il voulait que sa fille montrât ses bonnes manières.

En 1963, il rencontra la femme qui allait devenir sa troisième épouse : Irmgard, encore une Silésienne, qui avait un fils et une fille d'un premier mariage. Le choix de ses épouses montre très clairement qu'il ne pouvait pas renoncer au souvenir de la Silésie, sa terre natale. Il préférait une pauvre Silésienne à une riche Rhénane (autant que je puisse m'en souvenir, il eut à faire ce choix). Ils déménagèrent à Munich et y restèrent jusqu'à leur mort. Malgré la tragédie qui allait bouleverser si brutalement leurs deux vies cinq ans après leur mariage, ce fut une union très heureuse.

En 1967, un matin où il montait un cheval à l'entraînement à l'hippodrome de Munich, mon père fut désarçonné et en resta handicapé jusqu'à la fin de sa vie. Son pied était resté bloqué dans l'étrier. Le cheval affolé l'avait traîné sur la moitié de la piste. À l'hôpital de Munich, le premier diagnostic fut tétraplégie, paralysie totale. Il voulait mourir, hanté par des cauchemars récurrents, il revoyait ses amis exécutés après le 20 juillet, pendus à des cordes, suspendus à ces horribles crocs de la prison de Plötzensee. Pourquoi eux, pourquoi pas lui ? Sa vie durant, il ne put se libérer de la culpabilité d'être l'un des rares survivants du complot.

Après quelques mois, son état s'améliora et il put retourner chez lui à Munich. Jusqu'à la fin de sa vie, cet homme si actif resta paraplégique, incapable de marcher, cloué à sa chaise roulante. Il vécut encore douze années heureuses, soutenu par sa femme qui y sacrifia sa santé. Avant de mourir, il écrivit le livre que vous tenez dans les mains.

L'éducation chrétienne et l'amour du prochain posèrent certainement les bases du caractère de mon père. Le travail caritatif qu'il a accompli durant des années pour l'ordre de Saint-Jean en est la preuve évidente. Quand le prince Oscar de Prusse (un des fils de l'empereur Guillaume II et le grand maître de l'ordre), dans les années 1950, demanda à mon père de prendre en charge bénévolement la création des services d'urgence de l'ordre de Saint-Jean, mon père considéra cela comme une obligation morale.

Durant des années, il a passé les vacances de Noël sur les autoroutes avec les jeunes qui venaient en aide aux voyageurs accidentés. Diriger et guider ces jeunes gens étaient pour lui un vrai plaisir. Il avait des relations exceptionnelles avec ses cadets. Il les appelait « ses hommes », comme un officier parle de ses soldats pendant la guerre.

Mon père était un aristocrate au meilleur sens du terme. « Ce que tu as hérité de ton père, fais ton possible pour le faire tien » : souvent je l'ai entendu évoquer pour moi ce mot de Goethe. Ses passions étaient les femmes et les chevaux. Avant tout, il aimait son prochain. Il le montra à deux reprises : pendant la guerre quand il s'efforça de libérer le monde du pire des criminels ; ensuite, quand il s'efforça d'aider les jeunes, et de leur transmettre à l'ordre de Saint-Jean les valeurs authentiques sur lesquelles il avait fondé sa vie. Ce désir apparaît dans les mots qu'il utilisa pour me dédicacer un exemplaire de *Soldat im Untergang* :

« Si tu le désires, tu peux tirer leçon des expériences de ton père – y compris de ses erreurs. Avec l'amour de ton père. Rudolph-Christoph Gersdorff. Munich, Noël 1979. »

Lory Reinach, née von Gersdorff
Paris, 2011

INDEX DES NOMS DE PERSONNES

Composé par Nord Compo Multimédia
7, rue de Fives, 59650 Villeneuve-d'Ascq

CET OUVRAGE
A ÉTÉ ACHEVÉ D'IMPRIMER
SUR ROTO-PAGE
PAR L'IMPRIMERIE FLOCH
À MAYENNE EN FÉVRIER 2013

Dépôt légal : février 2013
N° d'édition : 3550
N° d'impression : 84125
ISBN : 978-2-84734-967-2
Imprimé en France